新时代·新文科×新工科·数字经济高质量人才培养系列（产业数字化）

大数据审计

（基于Python）

◆ 张高煜 编著

电子工业出版社

Publishing House of Electronics Industry

北京·BEIJING

内 容 简 介

本书为新文科教育指导思想下的金融科技编程教材，通过示例讲解 Python 编程在审计行业的具体应用。作者基于 20 多年的大学计算机教学经历与行业大数据人工智能软件开发经验，从基本的概念开始，逐步深入地介绍清洗表格数据、采集网络信息、手写票据的光学字符识别、财经文本的量化、知识图谱自动构建等热门知识要点，并通过实例给出算法原理与实现路径，同时详细介绍了代码生成的过程和结果，有助于读者真正掌握大数据审计中的 Python 编程思想与技术，并将其应用于自己的生产实践中。

本书可作为高等院校审计、财经和金融科技等专业相关课程的教材，也可作为财经和金融科技等方面从业人员的培训用书和参考书。

未经许可，不得以任何方式复制或抄袭本书之部分或全部内容。
版权所有，侵权必究。

图书在版编目（CIP）数据

大数据审计：基于 Python / 张高煜编著. —北京：电子工业出版社，2024.5
ISBN 978-7-121-47621-1

Ⅰ. ① 大⋯ Ⅱ. ① 张⋯ Ⅲ. ① 审计学－高等学校－教材 Ⅳ. ① F239.0

中国国家版本馆 CIP 数据核字（2024）第 067206 号

责任编辑：章海涛　　　　　　　　文字编辑：李晓彤
印　　刷：三河市良远印务有限公司
装　　订：三河市良远印务有限公司
出版发行：电子工业出版社
　　　　　北京市海淀区万寿路 173 信箱　邮编：100036
开　　本：787×1092　1/16　印张：19.5　字数：434 千字
版　　次：2024 年 5 月第 1 版
印　　次：2024 年 5 月第 1 次印刷
定　　价：79.00 元

凡所购买电子工业出版社图书有缺损问题，请向购买书店调换。若书店售缺，请与本社发行部联系，联系及邮购电话：（010）88254888，88258888。
质量投诉请发邮件至 zlts@phei.com.cn，盗版侵权举报请发邮件至 dbqq@phei.com.cn。
本书咨询联系方式：192910558（QQ 群）。

编委会

袁先智	王金华	慕富强
唐善永	朱佳齐	徐倩蓉
陈志伟	卢民军	刘涵璐

序一

非常高兴为这部张高煜老师的力作《大数据审计（基于 Python）》写序。

本书由 14 章构成，内容可以归纳为五大部分。第一部分，主要介绍审计的基础知识和在大数据框架下人工智能审计基本框架的构成，主要内容体现在第 1 章；第二部分，主要介绍本书需要用到的 Python 语言基础知识，由第 2 章和第 3 章组成；第三部分，主要介绍以 Python 为基本工具进行人工智能审计需要完成的七个方面的数据预处理内容和实现手段，由第 4 章到第 10 章共计七章组成；第四部分，主要介绍审计知识图谱自动构建的框架功能的实现，以及对应的审计规则知识库的建立，由第 11 章和第 12 章组成；第五部分，从实践落地的角度，讨论如何发现和甄别人工智能审计涉及的审计风险，介绍以 Python 为基本工具，针对真实场景，如何实现审计报告的自动生成，由第 13 章和第 14 章组成。

作者花了多年时间才完成这本很有特色的教材。从内容安排来看，本书比较全面地覆盖了在大数据框架下，如何以 Python 为基本工具，实现以自然语言信息为出发点的人工智能审计框架的建立。所用的语言平实易懂，并针对专业性强的问题通过举例进行了比较生动的描述。本书既可作为高等院校审计、财经和金融科技等专业相关课程的通用基础教材，也可作为财经与金融科技方面的培训用书，还可作为广大审计、财经、金融科技爱好者和金融科技软件开发人员自学的参考书；同时，可以作为业界和政府金融科技监管部门的专业参考资料。

本书每章的参考文献部分提供了扩展阅读的空间，作者介绍了人工智能审计的基本知识与内容，比较系统地介绍了实现审计报告的自动生成需要用到的 Python 编程知识、数据预处理、审计知识图谱自动构建的框架功能，对应的审计规则知识库建立的问题，以及如何从支持业界的角度，针对真实场景实现审计报告的自动生产需要的技术处理环节。

本书的目的是针对审计、财经和金融科技领域，提供比较完整的、涉及金融科技这门新学科的从理论到实践的核心概念和支持实践创新需要的审计专业知识和技术处理方法。同时，作者希望实现内容的基本完备，远离口号式的陈述和空洞的概念讲解。我相信作者为广大读者奉献了一本金融科技这门新学科的发展需要的比较成体系的专业教材，实现了他们的初衷。

最后，我郑重向广大读者推荐这部很有特色、具有原创性的介绍人工智能审计的教材！

袁先智　博士/Dr. George Yuan
中山大学管理学院外籍特聘教授
上海翰墨数科有限公司首席科学家
2023 年 2 月 21 日

序二

非常高兴给曾经的同事撰写的《大数据审计（基于 Python）》写序。

人工智能在方方面面影响着我们的生活，在金融领域我们有着更直观的感受，而 Python 是人工智能领域使用最广泛的编程语言之一，它可以无缝地与数据结构和其他常用的 AI 算法一起使用。Python 是一门更易学、更严谨的程序设计语言，简洁、易读、可扩展，非常适合用于大数据的处理和管理等工作。Python 作为大数据分析工具，不仅完全免费，而且有着丰富的扩展库，可以轻易完成各种高级任务，开发者可以用 Python 实现完整应用程序所需的各种功能。

基于 Python 的大数据审计在金融行业有广阔的应用前景。单就审计而言，审计行业的业务需要与人工智能相融合，审计行业缺乏人工智能应用的复合型人才。本书能帮助读者熟悉 Python 在审计中的应用方法，进一步提升实践能力，也是人工智能深入发展的体现，有助于挖掘审计行业的潜能。

本书是在 Python 框架上完成的，具有很高的实用价值。教材中的实例涉及审计的多个应用方面，采用从问题到算法再到实例的结构，更加便于学习者上手。理论和实践相结合，让本书成为给人启发又具有实操性的参考书。

王金华　研究员
中国电子科技集团公司第三十二研究所
2023 年 2 月 23 日

前　言

本书是 2021 年上海高校大学计算机课程教学改革立项项目"Python 大数据审计"成果之一，重点聚焦提升大学生信息素养和应用信息技术解决学科问题的能力。

近些年来，各行各业的科技创新、技术突破不断推动着社会经济的发展，改变了社会的方方面面。随着我国资本市场不断深化改革，对企业上市、信息披露的要求不断提高，审计工作已常态化，以"科技强审"为目标探索审计行业信息化建设和智能化、数字化转型等课题越来越得到重视。大数据时代下，审计过程中往往会遇到海量数据的情况，如何有效提取有用的信息，如何准确进行数据分析和数据挖掘从而提出及时、可靠、准确的建议，对审计模式的革新提出了新的要求。因此，将大数据和智能技术融入审计业务的应用研究就具有了更积极的理论和现实意义。

知识图谱作为一类大数据技术，在大数据背景下不仅具有知识表达的优势，而且在信息检索和问答引擎等实务场景中发挥着不可替代的作用，若将其与审计相融合，能够有效地解决审计任务繁重与审计力量不足的矛盾。基于此，从审计知识图谱自动构建到基于知识图谱的审计风险自动识别的过程，构成了本书的主要脉络。

在本书中，知识图谱推理在审计风险评估中的应用，没有参照任何现有的审计软件和系统，而是采用 Python 实现了被审计单位多数据源异构数据的采集、审计非结构化数据的转换、数据存储、数据挖掘与审计推理，并通过 Neo4j 图数据库进行了审计风险点的可视化展示。这种创新性的技术组合方法为审计领域应对海量数据和审计方法智能化探索提供了研究思路，也为大数据审计去系统化、去专业化提供了参考建议。

本书从可解释性角度出发，在简要介绍自然语言处理、深度学习的原理的同时，给出了在 Python 框架上完成的学习实例，具有很高的实用价值。

本书从起意到完稿，前后经历 7 年时间，书稿中的所有编程案例都分别获得过"挑战杯""互联网+"上海赛区奖项和"中国大学生计算机设计大赛"国赛奖项等。各章参与撰写与调试程序的合作者均是在审计、应用统计和计算机专业做出了一定成就的青年才俊，分别致谢如下。

第 1 章由徐求兰、林思余参与撰写，主要介绍了审计基础知识与如何构建人工智能审计规则。

第 2 章和第 14 章由马超然参与撰写和调试程序，介绍了 Python 基础知识、审计报告自动生成实践。

第 3 章和第 4 章由王宸参与撰写和调试程序，讲解了 Python 科学计算与表格处理、数据预处理之清洗表格数据。

第 5 章和第 6 章由唐鑫宇参与撰写和调试程序，讲解了数据预处理之采集网络信息、解析财经报告。

第 7 章由陆一啸参与撰写和调试程序，讲解了数据预处理之手写票据的光学字符识别。

第 8 章由单淑一参与撰写和调试程序，讲解了自然语言处理之财经文本的量化。

第 9 章由冯雨萌参与撰写和调试程序，讲解了自然语言处理之金融文本摘要。

第 10 章和第 13 章由张勤涛撰写和调试程序，讲解了自然语言处理之抽取实体关系、综合风险审计实践。

第 11 章由蔡启越撰写和调试程序，讲解了审计知识图谱自动构建。

第 12 章由蔡一帆撰写和调试程序，讲解了审计应用之审计规则知识库。

本书作者与合作者们对书中的原理部分和实战代码进行了反复推敲与修改，限于时间和能力，书中存在纰漏在所难免，真诚地希望读者批评指正。

本书中所有程序、PPT、教学视频均可扫描封底的"一书一码"获取。书中提及的自然语言处理、金融文本摘要生成、审计知识图谱自动构建、审计报告文本生成等服务，可以联系作者，在本实验室网站（立思实验室）进行尝试。

张高煜

2023 年 2 月 23 日夜，上海立信会计金融学院

20089840@lixin.edu.cn

目 录

第 1 章 审计基础与审计报告的构成 ... 1
1.1 审计概述 ... 2
1.2 会计概述 ... 3
- 1.2.1 会计的概念及基本假设 ... 3
- 1.2.2 会计信息质量要求 ... 4
- 1.2.3 财务会计报告简述 ... 5
- 1.2.4 会计科目简述 ... 6

1.3 审计报告的构成 ... 9
- 1.3.1 审计意见 ... 9
- 1.3.2 形成审计意见的基础 ... 11
- 1.3.3 关键审计事项 ... 11
- 1.3.4 其他信息 ... 12
- 1.3.5 管理层和治理层对财务报表的责任 ... 12
- 1.3.6 注册会计师对财务报表审计的责任 ... 12

1.4 智能审计国内外研究现状 ... 13
1.5 如何构建人工智能审计规则 ... 15
参考文献 ... 16

第 2 章 Python 语法基础 ... 18
2.1 Python 开发环境安装 ... 19
- 2.1.1 Anaconda 的安装 ... 19
- 2.1.2 PyCharm 的安装配置 ... 19

2.2 数据类型 ... 21
- 2.2.1 数字 ... 21
- 2.2.2 字符串 ... 21
- 2.2.3 列表和元组 ... 22
- 2.2.4 字典和集合 ... 24

2.3 语句语法 ... 27
- 2.3.1 变量、行、缩进和注释 ... 27
- 2.3.2 运算符 ... 27
- 2.3.3 布尔值和空值 ... 29
- 2.3.4 if 条件语句 ... 29
- 2.3.5 for 循环语句 ... 30
- 2.3.6 while 循环语句 ... 30

2.3.7 break 和 continue ·············· 31
2.4 函数和库 ·············· 32
 2.4.1 函数的定义和调用 ·············· 32
 2.4.2 函数的返回值和作用域 ·············· 32
 2.4.3 常用基本函数介绍 ·············· 33
 2.4.4 库 ·············· 35
2.5 文件的读和写 ·············· 36
 2.5.1 input()函数和 print()函数 ·············· 36
 2.5.2 文件的写操作 ·············· 37
 2.5.3 文件的读操作 ·············· 38
2.6 类 ·············· 39
 2.6.1 类和对象的基本概念 ·············· 39
 2.6.2 面向对象的特征 ·············· 39
 2.6.3 type 和 isinstance ·············· 40
2.7 MySQL 数据库的读和写 ·············· 41
 2.7.1 MySQL 的安装和配置 ·············· 41
 2.7.2 Python 与 MySQL 的交互 ·············· 42
参考文献 ·············· 44

第 3 章 Python 科学计算与表格处理 ·············· 45

3.1 Python 科学计算 ·············· 46
 3.1.1 Pandas 库 ·············· 46
 3.1.2 NumPy 库 ·············· 48
 3.1.3 Pipeline ·············· 49
3.2 表格处理 ·············· 49
 3.2.1 读取表格文件 ·············· 49
 3.2.2 表格数据的合并和拼接 ·············· 56
 3.2.3 输出到表格文件 ·············· 59

第 4 章 数据预处理：清洗表格数据 ·············· 61

4.1 数据背景 ·············· 62
4.2 数据清洗 ·············· 62
 4.2.1 内容替换 ·············· 62
 4.2.2 数据类型转换 ·············· 65
 4.2.3 删除无效数据 ·············· 68
 4.2.4 数据创造 ·············· 71
 4.2.5 DataFrame 转换 ·············· 75

第 5 章 数据预处理：采集网络信息 ·············· 78

5.1 爬虫基础知识 ·············· 79

|||||5.1.1 网页源代码||||79
|||||5.1.2 正则表达式||||80
|||5.2 爬虫基础方式||||83
|||||5.2.1 提取搜狗资讯的标题、网址、日期和来源||||83
|||||5.2.2 获取百度翻译结果||||84
|||||5.2.3 Selenium 库详解||||86
|||||5.2.4 BeautifulSoup 库详解||||89
|||5.3 爬虫处理方法||||97
|||||5.3.1 处理数据乱码||||97
|||||5.3.2 数据清洗和筛选||||98
|||||5.3.3 生成数据文本文件||||100
|||||5.3.4 批量爬取关于多家公司的多页信息||||100
|||||5.3.5 基础爬虫实践||||101
|||||5.3.6 Python 与 MySQL 的交互实践||||103
|||参考文献||||104

第 6 章 数据预处理：解析财经报告 ……105

6.1 批量下载 PDF 文件至指定位置 ……106
6.2 解析单个 PDF 文件信息 ……108
6.2.1 解析 PDF 文件的文本内容 ……108
6.2.2 解析 PDF 文件的表格内容 ……109
6.3 批量提取 PDF 文件信息 ……110
6.3.1 批量输出 PDF 文件的文本内容 ……110
6.3.2 筛选并转移 PDF 文件 ……111
参考文献 ……113

第 7 章 数据预处理：手写票据的光学字符识别 ……114

7.1 问题场景 ……115
7.2 表格和单元格定位 ……119
7.2.1 PDF 文件解析 ……119
7.2.2 表格定位 ……121
7.2.3 表格自动旋转 ……123
7.2.4 单元格定位 ……126
7.3 单元格配准 ……128
7.3.1 DBSCAN 聚类 ……128
7.3.2 描述性统计 ……130
7.3.3 模板可视化 ……131
7.4 单元格内容识别 ……133
7.4.1 图片预处理 ……134

7.4.2　LSTM-RNN-CTC 模型 ······ 135

第 8 章　自然语言处理：财经文本的量化 ······ 138
8.1　自然语言处理 ······ 139
8.2　中文分词 ······ 141
8.2.1　中文分词 ······ 141
8.2.2　词典分词 ······ 141
8.2.3　二元语法分词 ······ 143
8.2.4　词典的构建 ······ 144
8.3　命名实体识别 ······ 147
8.3.1　命名实体识别 ······ 147
8.3.2　基于规则的命名实体识别 ······ 148
8.3.3　基于预训练模型的实体关系抽取 ······ 148
8.3.4　基于依存句法分析的实体关系抽取 ······ 149
8.3.5　财经文本命名实体识别 ······ 149
8.4　信息提取 ······ 150
8.4.1　关键词提取 ······ 150
8.4.2　关键句提取 ······ 152
8.4.3　情感分析 ······ 153
8.5　综合训练 ······ 153
参考文献 ······ 155

第 9 章　自然语言处理：金融文本的摘要 ······ 156
9.1　文本摘要自动生成概述 ······ 157
9.1.1　研究背景和问题定义 ······ 157
9.1.2　技术分类和实现方法 ······ 157
9.1.3　评价指标和数据集 ······ 158
9.2　偏好构建模块 ······ 159
9.2.1　偏好文本获取 ······ 159
9.2.2　文本预处理 ······ 159
9.2.3　LDA 主题模型 ······ 161
9.2.4　构建偏好语料库 ······ 161
9.3　锁定段落中心句 ······ 163
9.3.1　获取偏好文本关键词 ······ 163
9.3.2　相似度计算 ······ 164
9.3.3　携带偏好的段落中心句的提取 ······ 164
9.4　摘要生成模块 ······ 168
9.4.1　依存句法分析 ······ 168
9.4.2　结构树剪枝 ······ 170

参考文献 ·· 173

第 10 章 自然语言处理：实体关系抽取 ·· 175

10.1 知识抽取 ·· 176
10.1.1 知识抽取任务定义 ·· 176
10.1.2 知识抽取任务分类 ·· 176
10.1.3 审计领域知识抽取任务 ·· 177
10.2 面向结构化数据的知识抽取 ·· 177
10.3 面向非结构化数据的知识抽取 ·· 178
10.3.1 深度学习和神经网络 ·· 178
10.3.2 基于 BERT 模型的实体抽取方法 ·· 179
10.3.3 关系抽取方法 ·· 193
10.3.4 实体消歧 ·· 200
10.3.5 实体关系抽取结果保存 ·· 201
参考文献 ·· 203

第 11 章 审计知识图谱自动构建 ·· 204

11.1 知识图谱 ·· 205
11.1.1 Neo4j 介绍 ··· 205
11.1.2 Neo4j 的安装 ··· 206
11.1.3 Neo4j 的启动、与服务器连接 ··· 208
11.2 Python 操作 Neo4j ··· 211
11.2.1 安装 py2neo 包 ·· 211
11.2.2 py2neo 的基本用法 ·· 211
11.2.3 简单图数据库编程实践分析 ·· 217
11.3 审计知识图谱的实现 ·· 218
11.3.1 案例分析：读取 MySQL 内容创建知识图谱 ···················· 219
11.3.2 案例分析：读取 Excel 文件数据创建知识图谱 ················ 223
11.3.3 案例分析：读取结构化财经文本创建知识图谱 ················ 227
11.3.4 案例分析：多表信息创建知识图谱 ···································· 232
11.3.5 案例分析：根据原始文本自动生成知识图谱 ···················· 243
参考文献 ·· 245

第 12 章 审计应用：审计规则知识库 ·· 246

12.1 用一阶谓词逻辑表示法表示知识 ·· 247
12.1.1 谓词逻辑 ·· 247
12.1.2 谓词、个体和量词 ·· 248
12.1.3 联结词 ·· 248
12.1.4 谓词公式定义和一阶谓词逻辑表示法 ································ 249
12.1.5 谓词公式表示知识的步骤和方法 ·· 249

12.2 审计规则知识库的设计 ············ 250
12.2.1 审计规则表 ············ 250
12.2.2 审计规则新表 ············ 251
12.2.3 谓词逻辑表 ············ 251
12.3 审计规则知识库程序示例 ············ 251
12.3.1 程序整体流程 ············ 251
12.3.2 制定规则的谓词逻辑表达式 ············ 252
12.3.3 设计数据表 ············ 253
12.3.4 连接数据库 ············ 254
12.3.5 更新替换数据表 ············ 255
12.3.6 查询数据库中的数据表 ············ 256
12.3.7 判断数据表中的数据是否为正确规则 ············ 257
12.3.8 更新、清洗、合并数据表中的审计规则 ············ 258
12.3.9 完整代码 ············ 260
参考文献 ············ 265

第 13 章 实践：综合风险审计 ············ 266
13.1 审计语义网络 ············ 267
13.1.1 审计实体定义 ············ 267
13.1.2 审计关系定义 ············ 268
13.2 传统审计中的逻辑推理 ············ 269
13.3 审计推理机 ············ 270
13.4 审计风险路径探索实战 ············ 273
参考文献 ············ 284

第 14 章 实践：审计报告自动生成 ············ 285
14.1 python-docx 基础 ············ 286
14.2 审计报告中字体的设置 ············ 289
14.2.1 中文字体设置 ············ 289
14.2.2 字号和字体颜色设置 ············ 290
14.2.3 在段落中新增文字 ············ 291
14.3 审计报告中段落的修改 ············ 291
14.3.1 对齐方式 ············ 291
14.3.2 缩进方式 ············ 291
14.3.3 行距和段落间距 ············ 292
14.3.4 编号和项目符号 ············ 292
14.4 自动生成审计报告的实战演练 ············ 292
参考文献 ············ 295

第 1 章
审计基础与审计报告的构成

BD

1.1 审计概述

1. 审计概念

审计是指注册会计师对财务报表是否不存在重大错报提供合理保证,以积极方式提出意见,从而增强除管理层之外的预期使用者对财务报表依赖的程度。根据审计的主体、对象和方式,可以将审计分为政府审计、注册会计师审计和内部审计。

根据《中华人民共和国国家审计准则》(2010年9月1日审计署令第8号公布),政府审计,是指审计机关依据法律法规和《中华人民共和国国家审计准则》的规定,对被审计单位财政收支、财务收支以及有关经济活动独立实施审计并作出审计结论。

注册会计师审计,是指注册会计师依据法律法规和《中国注册会计师审计准则》的规定,受托并有偿对被审计单位的会计报表及其相关资料实施独立审计并发表审计意见。

内部审计,是指单位内部的审计部门依据法律法规对本单位财务收支以及有关经济活动实施的内部审计,审计结果向本单位主要负责人报告。

2. 审计目的

根据《中国注册会计师审计准则第1101号——注册会计师的总体目标和审计工作的基本要求》(2022年12月22日修订),审计目的是提高财务报表预期使用者对财务报表的信赖程度。这个目的可以通过注册会计师对财务报表是否在所有重大方面按照适用的财务报告编制基础编制并实现公允反映发表审计意见来实现。注册会计师按照审计准则和相关职业道德要求设计并执行审计工作,能够形成这样的意见。

3. 审计风险

根据《中国注册会计师审计准则第1101号——注册会计师的总体目标和审计工作的基本要求》(2022年12月22日修订),审计风险,是指当财务报表存在重大错报时,注册会计师发表不恰当审计意见的可能性。审计风险取决于重大错报风险和检查风险。

重大错报风险,是指财务报表在审计前存在重大错报的可能性。重大错报风险分为财务报表层次的重大错报风险和认定层次的重大错报风险。认定层次的重大错报风险由固有风险和控制风险两部分组成。固有风险,是指在不考虑控制的情况下,交易类别、账户余额和披露的某一认定易于发生错报(无论该错报是舞弊还是错误导致的)的可能性。控制风险,是指交易类别、账户余额和披露的某一认定发生了错报,该错报单独或连同其他错报可能是重大的,但控制没有及时防止或发现并纠正这个错报的可能性。

检查风险，是指如果存在某一错报，该错报单独或连同其他错报可能是重大的，注册会计师为将审计风险降低到可接受的低水平而实施程序后没有发现这种错报的风险。

实务中，为了获取合理保证，注册会计师应当获取充分、适当的审计证据，以将审计风险降低到可接受的低水平，从而能够得出合理的结论，作为形成审计意见的基础。

4．审计证据

根据《中国注册会计师审计准则第 1101 号——注册会计师的总体目标和审计工作的基本要求》（2022 年 12 月 22 日修订），审计证据，是指注册会计师为了得出审计结论和形成审计意见而使用的信息。审计证据包括构成财务报表基础的会计记录所含有的信息和从其他来源获取的信息。注册会计师应当根据具体情况设计和实施恰当的审计程序，以获取充分、适当的审计证据。

审计证据的充分性，是对审计证据数量的衡量。注册会计师需要获取的审计证据的数量受其对重大错报风险的评估的影响，并受审计证据质量的影响。

审计证据的适当性，是对审计证据质量的衡量，即审计证据在支持审计意见所依据的结论方面具有的相关性和可靠性。实务中，注册会计师需要获取有关信息准确性和完整性的审计证据并评价信息对实现审计目的是否足够准确和详细。

1.2 会计概述

会计作为一项记录收支、计算和考核的工作，在公元前 1000 年前后就出现了。但是，具体的诞生时间和地点尚难确切地考证。最初的会计只是作为生产职能的附带部分，后来随着商业社会的发展及其对会计信息披露要求的不断提高，经历了古代会计、近代会计和现代会计三个发展阶段。同时随着我国资本市场的发展，投资者和政府机构、监管部门都需要通过财务报告等会计信息对企业的发展情况进行反映，因此会计作为当今不可或缺的一类职业，在经济发展中起到了不容忽视的作用。

1.2.1 会计的概念及基本假设

1．概念

当前流行的对会计的定义为：以货币为主要计量单位，以提供经济信息和反映受托责任履行为主要目的，采用专门的方法和程序，对企业和行政、事业单位的经济活动进行完整的、连续的、系统的确认、计量和报告的经济管理活动。

会计是对会计基本要素和会计核算的经济业务所下的定义，也是对广泛的财务会计内容的基本归类。其中会计基本要素有六个，分别是资产、负债、所有者权益、收入、费用、利润。

2. 基本假设

根据《企业会计准则——基本准则》中以下规条：

（1）企业应当对其本身发生的交易或者事项进行会计确认、计量和报告。

（2）企业会计确认、计量和报告应当以持续经营为前提。

（3）企业应当划分会计期间，分期结算账目和编制财务会计报告。会计期间分为年度和中期。中期是指短于一个完整的会计年度的报告期间。

（4）企业会计应当以货币计量。

可以总结出会计有四项基本假设，分别是会计主体、持续经营、会计分期、货币计量。

会计主体，是指会计工作服务的特定对象，是企业会计确认、计量和报告的空间范围。在会计主体假设下，企业应当对其本身发生的交易或事项进行确认、计量和报告，反映企业本身所从事的各项生产经营活动，而从审计角度看则需明确核算的会计主体究竟包含了哪些公司实体。

持续经营，是指在可预见的未来，企业会按当前的规模和状态经营，不会停业或大规模削减业务的假设。如果判断企业不符合该假设，就需要改变会计的确认、计量和报告的方法。

会计分期，是指将会计主体持续经营的生产经营活动划分为一个个连续的、长短相同的期间，作为企业会计确认、计量和报告的时间范围，如一年、一个季度等。

货币计量，是指会计主体在会计确认、计量和报告时应当以统一的货币计量，反映会计主体的生产经营活动情况，在我国发布的财务报告应当以人民币为标准货币进行计量。

1.2.2 会计信息质量要求

根据《企业会计准则——基本准则》中以下规条：

（1）企业应当以实际发生的交易或者事项为依据进行会计确认、计量和报告，如实反映符合确认和计量要求的各项会计要素及其他相关信息，保证会计信息真实可靠、内容完整。

（2）企业提供的会计信息应当与财务会计报告使用者的经济决策需要相关，有助于财务会计报告使用者对企业过去、现在或者未来的情况作出评价或者预测。

（3）企业提供的会计信息应当清晰明了，便于财务会计报告使用者理解和使用。

（4）企业提供的会计信息应当具有可比性。

同一企业不同时期发生的相同或者相似的交易或者事项，应当采用一致的会计政策，不得随意变更。确需变更的，应当在附注中说明。

不同企业发生的相同或者相似的交易或者事项，应当采用规定的会计政策，确保会计信息口径一致、相互可比。

（5）企业应当按照交易或者事项的经济实质进行会计确认、计量和报告，不应仅以交易或者事项的法律形式为依据。

（6）企业提供的会计信息应当反映与企业财务状况、经营成果和现金流量等有关的所有重要交易或者事项。

（7）企业对交易或者事项进行会计确认、计量和报告应当保持应有的谨慎，不应高估资产或者收益、低估负债或者费用。

（8）企业对于已经发生的交易或者事项，应当及时进行会计确认、计量和报告，不得提前或者延后。

可以总结出以下八点会计信息质量要求：可靠性、相关性、可理解性、可比性、实质重于形式、重要性、谨慎性、及时性，请读者结合规条仔细理解。

1.2.3 财务会计报告简述

根据《企业会计准则——基本准则》中以下规条：

（1）财务会计报告是指企业对外提供的反映企业某一特定日期的财务状况和某一会计期间的经营成果、现金流量等会计信息的文件。

财务会计报告包括会计报表及其附注和其他应当在财务会计报告中披露的相关信息和资料。会计报表至少应当包括资产负债表、利润表、现金流量表等报表。

小企业编制的会计报表可以不包括现金流量表。

（2）资产负债表是指反映企业在某一特定日期的财务状况的会计报表。

（3）利润表是指反映企业在一定会计期间的经营成果的会计报表。

（4）现金流量表是指反映企业在一定会计期间的现金和现金等价物流入和流出的会计报表。

（5）附注是指对在会计报表中列示项目所作的进一步说明，以及对未能在这些报表中列示项目的说明等。

可以看出财务会计报告包含会计报表和附注，即三表一注，财务会计报告可以反映出企业的财务状况、经营成果和现金流量情况。其中资产负债表反映企业静态的某一个时点的各种资产和负债的情况,即企业的财务状况;利润表反映企业在过去某一段时间的发展情况及经营成果,体现企业的盈利能力和隐含的长期发展能力;现金流量表反映企业在一段时间内的现金及其等价物收入和支出的情况,体现企业的短期偿债能力和资金运作能力;附注是对会计报表的编制基础、确认依据、原则和方法及主要科目等所作的进一步解释,目前上市公司的财务会计报告附注主要是会计政策披露,会计政策的变更情况、变更原因及其对财务状况和经营成果的影响,非经营项目的说明,会计报表中有关重要项目的明细资料,以及其他需要说明的有助于理解和分析会计报表的事项。

1.2.4 会计科目简述

《财政部关于印发〈企业会计准则——应用指南〉的通知》(财会〔2006〕18号)中的附录——《会计科目和主要账务处理》规定:

会计科目和主要账务处理依据企业会计准则中确认和计量的规定制定,涵盖了各类企业的交易或者事项。企业在不违反会计准则中确认、计量和报告规定的前提下,可以根据本单位的实际情况自行增设、分拆、合并会计科目。企业不存在的交易或者事项,可不设置相关会计科目。对于明细科目,企业可以比照本附录中的规定自行设置。会计科目编号供企业填制会计凭证、登记会计账簿、查阅会计账目、采用会计软件系统参考,企业可结合实际情况自行确定会计科目编号。

以下列示会计科目及其对应的科目编号惯例,后续智能审计可通过编号识别相应的科目。

为了形成审计工作底稿,首先要在智能审计系统中将会计科目区分为资产类、负债类、所有者权益类、成本类及损益类等。其中,资产类、成本类科目的增加记在借方,减少记在贷方;负债类、所有者权益类和损益类科目的减少记在借方,增加记在贷方。

实务中,企业会在一级科目下设二级或三级科目甚至更多,因此会在列示的编号的基础上往后增添几位数字以使会计有更精细的核算维度。

1. 资产负债表科目

资产负债表科目如表1-1所示。

2. 利润表科目

利润表科目如表1-2所示。

表 1-1　资产负债表科目及编号列示

序号	编号	会计科目名称	序号	编号	会计科目名称
		一、资产类	43	1503	可供出售金融资产
1	1001	库存现金	44	1511	长期股权投资
2	1002	银行存款	45	1512	长期股权投资减值准备
3	1003	存放中央银行款项	46	1521	投资性房地产
4	1011	存放同业	47	1531	长期应收款
5	1012	其他货币资金	48	1532	未实现融资收益
6	1021	结算备付金	49	1541	存出资本保证金
7	1031	存出保证金	50	1601	固定资产
8	1101	交易性金融资产	51	1602	累计折旧
9	1111	买入返售金融资产	52	1603	固定资产减值准备
10	1121	应收票据	53	1604	在建工程
11	1122	应收账款	54	1605	工程物资
12	1123	预付账款	55	1606	固定资产清理
13	1131	应收股利	56	1611	未担保余值
14	1132	应收利息	57	1621	生产性生物资产
15	1201	应收代位追偿款	58	1622	生产性生物资产累计折旧
16	1211	应收分保账款	59	1623	公益性生物资产
17	1212	应收分保合同准备金	60	1631	油气资产
18	1221	其他应收款	61	1632	累计折耗
19	1231	坏账准备	62	1701	无形资产
20	1301	贴现资产	63	1702	累计摊销
21	1302	拆出资金	64	1703	无形资产减值准备
22	1303	贷款	65	1711	商誉
23	1304	贷款损失准备	66	1801	长期待摊费用
24	1311	代理兑付证券	67	1811	递延所得税资产
25	1321	代理业务资产	68	1821	独立账户资产
26	1401	材料采购	69	1901	待处理财产损溢
27	1402	在途物资			二、负债类
28	1403	原材料	70	2001	短期借款
29	1404	材料成本差异	71	2002	存入保证金
30	1405	库存商品	72	2003	拆入资金
31	1406	发出商品	73	2004	向中央银行借款
32	1407	商品进销差价	74	2011	吸收存款
33	1408	委托加工物资	75	2012	同业存放
34	1411	周转材料	76	2021	贴现负债
35	1421	消耗性生物资产	77	2101	交易性金融负债
36	1431	贵金属	78	2111	卖出回购金融资产款
37	1441	抵债资产	79	2201	应付票据
38	1451	损余物资	80	2202	应付账款
39	1461	融资租赁资产	81	2203	预收账款
40	1471	存货跌价准备	82	2211	应付职工薪酬
41	1501	持有至到期投资	83	2221	应交税费
42	1502	持有至到期投资减值准备	84	2231	应付利息

(续)

序号	编号	会计科目名称	序号	编号	会计科目名称
85	2232	应付股利	102	2711	专项应付款
86	2241	其他应付款	103	2801	预计负债
87	2251	应付保单红利	104	2901	递延所得税负债
88	2261	应付分保账款			三、共同类
89	2311	代理买卖证券款	105	3001	清算资金往来
90	2312	代理承销证券款	106	3002	货币兑换
91	2313	代理兑付证券款	107	3101	衍生工具
92	2314	代理业务负债	108	3201	套期工具
93	2401	递延收益	109	3202	被套期项目
94	2501	长期借款			四、所有者权益类
95	2502	应付债券	110	4001	实收资本
96	2601	未到期责任准备金	111	4002	资本公积
97	2602	保险责任准备金	112	4101	盈余公积
98	2611	保户储金	113	4102	一般风险准备
99	2621	独立账户负债	114	4103	本年利润
100	2701	长期应付款	115	4104	利润分配
101	2702	未确认融资费用	116	4201	库存股

表 1-2 利润表科目及编号列示

序号	编号	会计科目名称	序号	编号	会计科目名称
		五、成本类	136	6301	营业外收入
117	5001	生产成本	137	6401	主营业务成本
118	5101	制造费用	138	6402	其他业务成本
119	5201	劳务成本	139	6403	营业税金及附加
120	5301	研发支出	140	6411	利息支出
121	5401	工程施工	141	6421	手续费及佣金支出
122	5402	工程结算	142	6501	提取未到期责任准备金
123	5403	机械作业	143	6502	提取保险责任准备金
		六、损益类	144	6511	赔付支出
124	6001	主营业务收入	145	6521	保单红利支出
125	6011	利息收入	146	6531	退保金
126	6021	手续费及佣金收入	147	6541	分出保费
127	6031	保费收入	148	6542	分保费用
128	6041	租赁收入	149	6601	销售费用
129	6051	其他业务收入	150	6602	管理费用
130	6061	汇兑损益	151	6603	财务费用
131	6101	公允价值变动损益	152	6604	勘探费用
132	6111	投资收益	153	6701	资产减值损失
133	6201	摊回保险责任准备金	154	6711	营业外支出
134	6202	摊回赔付支出	155	6801	所得税费用
135	6203	摊回分保费用	156	6901	以前年度损益调整

1.3 审计报告的构成

《中国注册会计师审计准则第 1501 号——审计报告》规定审计报告是指注册会计师根据中国注册会计师审计准则的规定，在实施审计工作的基础上对被审计单位财务报表发表审计意见的书面文件。下文将结合该准则和《中国注册会计师审计准则第 1502 号——非标准审计报告》对审计报告进行剖析。

1.3.1 审计意见

注册会计师应当评价根据审计证据得出的结论，以作为对财务报表形成审计意见的基础。

1. 审计意见的种类

审计意见段应当说明，财务报表是否按照适用的会计准则和相关会计制度的规定编制，是否在所有重大方面公允反映了被审计单位的财务状况、经营成果和现金流量。财务报表审计的审计意见分为 5 种类型，分别如下。

（1）无保留意见：注册会计师认为被审计单位编制的财务报表已按照适用的会计准则的规定编制并在所有重大方面公允反映被审计单位的财务状况、经营成果和现金流量。

（2）带强调事项段的无保留意见：当存在可能导致对持续经营能力产生重大疑虑的事项或情况但不影响已发表的审计意见时，注册会计师应当在审计意见段之后增加强调事项段对此予以强调。当存在可能对财务报表产生重大影响的不确定事项（持续经营问题除外）但不影响已发表的审计意见时，注册会计师应当考虑在审计意见段之后增加强调事项段对此予以强调。

（3）保留意见：如果认为财务报表整体是公允的，但还存在下列情形之一，注册会计师应当出具保留意见的审计报告。

① 会计政策的选用、会计估计的作出或财务报表的披露不符合适用的会计准则和相关会计制度的规定，虽影响重大，但不至于出具否定意见的审计报告。

② 因审计范围受到限制，不能获取充分、适当的审计证据，虽影响重大，但不至于出具无法表示意见的审计报告。

（4）否定意见：如果认为财务报表没有按照适用的会计准则和相关会计制度的规定编制，未能在所有重大方面公允反映被审计单位的财务状况、经营成果和现金流量，注册会计师应当出具否定意见的审计报告。

（5）无法表示意见：如果审计范围受到限制可能产生的影响非常重大和广泛，不能获取充分、适当的审计证据,以至于无法对财务报表发表审计意见,注册会计师应当出具无法表示意见的审计报告。

2. 上市公司审计意见示例

(1) 以下为××上市公司"无保留意见"的审计报告中审计意见段的示例:

我们审计了××公司的财务报表,包括20××年12月31日的合并及母公司资产负债表,20××年度的合并及母公司利润表、合并及母公司现金流量表、合并及母公司股东权益变动表以及相关财务报表附注。

我们认为,后附的××公司的财务报表已经按照企业会计准则的规定编制,在所有重大方面公允反映了××公司20××年12月31日的合并及母公司财务状况以及20××年度的合并及母公司经营成果和现金流量。

(2) 带强调事项段的无保留意见的审计报告仅需在无保留意见的审计报告后加上强调事项段。

(3) 以下为××上市公司"保留意见"的审计报告中审计意见段的示例:

我们审计了××公司的财务报表,包括20××年12月31日的合并及母公司资产负债表,20××年度的合并及母公司利润表、合并及母公司现金流量表、合并及母公司股东权益变动表以及相关财务报表附注。

我们认为,除"形成保留意见的基础"部分所述事项可能产生的影响外,后附的财务报表已经按照企业会计准则的规定编制,在所有重大方面公允反映了××公司20××年12月31日的合并及母公司财务状况以及20××年度的合并及母公司经营成果和现金流量。

(4) 以下为××上市公司"否定意见"的审计报告中审计意见段的示例:

我们审计了××上市的财务报表,包括20××年12月31日的合并及母公司资产负债表,20××年度的合并及母公司利润表、合并及母公司现金流量表、合并及母公司股东权益变动表以及相关财务报表附注。

我们认为,由于"形成否定意见的基础"部分所述事项的重要性,后附的财务报表没有按照企业会计准则的规定编制,未能在所有重大方面公允反映××公司20××年12月31日的合并及母公司财务状况以及20××年度的合并及母公司经营成果和现金流量。

(5) 以下为××上市公司"无法表示意见"的审计报告中审计意见段的示例:

我们接受委托,审计××公司的财务报表,包括20××年12月31日的合并及母公司资产负债表,20××年度的合并及母公司利润表、合并及母公司现金流量表、合并及母公司股东权益变动表以及相关财务报表附注。

我们不对后附的××公司财务报表发表审计意见。由于"形成无法表示意见的基础"部分所述事项的重要性，我们无法获取充分、适当的审计证据以作为对财务报表发表审计意见的基础。

1.3.2 形成审计意见的基础

以下为××上市公司"无保留意见"的审计报告中形成审计意见的基础段的示例：

我们按照中国注册会计师审计准则的规定执行了审计工作。审计报告的"注册会计师对财务报表审计的责任"部分进一步阐述了我们在这些准则下的责任。按照中国注册会计师职业道德守则，我们独立于××公司，并履行了职业道德方面的其他责任。

我们相信，我们获取的审计证据是充分、适当的，为发表审计意见提供了基础。

1.3.3 关键审计事项

调研发现，关键审计事项的列示方法由各大会计师事务所的目标决定，目前四大会计师事务所（普华永道、毕马威、安永、德勤）主要采用表格的形式，内资会计师事务所大部分以文字段落性描述为主，规范起见，本书选用较为成熟且明晰的表格形式进行示例。

以下为××上市公司"无保留意见"的审计报告中关键审计事项段的示例：

关键审计事项是我们根据职业判断，认为对本期财务报表审计最为重要的事项。这些事项的应对以对财务报表整体进行审计并形成审计意见为背景，我们不对这些事项单独发表意见。我们对下述每一事项在审计中如何应对的描述也以此为背景。

我们已经履行了本报告"注册会计师对财务报表审计的责任"部分阐述的责任，包括与这些关键审计事项相关的责任。相应地，我们的审计工作包括执行为应对所评估的财务报表重大错报风险而设计的审计程序。我们执行审计程序的结果，包括应对下述关键审计事项所执行的程序，为对财务报表整体发表审计意见提供了基础。

关键审计事项：	该事项在审计中如何应对：
事项名称	
事项描述	审计应对

关键审计事项部分是信息使用者较为关注的部分，也是最需要注册会计师的职业判断、不允许套话模板而只能根据企业的真实情况去描述的部分，因此也是智能审计系统的难点所在。

1.3.4 其他信息

以下为××上市公司"无保留意见"的审计报告中其他信息段的示例：

××公司管理层对其他信息负责。其他信息包括年度报告中涵盖的信息，但不包括财务报表和我们的审计报告。

我们对财务报表发表的审计意见不涵盖其他信息，我们也不对其他信息发表任何形式的鉴证结论。

结合我们对财务报表的审计，我们的责任是阅读其他信息，在此过程中，考虑其他信息是否与财务报表或我们在审计过程中了解到的情况存在重大不一致或者是否存在重大错报。

基于我们已执行的工作，如果我们确定其他信息存在重大错报，我们应当报告该事实。在这方面，我们无任何事项需要报告。

1.3.5 管理层和治理层对财务报表的责任

以下为××上市公司"无保留意见"的审计报告中管理层和治理层对财务报表的责任段的示例：

管理层负责按照企业会计准则的规定编制财务报表，使其实现公允反映，并设计、执行和维护必要的内部控制，以使财务报表不存在由于舞弊或错误导致的重大错报。

在编制财务报表时，管理层负责评估贵公司的持续经营能力，披露与持续经营相关的事项（如适用），并运用持续经营假设，除非管理层计划清算贵公司、终止运营或别无其他现实的选择。

治理层负责监督贵公司的财务报告过程。

1.3.6 注册会计师对财务报表审计的责任

以下为××上市公司"无保留意见"的审计报告中注册会计师对财务报表审计的责任段的示例：

我们的目标是对财务报表整体是否不存在由于舞弊或错误导致的重大错报获取合理保证，并出具包含审计意见的审计报告。合理保证是高水平的保证，但并不能保证按照审计准则执行的审计在某一重大错报存在时总能发现。错报可能由于舞弊或错误导致，如果合理预期错报单独或汇总起来可能影响财务报表使用者依据财务报表作出的经济决策，则通常认为错报是重大的。

在按照审计准则执行审计工作的过程中，我们运用职业判断，并保持职业怀疑。同时，我们也执行以下工作：

（一）识别和评估由于舞弊或错误而导致的财务报表重大错报风险，设计和实施审计程序以应对这些风险，并获取充分、适当的审计证据，作为发表审计意见的基础。由于舞弊可能涉及串通、伪造、故意遗漏、虚假陈述或凌驾于内部控制之上，未能发现由于舞弊而导致的重大错报的风险高于未能发现由于错误而导致的重大错报的风险。

（二）了解与审计相关的内部控制，以设计恰当的审计程序。

（三）评价管理层选用会计政策的恰当性和作出会计估计及相关披露的合理性。

（四）对管理层使用持续经营假设的恰当性得出结论。同时，根据获取的审计证据，就可能导致对贵公司持续经营能力产生重大疑虑的事项或情况是否存在重大不确定性得出结论。如果我们得出结论认为存在重大不确定性，审计准则要求我们在审计报告中提请报表使用者注意财务报表中的相关披露；如果披露不充分，我们应当发表非无保留意见。我们的结论基于截至审计报告日可获得的信息。然而，未来的事项或情况可能导致贵公司不能持续经营。

（五）评价财务报表的总体列报、结构和内容，并评价财务报表是否公允反映相关交易和事项。

（六）就贵公司中实体或业务活动的财务信息获取充分、恰当的审计证据，以对财务报表发表审计意见。我们负责指导、监督和执行集团审计，并对审计意见承担全部责任。

我们与治理层就计划的审计范围、时间安排和重大审计发现等事项进行沟通，包括沟通我们在审计中识别出的值得关注的内部控制缺陷。

我们还就遵守与独立性相关的职业道德要求向治理层提供声明，并与治理层沟通可能被合理认为影响我们独立性的所有关系和其他事项，以及相关的防范措施（如适用）。

从与治理层沟通过的事项中，我们确定哪些事项对本期财务报表审计最为重要，因而构成关键审计事项。我们在审计报告中描述这些事项，除非法律法规禁止公开披露这些事项，或在极少数情形下，如果合理预期在审计报告中沟通某事项造成的负面后果超过在公众利益方面产生的益处，我们确定不应在审计报告中沟通该事项。

1.4 智能审计国内外研究现状

1. 国外研究现状

在智能审计研究起步阶段，有国外学者采用后模型分析方法，支持线性规划模型，优化了企业利润与基于规则的审计风险之间的平衡（LEE J K et al.，1995）。随着数据挖掘概念的提出与普及，有学者设计了3种数据挖掘方法，对理论知识和方法实现详尽描述的同时，尝试将其运用于实际审计工作之中（MCNAMEE D et al.，1998）。近些年来，人工智能的高速发展也使审计从业人员看到了审计模式创新突破的巨大前景（乔恩·拉斐尔，2015）；有学者提出了名为持续审计智能服务（CAIaaS）的新架构，该架构可以帮助审计人员充分利用智能技术进行工作（DAI J et al.，2020）；另有学者提供了一种用于智能审计的智能检测引擎，来实现对合约等模块的自动验证（CHAKINAM S et al.，2021）。

2. 国内研究现状

国内对智能审计的研究起步较晚，但已有诸多学者专家对如何将智能化方法与审计相结合的问题进行了理论研究与实践。在早期，有学者构建了一个以LotusNotes/Domino数据库管理系统为基础的智能化审计系统，尝试提高审计的机器替代程度（马良渝等，2000）；之后，有学者创新思路，希望能通过智能审计技术对券商现场稽查模式进行改善（高九三，2003）。经历了二十多年的发展演进，目前有学者着眼于大数据背景下的新审计模式——数据式审计的改革，并在其中重点研究人工智能及大数据对审计带来的变化及可行性，并为该模式的应用效果设计了一系列的评价指标，这也为后来的学者在数据式审计方面提供了参考（郑伟等，2016）；另有学者回顾了大数据环境下电子数据审计的可行性与必要性，阐述了其中的内涵及原理，并以此为基础探索了电子数据审计面临的风险与机会，同时给出一系列开展电子数据审计的相关建议（陈伟等，2016）。如今，有学者在审计过程中融入了人工智能，对上市公司审计方法与途径的变革与更始深入研究，重点强调要解决审计实务中面临的问题和困难，需要设计科学合理的审计模式和方法（康曦月，2017）；基于我国审计领域信息化水平不高，大数据运用的广度及深度都较为欠缺的问题，有学者表示大数据在我国财务审计中的运用难度较高，若要合理有效地进行数据分析，需要加强数据分析效能，尤其是要注重对非结构化数据的分析转化表现（景飞燕，2017）。

实例来看，德勤早些年前就与Kira Systems共同研发，进行了引入机器人进行人工智能革新的审计路径新摸索（赵文华，2017）；随后以大数据为基点推进的自动化审计实践机制与管理模式，对审计方法进行了创造性变革，降低费用的同时，提高了审计的效率和效果（郝玉贵等，2017）。2019年，学者们研究对比了中外人工智能审计，汇总分析新时代下审计发展方向和重点，提出了对人工智能审计的展望（武晓芬等，2019）；关于如何将人工智能与审计相结合，有学者提出将人工智能创新的方法和模型与Seminar-CBT模式相关联，形成形象化的审计教学模式（郑丹丹，2019）。

近年来，智能审计实例化的进展突飞猛进，有学者提出了一种基于自然语言处理的智能审计计划知识发现系统（APKDS），该系统能够从审计讨论会议中收集和提取重要内容，并将提取的内容转化为审计知识库以备将来使用，这也是智能化方法自动处理非结构化数据并融入审计实务的一次积极尝试（LI Q et al.，2020）；为了帮助传统审计人员充分利用新兴技术，有学者提出了基于知识图谱驱动的，从多数据源的日志数据中对危险事件进行研究分析，并通过路径探索挖掘风险源的网络信息安全等级保护日志的案例审计研究框架（**陶源等**，2020）。这两篇文献中对自然语言处理和知识图谱这两类大数据智能技术应用于审计领域的探索的描述相对详尽，立意创新，本书也将尝试将上述技术进行整合，通过自然语言处理技术对知识图谱进行构建，结合知识库中的规则进行智能推理，探究其在审计风险评估中的应用。

1.5　如何构建人工智能审计规则

在逻辑学发展的历史长河中，不成体系的原始推理规则和后续站上风口浪尖的命题逻辑占据了极重的分量，但伴随着体系的建立，体系本身的不完善及矛盾之处成为了必须解决的问题。一阶谓词逻辑的诞生，以命题逻辑为基础，更进一步地优化了结构，使得其对自然语言中的逻辑信息有了更精确的描述。操作上它将一个命题拆分为个体与谓词两部分内容，其中个体均为常量、变量或者函数。一阶谓词逻辑表示法具有严密性、自然性、通用性等特点，可以精确表达知识，且易于模块化实现。本书中运用一阶谓词逻辑表示法构建审计规则，格式为：**if（如果）…，then（则）…**。规则中的 if 部分包含了一个或多个前置条件，作为决策树的规则划分，then 部分表示如果满足所有的前置条件（各项指标），则根据前置条件可以推断出存在某一风险事项（审计解释）。

1. 基于法律法规构建规则库

要实现财务与业务的一体化，首先需要构建标准化、专业化的综合规则库加以约束，因此本书采用会计、审计领域的法律法规和规范性文件等作为构建规则库的基础，以保证规则库的规范性。在搜集规范制度时首先使用 Python 编写爬虫程序进行爬取，内容包含但不限于财务会计制度、会计准则、审计准则、内部控制指引等，这些法律法规和规范性文件都将作为规则库中构建实体关系规则的依据。实务中，注册会计师需要设计和实施风险评估程序，从而识别、评估财务报表层次和认定层次的重大错报风险。根据各个会计科目的勾稽关系，结合准则要求，可以根据一个或多个前置条件识别风险点。

2. 基于专家经验构建规则库

除了政府网站公示的法律法规和规范性文件，注册会计师在执行审计业务的过程中会不断通过判断和推理积累审计经验，通过专家经验构建知识图谱推理机，判断被审计单位是否存在满足异常情况的规则的情况，同样可以帮助审计人员更高效地发现审计风险点。这些专家经验是对法律法规规则库的补充，更加具有实践意义。其中的异常情况是指审计疑点，这一部分需要财务专家、审计专家辅助建立审计疑点与法律法规间的映射关系，使构建的规则有法可依、有理可据。本书提出专家经验规则库的设计包括 5 项：指标名称 1、指标名称 2、指标名称 3、风险标注、审计解释，其中每个指标名称下又包括 3 个子项：判断项目、判断符号、阈值。在运用规则库进行智能推理的过程中，系统会遍历规则库中的所有规则，判断是否存在满足所有指标的情况，若存在则在对应实体或者关系处添加风险标注，并提供审计解释。以"货币资金"这项指标为例，规则库中构建的部分审计规则如表 1-3 所示。

表 1-3 审计规则示例

指标名称 1			指标名称 2			指标名称 3			风险标注	审计解释
判断项目	判断符号	阈值	判断项目	判断符号	阈值	判断项目	判断符号	阈值		
银行账户账号	不存在	账面的银行账号集合中	受限银行账户属性值：金额	存在属性	占货币资金比例过高	货币资金	存在属性	银行账户节点添加属性	存在隐瞒银行账户或者受限货币资金过高的风险
货币资金	存在属性	有漏记	货币资金	存在属性	有错记	货币资金	存在属性	其他导致数据或科目有误的情况	货币资金节点添加属性	货币资金存在账务处理风险
银行账户属性值：（期初余额+本期增加−本期减少）×汇率	≠	期末本位币余额	银行账户期末本位币余额	≠	银行账户总账和日记账合计	币种&期末原币金额×汇率	≠	CNY&期末本位币金额	存在异常的银行账户节点添加属性	银行账户金额确认有误

规则库中构建的规则需要在实际审计业务过程中补充和完善，通过规则推理自动查找被审计单位业务中的异常情况，可以更有效地为审计人员捕捉审计线索，聚焦风险事项。

参考文献

[1] LEE J K, JEONG M W. Intelligent audit planning system for multiple auditors : IAPS[J]. Expert Systems With Applications, 1995, 9(4): 579-589.

[2] MCNAMEE D, SELIM G M. Risk Management: Changing the Internal Auditor's Paradigm[M]. Altamonte Springs, Fla.: Institute of Internal Auditors Research Foundation, 1998.

[3] 乔恩·拉斐尔，戴正宗．看人工智能如何提高审计质量[N]．中国会计报，2015-06-26(8)．

[4] DAI J, VASARHELYI M A. Continuous Audit Intelligence as a Service (CAIaaS) and Intelli gent App Recommendations[J]. Journal of Emerging Technologies in Accounting, 2020, 17(2): 1-15.

[5] CHAKINAM S, TADEPALLI B, PALLAPOLU K C. Intelligent Checking Engine : U. S. Patent 20200012479A1[P]．2020-1-9．

[6] 马良渝，常咏．基于 Lotus Notes 的审计自动化系统的分析和设计[J]．华南理工大学学报（自然科学版），2000，28(11): 99-103.

[7] 高九三．券商稽核审计自动化探讨[J]．金融理论与实践，2003(8): 53-55.

[8] 郑伟，张立民，杨莉．试析大数据环境下的数据式审计模式[J]．审计研究，2016(4): 20-27.

[9] 陈伟，SMIELIAUSKAS W．大数据环境下的电子数据审计：机遇、挑战与方法[J]．计算机科学，2016，43(1): 8-13+34.

[10] 康曦月．上市企业年报审计模式创新与改革——人工智能背景下[J]．现代商贸工业，2017(1): 97-98.

[11] 景飞燕．数据化条件下的财务审计创新研究[J]．现代商业，2017(31): 146-147.

[12] 赵文华．德勤探路审计中的人工智能应用[N]．中国会计报，2017-03-03(10).

[13] 郝玉贵，徐远洒．大数据驱动的智能审计决策及其运行模式[J]．生产力研究，2017(7): 141-146.

[14] 武晓芬，田海洋．中外人工智能审计研究热点及演进知识图谱比较研究[J]．科技管理研究，2019，39(10): 185-191.

[15] 郑丹丹．人工智能背景下 CBT 教学模式在高职审计教学中的应用[J]．宁波广播电视大学学报，2019，17(3): 58-62.

[16] LI Q, LIU J．Devel opment of an Intelligent NLP-Based Audit Plan Knowl edge Discovery S System[J]．Journal of Emerging Technologies in Accounting, 2020, 17(1): 89-97.

[17] 陶源，黄涛，李末岩，等．基于知识图谱驱动的网络安全等级保护日志审计分析模型研究[J]．信息网络安全，2020，20(1): 46-51.

第 2 章
Python 语法基础

BD

2.1　Python 开发环境安装

2.1.1　Anaconda 的安装

Anaconda 是一个开源的 Python 开发环境，包含 Conda、Python 等 180 多个科学包及其依赖项。Anaconda 能轻松安装数据科学工作中经常使用的程序包；可以使用它创建虚拟环境，以便更轻松地处理多个不同项目。

首先，打开 Anaconda 的官方网站，如图 2-1 所示，单击"Free Download"→"Download"按钮下载即可。

图 2-1　Anaconda 官网界面

双击下载好的文件，打开安装对话框，单击"Next"→"I Agree"按钮，然后选择"Just Me"选项，继续单击"Next"按钮，选择安装路径，可以将 Anaconda 安装到默认路径或者自己选定的路径，之后单击"Next"→"Install"→"Next"→"Finish"按钮，完成安装。

2.1.2　PyCharm 的安装配置

PyCharm 是一种集成开发编辑器（IDE），在正确配置 Python 编译器后，就可以用来编写和运行程序。

打开 PyCharm 官网下载界面，如图 2-2 所示，可单击"Other versions"按钮，选择合适的版本下载安装。

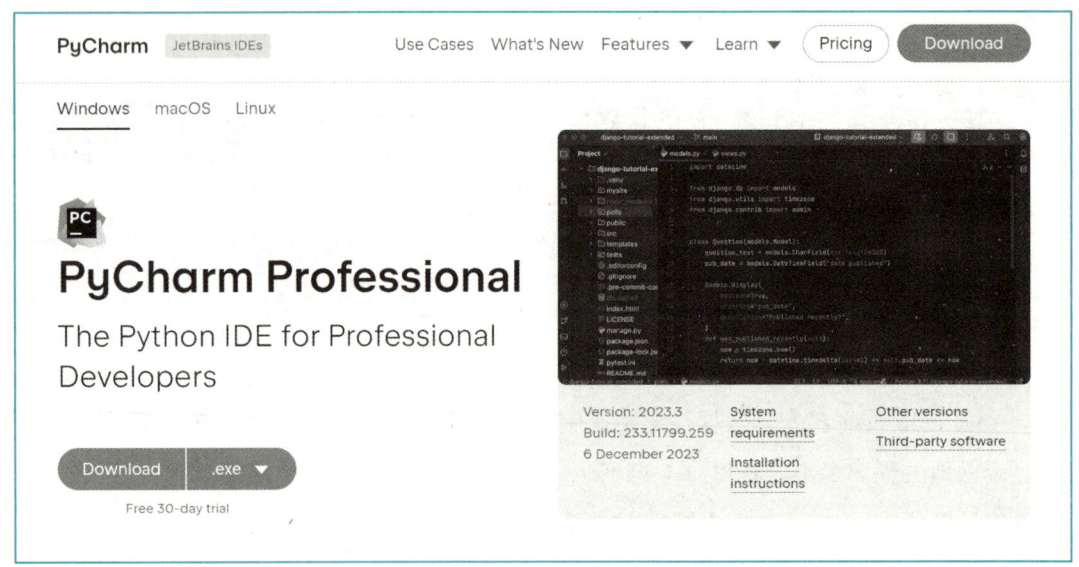

图 2-2　PyCharm 官网下载界面

完成安装后，启动 PyCharm，新建一个工程或者选择已经存在的工程，开始配置 Python 编译器。首先，单击"File"→"Settings"菜单命令，打开"Settings"对话框，如图 2-3 所示。然后，在左栏中单击"Project pythonProject"→"Python Interpreter"选项，单击右上角的 ⚙ 按钮，单击"Add"按钮，找到 Anaconda 的安装位置，选择里面的 python.exe 文件，确定选择后，就正确配置了 Python 编译器。

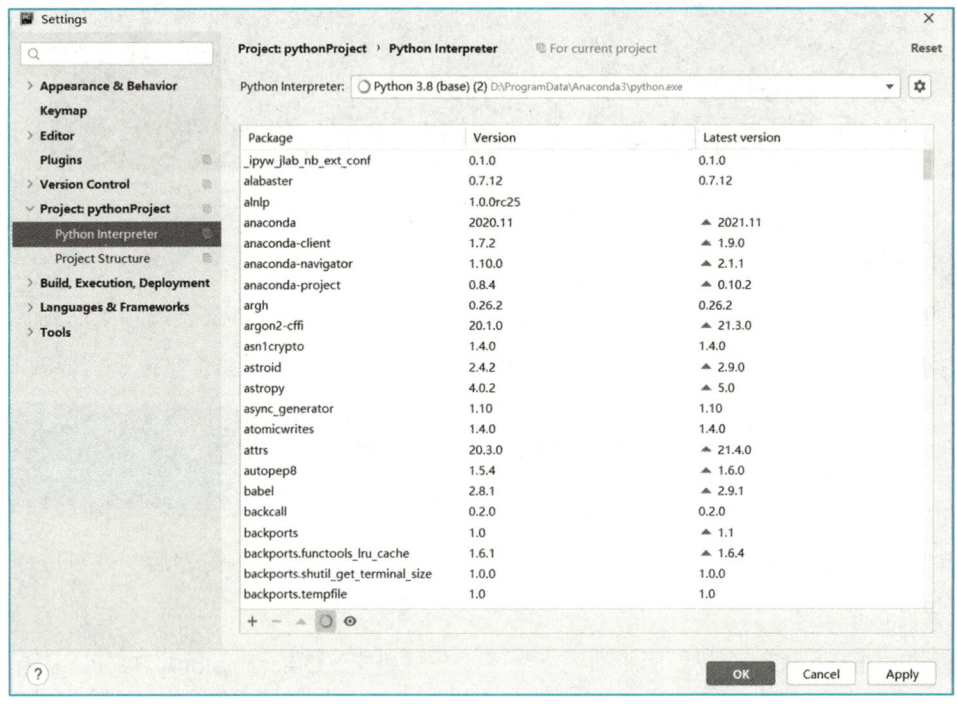

图 2-3　"Settings"对话框

2.2 数据类型

2.2.1 数字

整数与数学上的整数类似，演示代码如下：

```
a = 1
```

整数支持二进制、八进制、十进制、十六进制，各进制的表示法如表 2-1 所示。

表 2-1 各进制的表示法

进 制	前 缀	例 子
二进制	0b 或者 0B	a=0b1010
八进制	0o 或者 0O	a=0o12
十进制	无	a=10
十六进制	0x 或者 0X	a=0xa

浮点数就是小数，定义的方法有三种：

```
a = 1.2
b = .2
c = 1.2e-4
```

Python 还支持复数类型，演示代码如下：

```
d = 1+2j
```

2.2.2 字符串

字符串代表的是文本内容，最大的特点就是它的两旁有单引号、双引号或三引号。演示代码如下：

```
a = '我是一个字符串'
a = "我是一个字符串"
a = '''我是一个字符串'''
```

单引号、双引号、三单引号、三双引号可以互相嵌套，用来表示复杂字符串。

```
'abc'
'123'
"Python"
'''Python,"hello world"'''
```

空字符串表示为''或""。

用三引号'''或"""表示的字符串可以换行，支持排版较为复杂的字符串；三引号还可以在程序中表示较长的注释。

转义字符的目的是开始一个字符序列，使得以转义字符开头的该字符序列具有不同于该字符序列单独出现时的语义。表 2-2 中介绍了几种 Python 中常用的转义字符。

表 2-2　常用转义字符及其含义

转义字符	含　　义	转义字符	含　　义
\b	退格，把光标移动到前一列位置	\\	一个斜线\
\f	换页符	\'	单引号'
\n	换行符	\"	双引号"
\r	回车	\ooo	3 位八进制数对应的字符
\t	水平制表符	\xhh	2 位十六进制数对应的字符
\v	垂直制表符	\uhhhh	4 位十六进制数表示的 Unicode 字符

2.2.3　列表和元组

列表可以把不同的数据储存到里面并进行调用。列表的所有元素都放在一对中括号[]中，并使用逗号分隔开，列表的格式为

```
列表名 = [元素一，元素二，元素三，…]
```

列表的元素可以是整数、实数、字符串等基本类型的数据，也可以是列表、元组、字典、集合及其他自定义类型的对象。

演示代码如下：

```
a = [1,'资产',['资产','负债','所有者权益']]
```

下面介绍一些关于列表的基本操作。

1. 列表的创建与删除

使用"="直接将一个列表赋值给变量即可创建列表对象：

```
a = [1,'资产',['资产','负债','所有者权益']]
```

当不再使用时，使用 del 命令删除整个列表：

```
del a
```

2. 添加列表元素

使用 append()函数给列表添加元素，演示代码如下：

```
a = []
a.append(1)
print(a)
```

输出结果为

```
[1]
```

3. 遍历列表元素

利用 for 循环遍历列表中的元素：

```
a = [1,'资产',['资产','负债','所有者权益']]
for i in a:
    print(i)
```

输出结果为

```
1
资产
['资产','负债','所有者权益']
```

4. 调取列表的单个元素

通过在列表名之后加上"[索引号]"调取单个元素，演示代码如下：

```
b = a[1]
print(b)
```

输出结果为

```
资产
```

在这里要解释一下：在 Python 中，序号是从 0 开始的，所以要用 a[0]调取"1"。

5. 统计列表元素的个数

统计列表中一共有多少个元素，也称为获取列表的长度，可以使用 len()函数。len()函数的使用格式为

```
len(列表名)
```

演示代码如下：

```
c = len(a)
print(c)
```

输出结果为：

```
3
```

6. 列表切片

如果想获取列表中的几个元素，就要用到列表切片的方法，一般格式为

```
列表名[序号1: 序号2]
```

其中，序号 1 可以取到，序号 2 取不到，俗称"左闭右开"。演示代码如下：

```
a = ['资产','负债','所有者权益','收入','费用']
d = a[1:4]
```

```
print(d)
```

输出结果为

```
['负债','所有者权益','收入']
```

7．列表与字符串之间的转换

列表与字符串之间的转换在文本筛选中有重大作用，一般格式为

```
'连接符'.join(列表名)
```

其中，连接符是列表转换为字符串后各元素的符号。演示代码如下：

```
a = ['资产','负债','所有者权益','收入','费用']
b = ','.join(a)
print(b)
```

输出结果为

```
资产,负债,所有者权益,收入,费用
```

如果把逗号换成空格，那么输出的就是

```
资产 负债 所有者权益 收入 费用
```

把字符串转换为列表用的是split()函数，括号里的内容为分隔符号，演示代码如下：

```
a = "资产,负债"
print(a.split(','))
```

输出结果为：

```
['资产','负债']
```

元组的定义和使用方法与列表非常类似，区别在于列表的符号是"[]"，而元组的符号是"()"，而且元组中的元素不可修改。元组的演示代码如下：

```
a = ('资产', '负债', '所有者权益', '收入', '费用')
print(a[1:3])
```

运行结果如下：

```
('负债', '所有者权益')
```

2.2.4 字典和集合

字典是另一种数据储存的方式，它是一种无序、可变的数据序列。字典的基本格式如下：

```
字典名 = {键1:值1, 键2:值2, 键3:值3, …}
```

在字典中，每个元素都有两部分，前一部分称为键，后一部分称为值，中间有冒号相连。演示代码如下：

```
a = {'资产':'银行存款', '负债':'短期借款', '所有者权益':'实收资本', '收入':'主营业务收入', '费用':'主营业务成本'}
```

下面介绍一些关于字典的基本操作。

1. 字典的创建和删除

dict()函数可以利用已有数据创建字典，演示代码如下：

```
keys = ['资产', '负债', '所有者权益', '收入']
values = ['银行存款', '短期借款', '实收资本', '主营业务收入']
dictionary = dict(zip(keys, values))
```

创建空字典的代码为

```
x = dict()
```

使用 del 删除整个字典：

```
del dictionary
```

2. 字典元素的添加与修改

当以指定键为条件，对字典赋值时，若键存在，则可以修改该键的值，否则表示添加一个键值对。例如：

```
a = {'资产':'长期借款', '负债':'短期借款', '所有者权益':'实收资本', '收入':'主营业务收入', '费用':'主营业务成本'}
```

如果要修改，那么代码为

```
a['资产'] = '银行存款'
```

如果要添加，那么代码为

```
a['成本'] = '生产成本'
```

3. 字典元素的删除

del 可以删除字典中指定键的元素。

例如：

```
a = {'资产':'银行存款', '负债':'短期借款', '所有者权益':'实收资本', '收入':'主营业务收入', '费用':'主营业务成本', '成本':'生产成本'}
del a['成本']
```

字典对象的 clear()方法可以删除字典中的所有元素。

例如：

```
a = {'资产':'银行存款', '负债':'短期借款', '所有者权益':'实收资本', '收入':'主营业务收入', '费用':'主营业务成本', '成本':'生产成本'}
a.clear()
```

字典对象的 pop()方法可以删除并返回指定键的元素。

例如：

```
a = {'资产':'银行存款','负债':'短期借款','所有者权益':'实收资本','收入':'主营业务收入','费用':'主营业务成本','成本':'生产成本'}
b = a.pop('资产')
print(b)
```

字典对象的 popitem( )方法可以随机删除并返回字典中的一个元素。

例如：

```
a = {'资产':'银行存款','负债':'短期借款','所有者权益':'实收资本','收入':'主营业务收入','费用':'主营业务成本','成本':'生产成本'}
b = a.popitem()
print(b)
```

4．读取字典元素的值

如果要读取字典中某一个元素的值，可以通过以下格式实现：

```
字典名['键名']
```

比如，读取'负债'对应的值，可以通过以下代码实现：

```
a = {'资产': '银行存款','负债':'短期借款','所有者权益':'实收资本'}
b = a['负债']
print(b)
```

输出结果为

```
短期借款
```

5．读取字典的内容

如果想读取字典的内容，可以利用 for 循环语句。例如：

```
a = {'资产': '银行存款','负债':'短期借款','所有者权益':'实收资本'}
for i in a:
    print(i + ':' + str(a[i]))
```

输出结果为

```
资产:银行存款
负债:短期借款
所有者权益:实收资本
```

字典对象的 keys( )方法可以返回字典的"键"。

字典对象的 values( )方法可以返回字典的"值"。

集合和字典类似，也是无序、可变的数据序列，但是只有键，没有值，格式为

```
集合名 = {元素1,元素2,元素3,…}
```

需要注意的是，集合里的内容是不重复的。集合的演示代码如下：

```
a = {'资产','负债','所有者权益'}
```

2.3 语句语法

2.3.1 变量、行、缩进和注释

1. 变量

变量相当于一个代号。变量的命名必须以字母或下画线开头，后面可以跟任意数量的字母、数字、下画线的组合。同时，要注意两点，第一，不要用 Python 的保留字或内置函数来命名变量；第二，变量的命名对英文字母区分大小写。

"="用于给变量赋值。演示代码如下：

```
x = 1
```

2. 行

在 Python 中，代码都是一行一行输入的，输入完一行后，按 Enter 键即可换行。

3. 缩进

在一些 if、for、while 语句中通常会用到缩进。一般以 4 个英文空格为基本缩进单位。演示代码如下：

```
x = 1
if x > 0:
    print('正数')
else:
    print('负数或零')
```

4. 注释

注释是人为标注的对程序的一种解释，而计算机在运行程序时会跳过这些注释。所以代码是让计算机理解运行的，而注释是帮助人理解程序的。注释主要有两种方法，如下：

```
#这之后的是注释。
'''
这里面的是注释。
'''
```

2.3.2 运算符

1. 算术运算符

算术运算符有 "+" "-" "*" "/"，这些都与数学上的运算符意思相同。

数字之间是可以进行加减乘除的操作的，但是不同的数据类型之间是不能进行算术运算的。演示代码如下：

```
a = 1 + '1'
print(a)
```

这时运行代码就会报错：unsupported operand type(s) for +: 'int' and 'str'，意思是不同的数据类型无法直接运算。

而"+"除了能进行数字的相加，还能进行字符串的连接。演示代码如下：

```
a = '所有者'
b = '权益'
c = a + b
print(c)
```

输出结果为：

```
所有者权益
```

Python 中的除法有两种，"/"和"//"分别表示除法和整除运算。

除法运算：

```
a = 6 / 5
print(a)
```

输出结果为

```
1.2
```

整除运算：

```
a = 6 // 5
print(a)
```

输出结果为

```
1
```

2. 比较运算符

常用的比较运算符有"<"">""==""<="">=""!="。这里要强调的是"==","=="与前面讲到的"="并不相同，"="是用来给变量赋值的，而"=="的作用是比较两个对象是否相等。演示代码如下：

```
a = 1
b = 2
if a == b:
    print('相等')
else:
    print('不相等')
```

输出结果为

不相等

3. 逻辑运算符

逻辑运算符主要有"not""and""or"。演示代码如下：

```
a = 1
b = 2
if a > 0 and b == 2:
    print('正确')
else:
    print('错误')
```

输出结果为

```
正确
```

2.3.3 布尔值和空值

布尔值是逻辑判断的一个结果，即真（True）和假（False）。

空值就是没有值。演示代码如下：

```
a = None
```

2.3.4 if 条件语句

if 条件语句主要用于判断，基本的语法格式为：

```
if 条件:
    代码1
else:
    代码2
```

演示代码如下：

```
x = 1
if x > 0:
    print('正数')
else:
    print('负数或零')
```

如果有多个判断条件，可以使用 elif 进行处理。演示代码如下：

```
x = 0
if x > 0:
    print('正数')
elif x < 0:
    print('负数')
```

```
else:
    print('零')
```

2.3.5 for 循环语句

for 循环语句的底层逻辑是循环，其常用格式为

```
for i in 区域:
    要重复执行的代码
```

演示代码如下：

```
a = '所有者权益'
for i in a:
    print(i)
```

其中，i 只是一个代号，可以换成任何内容，如 j 或者其他字符。输出结果为

```
所
有
者
权
益
```

for 语句还经常与 range()函数连用。range()函数创建的是一个整数列表。例如，a = range(10) 代表的是创建一个[0, 1, 2, 3, 4, 5, 6, 7, 8, 9]的列表。

for 语句与 range()函数结合的演示代码如下：

```
for i in range(3):
    print('资产')
```

输出结果为

```
资产
资产
资产
```

2.3.6 while 循环语句

while 循环语句的底层逻辑也是循环，其常用格式为

```
while 条件:
    要重复执行的代码
```

演示代码如下：

```
a = 1
while a < 3:
```

```
    print(a)
    a += 1
```

这段代码代表最初的 a 为 1，条件是当 a 小于 3 时，输出 a，同时在 a 原来的基础上加 1，进入下一次循环，当 a 不满足小于 3 的条件时，循环终止。

输出结果为

```
1
2
```

whlie 循环语句经常与 True 搭配使用，形成永久循环，其格式为

```
while True:
    代码
```

演示代码如下：

```
while True:
    print('hello world')
```

此时代码会进入永久循环，如果想要停止循环，可以单击 ■ 按钮。

2.3.7 break 和 continue

break 的意思是马上停止循环，然后跳出循环，执行后续的语句。

演示代码如下：

```
for i in range(5):
    print(i)
    break
```

输出结果为

```
0
```

coutinue 的意思是当前语句不会被执行，直接进入下一次循环。

演示代码如下：

```
for i in range(5):
    if i % 2 ==0:
        continue
    print(i)
```

输出结果为

```
1
3
```

2.4 函数和库

2.4.1 函数的定义和调用

将可能需要反复执行的代码封装为函数,并在需要该功能的地方进行调用,不仅可以实现代码复用,更重要的是可以保证代码的一致性,只需要修改该函数代码则所有调用均受到影响。自定义函数的格式为

```
def 函数名(参数):
    代码
```

演示代码如下:

```
def y(x):
    print(x+1)
```

这样就定义好了一个函数,当需要调用这个函数时,只需输入函数名,在后面的括号中加上相关参数即可。演示代码如下:

```
y(1)
```

输出结果为

```
2
```

也可以创建两个或者更多参数的函数,下面以两个参数举例。演示代码如下:

```
def z(x,y):
    print(x+y+1)
```

调用为 z(1,1),输出结果为

```
3
```

定义函数时也可以不要参数。演示代码如下:

```
def y():
    x = 1
    print(x+1)
```

调用为 y(),输出结果为

```
2
```

2.4.2 函数的返回值和作用域

1. 返回值

下面看一段代码:

```
def add(num1,num2):
    num3 = num1 + num2
    return(num3)
```

这段代码在运行后是没有任何输出结果的，这是因为 return 语句只是把值赋给了 num3，也就是所讲的返回值。想要展示 num3 的值，可以这样：

```
def add(num1,num2):
    num3 = num1 + num2
    print(num3)
```

2. 作用域

变量起作用的代码范围称为变量的作用域，不同作用域内变量名可以相同，互不影响。

在函数内部定义的普通变量只在函数内部起作用，称为局部变量。当函数执行结束后，局部变量自动删除，不可以再使用。演示代码如下：

```
x = 1
def y(x):
    x += 1
    print(x)
y(1)
print(x)
```

其中，x 只是函数里参数的一个代表，可以用其他字符代替，如 z，函数内部变量的变化与外部无关。输出结果为

```
2
1
```

2.4.3 常用基本函数介绍

1. str()函数、int()函数、float()函数

str()函数用于将数字转化为字符串。演示代码如下：

```
sorce = 90
print('我期末考了' + str(sorce) + '分')
```

int()函数和 float()函数则用于将字符串转化为数字。演示代码如下：

```
a = '10'
b = '0.1'
print(int(a) + float(b) + 1)
```

2. max()函数、min()函数、sum()函数

max()函数、min()函数、sum()函数分别用于计算列表、元组等对象中所有元素的最大值、

最小值及所有元素之和，sum()函数要求元素支持加法运算，max()函数和min()函数则要求元素之间可比较大小。演示代码如下：

```
a = [1,2,3,4,5]
print(max(a),min(a),sum(a))
```

3．len()函数

len()函数可以统计字符串的长度。演示代码如下：

```
a = '资产包括银行存款'
print(len(a))
```

输出结果为

```
8
```

4．replace()函数

replace()函数主要用于替换指定内容，格式为

```
字符串名.replace(旧内容，新内容)
```

演示代码如下：

```
a = '资产包括银行存款'
a = a.replace('银行存款','库存现金')
print(a)
```

输出结果为

```
资产包括库存现金
```

5．strip()函数

strip()函数的主要作用是删除空白字符，格式为

```
字符串名.strip()
```

演示代码如下：

```
a = '    资产包括银行存款'
a = a.strip()
print(a)
```

输出结果为

```
资产包括银行存款
```

6．split()函数

split()函数的主要作用是分割字符串生成列表，格式为

```
字符串名.split('分隔符')
```

演示代码如下：

```
a = '资产,负债,所有者权益'
b = a.split(',')
print(b)
```

输出结果为

```
['资产', '负债', '所有者权益']
```

2.4.4 库

库是一些 IT 工程师研发出的功能强大并且愿意分享出来供大家使用的共享代码,俗称"依赖包"。有的库是 Python 自带的,有的则需要用户下载。在编程时,引入库的格式为

```
import 库名
from 库名 import 库里的一个功能
```

下面以 time 库为例讲解,这个库是 Python 自带的,不需要安装。演示代码如下:

```
import time
print(time.strftime("%Y-%m-%d"))
```

这样就可以输出当天的日期,如下:

```
2022-02-20
```

下面介绍第三方库的两种下载方法。

1. pip 安装法

pip 是依赖 Python 通过命令来安装的,格式为

```
pip install 库名
```

下面以 Windows 系统安装 jieba 库为例进行讲解。

首先,按快捷键 Win+R,打开"运行"对话框,输入"cmd"后,单击"确定"按钮,如图 2-4 所示。

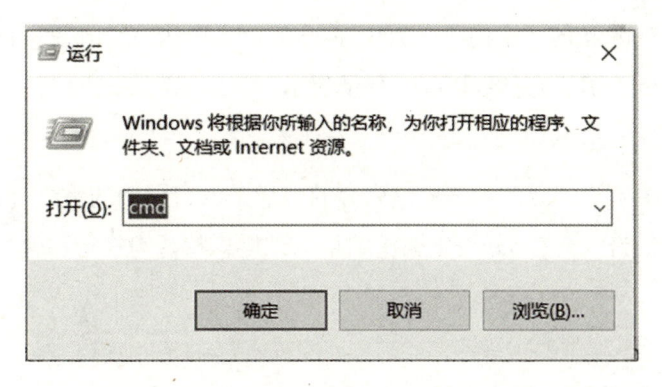

图 2-4 打开命令示符

然后，在弹出的窗口中输入命令"pip install jieba"后，按 Enter 键即可开始安装。

安装成功后，会显示"Successfully installed"的提示文字，如果之前安装过，就会提示"Requirement already satisfied"。

2．PyCharm 安装法

也可以在 PyCharm 里直接下载库，具体操作步骤如下。

首先，执行"File"→"Settings"菜单命令，打开"Settings"对话框。

然后，单击"Project"→"Project Interpreter"选项，单击右侧的加号按钮。

最后，输入想要安装的库的名称，如"jieba"；搜索完成后选定要安装的"jieba"库版本，单击左下角的"Install Package"按钮，进行安装。

2.5 文件的读和写

2.5.1 input()函数和 print()函数

1．input()函数

input()函数是标准输入，它只能接收字符串。演示代码如下：

```
a = input('请输入你要输入的内容')
print(a,type(a))
```

输出结果为

```
请输入你要输入的内容123
123 <class 'str'>
```

2．print()函数

print()函数是 Python 的一个内置函数。在 PyCharm 里按住 Ctrl 键的同时，单击"print"按钮，可以查看 print()函数的参数情况，如下所示：

```
def print(self,*args,sep=' ',end='\n',file=None)
```

其中，self 代表输出内容；*args 代表输出内容的数量是没有限制的；sep 设定输出结果之间的分隔符是什么，默认为空格；end 设定输出结果的结尾，默认为换行。后两项都可以通过设置改成其他符号。

演示代码如下：

```
print('hello','world',sep = '!',end = '?')
```

其中，file 的标准值是"sys.stdout"，也就是"标准的输出"，就是输出到屏幕上。输出结果为

```
hello!world?
```

2.5.2 文件的写操作

在进行文件的读写之前需要打开文件，使用 open()函数，演示代码如下：

```
f = open()
```

按住 Ctrl 键的同时单击"open"代码，可以查看 open()函数的参数情况，如下所示，这里主要讲解前两个参数。

```
Def open(file, mode='r', buffering=None, encoding=None, errors=None, newline= None, closefd=True)
```

其中，file 代表文件的名字；mode 代表打开文件之后要做什么，具体如图 2-5 所示。

```
'r'     open for reading (default)
'w'     open for writing, truncating the file first
'x'     create a new file and open it for writing
'a'     open for writing, appending to the end of the file if it exists
'b'     binary mode
't'     text mode (default)
'+'     open a disk file for updating (reading and writing)
'U'     universal newline mode (deprecated)
```

图 2-5 文件的操作

其中，r 代表打开一个文件进行读取；w 代表打开一个文件写入新内容，如果文件中已有内容，则原有内容会被删除；x 代表重新创建一个文件进行书写；a 代表打开一个文件写入新内容，如果文件中已有内容，则把新内容添加到原有内容后面；b 代表写二进制的模式，如图片、音频、视频等二进制文件；t 代表默认写一个文本的模式，即文本文件。

下面以 w 模式为例进行讲解，演示代码如下：

```
f = open('test1.txt',mode = 'w')
f.write('ABCD')
f.close()
```

输出结果为

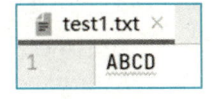

test1.txt	
1	ABCD

如果想要向文件中写入多行数据，就可以使用 f.writelines()方法。

2.5.3 文件的读操作

要打开的文件必须是一个存在的文件,演示代码如下:

```
f = open('test1.txt')
print(f.read())
f.close()
```

输出结果为

```
ABCD
```

但是,当文件很大时,这种读取方法就会很慢,所以在实际应用中通常采用另一种方法读取文件,演示代码如下:

```
f = open('test2.txt')
for line in f:
    print(line)
f.close()
```

输出结果为

```
ABCD
EFGH
IJKL
```

需要注意的是,open()函数的 encoding 默认为 ASCII 编码,而 ASCII 不能对中文进行编码,需要改变为"encoding=utf8"。演示代码如下:

```
f = open('test3.txt', mode='w', encoding='utf8')
f.writelines(['设立\n', '北京证券\n', '交易所'])
f.close()
```

输出结果为

test3.txt	
1	设立
2	北京证券
3	交易所

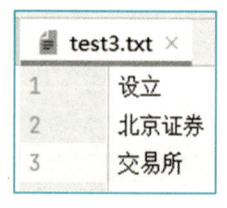

2.6 类

2.6.1 类和对象的基本概念

面向对象程序设计（Object-Oriented Programming，OOP）是一种程序设计思想。类（class）和对象（object）是面向对象程序设计里重要的概念。

类可以看成一个抽象的数据集合，如"狗类"。演示代码如下：

```
class Dog:
    pass
```

实例化一个具体的 Dog 对象的演示代码如下：

```
dog1 = Dog()
```

2.6.2 面向对象的特征

1. 封装

封装，就是隐藏对象的属性和实现细节，仅对外公开接口，控制程序中属性的读和修改的访问级别，维护数据的安全性。

演示代码如下：

```
class Student:
    def __init__(self,id,name):
        self.id = id
        self.name = name
if __name__ == "__main__":
    stu1 = Student('1','张三')
    stu2 = Student('2','李四')
```

调用数据有两种方法，第一种是通过对象直接调用，第二种是通过 self 间接调用。演示代码如下：

```
class Student:
    def __init__(self,id,name):
        self.id = id
        self.name = name

    def show(self):
        print(self.id)
        print(self.name)
```

```
if __name__ == "__main__":
    stu1 = Student('1', '张三')
    stu2 = Student('2', '李四')
    #通过对象直接调用
    print(stu1.id)
    print(stu1.name)
    #通过self 间接调用
    stu1.show()
    stu2.show()
```

2. 继承

继承是指子类拥有父类的属性和方法，也可以定义自己的属性和方法。演示代码如下：

```
class animal:
    def sleep(self):
        print('animal is sleeping.')
class dog(animal):
    pass
a = dog()
a.sleep()
```

3. 多态

多态是指同一种方法在父类及其不同子类所创建的对象中可以具有不同的表现和行为。演示代码如下：

```
class animal:
    def do(self):
        pass

class dog(animal):
    def do(self):
        print('dog is eating')

class cat(animal):
    def do(self):
        print('cat is sleeping')
a = dog()
a.do()
b = cat()
b.do()
```

2.6.3 type 和 isinstance

type 和 isinstance 都是判断实例是否属于这一类的方法，演示代码如下：

```
class A:
```

```
    pass
a = A()
print(type(a))
print(isinstance(a, A))
```

输出结果为

```
<class '__main__.A'>
True
```

这两个结果都表示 a 是 A 的一个实例。

2.7　MySQL 数据库的读和写

2.7.1　MySQL 的安装和配置

数据库就是利用现代化手段存储数据的方法，具有持久化存储、读写速度快、保证文件的有效性和对程序支持性好的优点。

本节讲解 MySQL 数据库的安装。打开 MySQL 的官网，单击"DOWNLOADS"选项，滑动网页，单击"MySQL Community (GPL) Downloads"选项；选择"MySQL Installer for Windows"进入 MySQL 版本选择界面，如图 2-6 所示；选择合适的版本进行下载，在弹出的登录界面中单击"No thanks, just start my download."选项，开始下载。

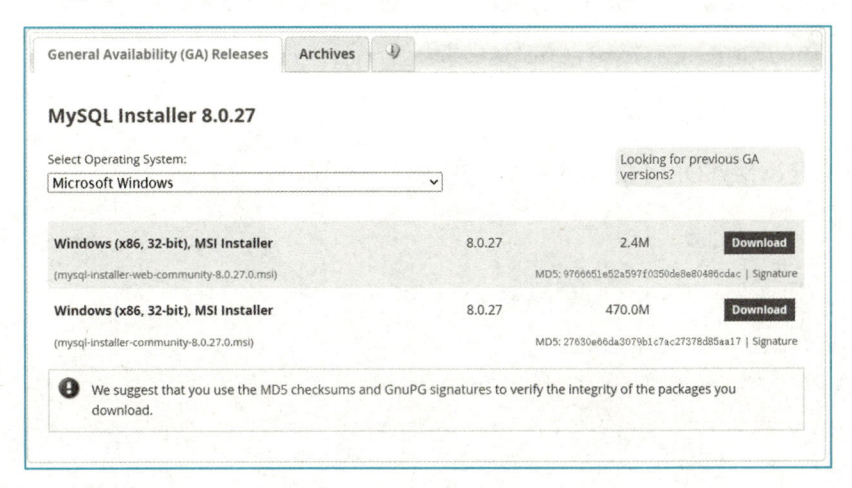

图 2-6　MySQL 版本选择界面

下载成功后，双击下载文件进行安装，如图 2-7 所示，选择"Server only"选项，依次单击"Next""Execute"和"Agree"按钮，直到出现需要设置密码的界面；设置好密码后，继续单击"Next"按钮，最后出现"Finish"按钮，单击完成安装。

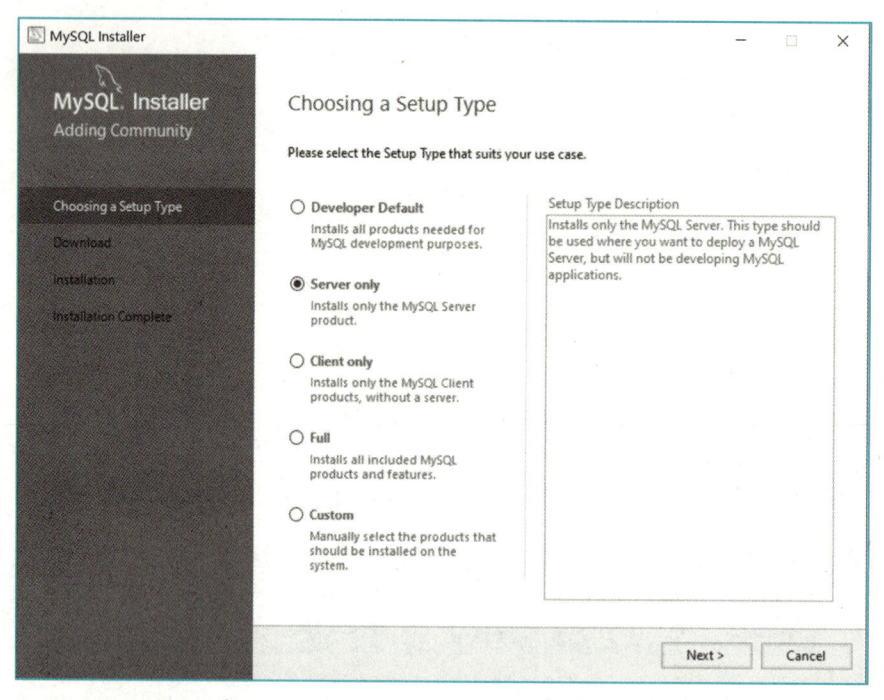

图 2-7　MySQL 安装对话框

2.7.2　Python 与 MySQL 的交互

1. 安装 PyMySQL 库

使用 pip 或者 PyCharm 安装 PyMySQL 库，pip 安装的命令是

```
pip install pymysql
```

2. PyMySQL 库的使用

以下是关于 PyMySQL 库的一些基本使用的代码和注释：

```python
#打开数据库连接
import pymysql
db = pymysql.connect(user='root', password='123456', charset='utf8')

#使用cursor()方法获取操作游标
cursor = db.cursor()

#创建test数据库
cursor.execute("""create database test""")

#进入test数据库
cursor.execute("""use test""")

#若数据表已经存在，则删除表
cursor.execute("drop table if exists test")
```

```python
#创建数据表SQL语句
sql_create = """create table test (
    first_name  char (20) not null,
    last_name  char (20),
    age int(3),
    sex char(1),
    income float)"""
cursor.execute(sql_create)

#SQL插入语句
sql_insert_1 = """insert into test(first_name,last_name, age, sex, income) \
                values ('Mac', 'Mohan', 20, 'M', 2000)"""
sql_insert_2 = "insert into test(first_name,last_name, age, sex, income)" \
                "values (%s, %s, %s, %s, %s )" % ('Mac', 'Mohan', 20, 'M', 2000)
try:
    #执行SQL插入语句
    cursor.execute(sql_insert_1)
#提交到数据库执行
db.commit()
except:
    #发生错误时回滚
    db.rollback()

#SQL查询语句
sql_select = "select * from test where income > %s" % (1000)
try:
    #执行SQL查询语句
    cursor.execute(sql_select)
    #获取所有记录列表
    results = cursor.fetchall()
    for row in results:
        fname = row[0]
        lname = row[1]
        age = row[2]
        sex = row[3]
        income = row[4]

        #打印结果
    print("fname=%s,lname=%s,age=%s,sex=%s,income=%s" % (fname, lname, age, sex, income))
except:
    print("Error: unable to fecth data")

#SQL更新语句
sql_update = "update test set age = age + 1 where sex = %c" % ('M')
try:
    #执行SQL更新语句
    cursor.execute(sql_update)
    #提交到数据库执行
```

```
        db.commit()
except:
        #发生错误时回滚
        db.rollback()
#SQL 删除语句
sql_delete = "delete from test where age > %s" % (20)
try:
        #执行SQL删除语句
        cursor.execute(sql_delete)
        #提交到数据库执行
        db.commit()
except:
        #发生错误时回滚
        db.rollback()
        #关闭数据库连接
        db.close()
```

参考文献

[1] 王宇韬，房宇亮，肖金鑫. Python 金融大数据挖掘与分析全流程详解[M]. 北京：机械工业出版社，2019：12-40.

[2] 李东方，文欣秀，张向东. Python 程序设计基础[M]. 2 版. 北京：电子工业出版社，2020: 12-134.

第 3 章

Python 科学计算与表格处理

BD

为了方便展示表格处理结果，本书第 3 章与第 4 章的演示代码在 Anaconda 的 Jupyter Notebook 组件环境下运行。

3.1 Python 科学计算

3.1.1 Pandas 库

1. Pandas 介绍

在计算机编程中，Pandas 是 Python 中用于数据操纵和分析的软件库，其名字衍生自术语"panel data"（面板数据）和"Python data analysis"（Python 数据分析）。Pandas 是基于 NumPy 的一种工具，提供高性能、易于使用的数据结构和数据分析工具，是一个强大的分析结构化数据的工具集。

Pandas 主要用于数据分析。Pandas 的数据帧允许操纵各种格式的数据文件，比如导入导出 CSV、JSON、SQL、HDF5 和导入 Microsoft Excel 等。Pandas 允许各种数据操纵运算操作，比如归并、再成形、选择，还有数据清洗和数据特征加工。

Pandas 广泛应用在学术、金融、统计学等数据分析领域。

Pandas 的主要数据结构是 Series（一维数据）和 DataFrame（二维数据），这两种数据结构足以处理金融、统计、社会科学、工程等领域的大多数典型用例。

Series 是一种一维数组，与 Python 基本的数据结构——列表相近。它由一组数据（各种 Numpy 数据类型）和一组与之相关的数据标签（索引）组成，字符串、布尔值、数字等都能保存在 Series 中。

DataFrame 是一种二维的表格型数据结构，包含一组有序的列，每列可以是不同的数据类型（数值、字符串、布尔值）。DataFrame 既有行索引也有列索引，可以被看成由 Series 组成的字典（共同用一个索引）。

2. Pandas 安装和导入

安装 Pandas 需要的基础环境是 Python，开始前需安装 Python 和 pip。Python 2.7.9 或 Python 3.4 以上版本都自带 pip 工具。

使用 pip 安装 Pandas：

```
pip install pandas
```

查看 Pandas 版本：

```
import pandas
pandas.__version__
```

导入 Pandas 时，一般使用别名 pd 来在之后的程序中进行代替：

```
import pandas as pd
```

3．DataFrame 的创建

DataFrame 构造方法如下：

```
pandas.DataFrame(data, index, columns, dtype, copy)
```

其中，data 为一组数据（ndarray、series、map、list、dict 等类型）；index 为行索引值，默认为 RangeIndex(0, 1, 2, …, n)；columns 为列索引，默认为 RangeIndex(0, 1, 2, …, n)；dtype 为数据类型；copy 为副本数据，默认为 False。

DataFrame 的创建有多种方式，常用的是通过二维数组和字典进行创建。通过字典创建时需要注意，字典中的值只能是一维数组或单个的简单数据类型，如果是数组，就要求所有数组长度一致，如果是单个数据，就会使每行的对应处都添加相同数据。例如：

```
#通过二维数组创建
import pandas as pd
df_1 = pd.DataFrame([['name1', 'name2', 'name3'], [11, 22, 33]])
```

创建的 df_1 如图 3-1 所示。

	0	1	2
0	name1	name2	name3
1	11	22	33

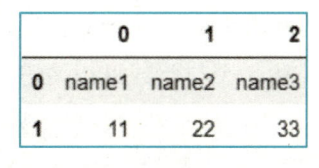

图 3-1　df_1

```
#通过字典创建
import pandas as pd
df_2 = pd.DataFrame({
    'col1' : ['A','B','C'],
    'col2' : ['a','b','c'],
    'col3' : ['11','22','33'],
    'col4' : 3
    },
    index = ['one','two','three'])
```

创建的 df_2 如图 3-2 所示。

	col1	col2	col3	col4
one	A	a	11	3
two	B	b	22	3
three	C	c	33	3

图 3-2 df_2

```
#通过嵌套字典创建
import pandas as pd
df_3 = pd.DataFrame({'Col1' : {'Index1' : 'Value1', 'Index2' : 'Value2'},
 'Col2' : {'Index2' : 'Value2', 'Index3' : 'Value3'}})
```

创建的 df_3 如图 3-3 所示。

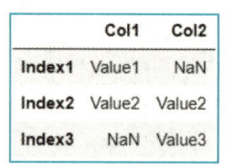

	Col1	Col2
Index1	Value1	NaN
Index2	Value2	Value2
Index3	NaN	Value3

图 3-3 df_3

3.1.2 NumPy 库

1. NumPy 介绍

NumPy（Numerical Python）是 Python 的一个扩展程序库，支持大量的多维数组与矩阵运算，此外也针对数组运算提供大量的数学函数库。

NumPy 的核心功能是 ndarray（n-dimensional array，多维数组）数据结构。这是一个多维度、同质并且固定大小的数组对象，由一个与此数组相关的资料类型对象来描述其元素的资料格式（如其字符组顺序、在存储器中占用的字符组数量、整数或者浮点数等）。

2. NumPy 安装和导入

NumPy 的安装和导入与 Pandas 的安装和导入类似。

使用 pip 安装 NumPy：

```
pip install numpy
```

查看 NumPy 版本：

```
import numpy
numpy.__version__
```

导入 NumPy 时，在之后的程序中，一般使用别名 np 进行代替：

```
import numpy as np
```

3.1.3 Pipeline

Pipeline 这个单词在深度学习中经常出现。Pipeline，中文意为管线，意义等同于流水线。直白地说就是一套流程工序，专业一点地说称为综合解决方案。Pipeline 处理机制就像是把所有模型塞到一根管子里，然后依次对数据进行处理，得到最终的分类结果。

例子 1：最典型的就是 GPU 渲染管线中，Pipeline 指渲染一个画面需要经过多少道工序。

例子 2：爬虫框架里，指某项目或者框架里需要用到流水线来简化设计，降低复杂度并提高性能，是一种设计方法，是我们将现实中的社会分工借鉴并运用到计算机编程中的例子。

例子 3：指算法或者大数据分析里的可重复使用，对于新的数据，直接输入数据，可以得到结果的过程。

3.2 表格处理

3.2.1 读取表格文件

1. 按需要读取表格文件内容

Pandas 提供的 read_excel() 函数可用于读取 Excel 文件具体 sheet 页的数据，该函数的返回结果是一个 DataFrame。read_csv() 函数用于读取 CSV 文件，与 read_excel() 函数类似。本节主要介绍 read_excel() 函数。

用来进行实例展示的示例表格文件的内容如图 3-4 所示。

使用 read_excel() 函数的示例代码如下：

```
import pandas as pd
df = pd.read_excel(r'D:\test_data.xlsx')
df
```

输出结果如图 3-5 所示。

read_excel() 函数参数众多，下面简单介绍几个常用的参数。

sheet_name：需要读取的 sheet 页的名称，默认读取第一个 sheet 页。使用 sheet_name 参数的示例代码如下：

```
#读取表格文件"test_data"的名为"Sheet2"的sheet页
df = pd.read_excel(r'D:\test_data.xlsx', sheet_name = 'Sheet2')
df
```

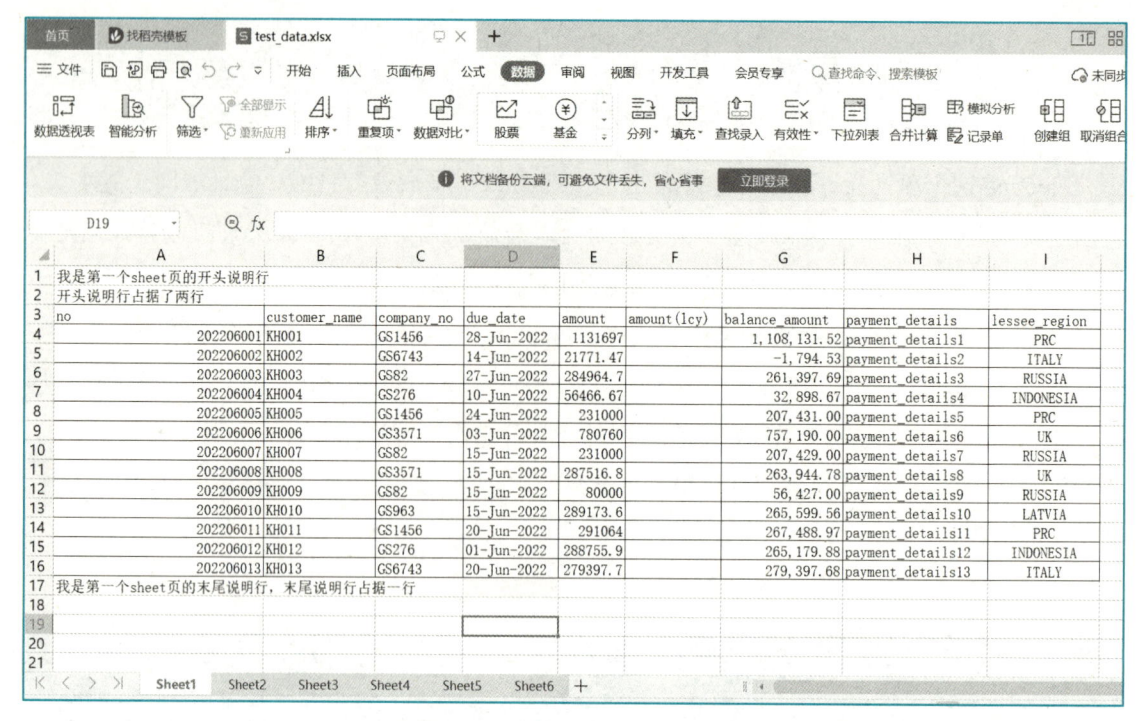

图 3-4 示例表格文件的内容

图 3-5 read_excel()函数输出结果

输出结果如图 3-6 所示。

图 3-6 使用 sheet_name 参数的输出结果

050

“Sheet2”的内容如图 3-7 所示。

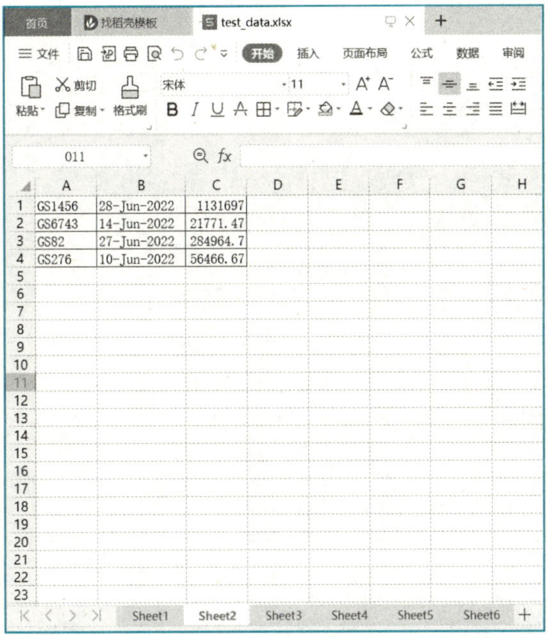

	A	B	C
1	GS1456	28-Jun-2022	1131697
2	GS6743	14-Jun-2022	21771.47
3	GS82	27-Jun-2022	284964.7
4	GS276	10-Jun-2022	56466.67

图 3-7　“Sheet2”的内容

skiprows：需要跳过的行数。默认从第一行开始读取且把第一行作为标题行，如果跳过第一行，把第二行作为标题行，应设置参数 skiprows=1（索引下标从 0 开始）。

使用 skiprows 参数的示例代码如下：

```
#读取表格文件“test_data”的名为“Sheet1”的 sheet 页，并跳过开头说明行
df = pd.read_excel(r'D:\test_data.xlsx', sheet_name = 'Sheet1', skiprows = 2)
df
```

输出结果如图 3-8 所示。

	no	customer_name	company_no	due_date	amount	amount(lcy)	balance_amount	payment_details	lessee_region
0	202206001	KH001	GS1456	2022-06-28	1131696.52	NaN	1108131.52	payment_details1	PRC
1	202206002	KH002	GS6743	2022-06-14	21771.47	NaN	-1794.53	payment_details2	ITALY
2	202206003	KH003	GS82	2022-06-27	284964.69	NaN	261397.69	payment_details3	RUSSIA
3	202206004	KH004	GS276	2022-06-10	56466.67	NaN	32898.67	payment_details4	INDONESIA
4	202206005	KH005	GS1456	2022-06-24	231000.00	NaN	207431.00	payment_details5	PRC
5	202206006	KH006	GS3571	2022-06-03	780760.00	NaN	757190.00	payment_details6	UK
6	202206007	KH007	GS82	2022-06-15	231000.00	NaN	207429.00	payment_details7	RUSSIA
7	202206008	KH008	GS3571	2022-06-15	287516.78	NaN	263944.78	payment_details8	UK
8	202206009	KH009	GS82	2022-06-15	80000.00	NaN	56427.00	payment_details9	RUSSIA
9	202206010	KH010	GS963	2022-06-15	289173.56	NaN	265599.56	payment_details10	LATVIA
10	202206011	KH011	GS1456	2022-06-20	291063.97	NaN	267488.97	payment_details11	PRC
11	202206012	KH012	GS276	2022-06-01	288755.88	NaN	265179.88	payment_details12	INDONESIA
12	202206013	KH013	GS6743	2022-06-20	279397.68	NaN	279397.68	payment_details13	ITALY
13	我是第一个sheet页的末尾说明行，末尾说明行占据一行	NaN	NaN	NaT	NaN	NaN	NaN	NaN	NaN

图 3-8　使用 skiprows 参数的输出结果

header：头标题行，默认第一行作为头标题。如果跳过第一行，把第二行作为头标题行，应设置参数 header=1（索引下标从 0 开始），与参数 skiprows 效果一致。如果不设置头标题行，那么设置参数 header=None。

使用 header 参数的示例代码一如下：

```
#读取表格文件"test_data"的名为"Sheet1"的sheet页，并跳过开头说明行
df = pd.read_excel(r'D:\test_data.xlsx', sheet_name = 'Sheet1', header = 2)
df
```

输出结果如图 3-9 所示。

	no	customer_name	company_no	due_date	amount	amount(lcy)	balance_amount	payment_details	lessee_region
0	202206001	KH001	GS1456	2022-06-28	1131696.52	NaN	1108131.52	payment_details1	PRC
1	202206002	KH002	GS6743	2022-06-14	21771.47	NaN	-1794.53	payment_details2	ITALY
2	202206003	KH003	GS82	2022-06-27	284964.69	NaN	261397.69	payment_details3	RUSSIA
3	202206004	KH004	GS276	2022-06-10	56466.67	NaN	32898.67	payment_details4	INDONESIA
4	202206005	KH005	GS1456	2022-06-24	231000.00	NaN	207431.00	payment_details5	PRC
5	202206006	KH006	GS3571	2022-06-03	780760.00	NaN	757190.00	payment_details6	UK
6	202206007	KH007	GS82	2022-06-15	231000.00	NaN	207429.00	payment_details7	RUSSIA
7	202206008	KH008	GS3571	2022-06-15	287516.78	NaN	263944.78	payment_details8	UK
8	202206009	KH009	GS82	2022-06-15	80000.00	NaN	56427.00	payment_details9	RUSSIA
9	202206010	KH010	GS963	2022-06-15	289173.56	NaN	265599.56	payment_details10	LATVIA
10	202206011	KH011	GS1456	2022-06-20	291063.97	NaN	267488.97	payment_details11	PRC
11	202206012	KH012	GS276	2022-06-01	288755.88	NaN	265179.88	payment_details12	INDONESIA
12	202206013	KH013	GS6743	2022-06-20	279397.68	NaN	279397.68	payment_details13	ITALY
13	我是第一个sheet页的末尾说明行，末尾说明行占据一行	NaN	NaN	NaT	NaN	NaN	NaN	NaN	NaN

图 3-9　使用 header 参数的输出结果一

使用 header 参数的示例代码二如下：

```
#读取表格文件"test_data"的名为"Sheet2"的sheet页，不设置头标题行
df = pd.read_excel(r'D:\test_data.xlsx', sheet_name = 'Sheet2', header = None)
df
```

输出结果如图 3-10 所示。

	0	1	2
0	GS1456	2022-06-28	1131696.52
1	GS6743	2022-06-14	21771.47
2	GS82	2022-06-27	284964.69
3	GS276	2022-06-10	56466.67

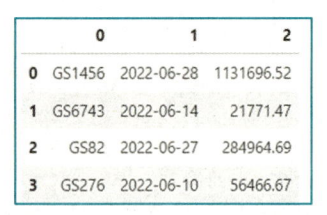

图 3-10　使用 header 参数的输出结果二

skipfooter：需要跳过的末尾的行数，默认不跳过。如果要跳过最后两行，那么设置参数 skipfooter=2。使用 skipfooter 参数的示例代码如下：

```
#读取表格文件"test_data"的名为"Sheet1"的sheet页，并跳过末尾说明行
df = pd.read_excel(r'D:\test_data.xlsx', sheet_name = 'Sheet1', skipfooter = 1)
df
```

输出结果如图 3-11 所示。

	我是第一个sheet页的开头说明行	Unnamed: 1	Unnamed: 2	Unnamed: 3	Unnamed: 4	Unnamed: 5	Unnamed: 6	Unnamed: 7	Unnamed: 8
0	开头说明行占据了两行	NaN	NaN	NaN	NaN	NaN	NaN	NaN	NaN
1	no	customer_name	company_no	due_date	amount	amount(lcy)	balance_amount	payment_details	lessee_region
2	202206001	KH001	GS1456	2022-06-28 00:00:00	1131696.52	NaN	1108131.52	payment_details1	PRC
3	202206002	KH002	GS6743	2022-06-14 00:00:00	21771.47	NaN	-1794.53	payment_details2	ITALY
4	202206003	KH003	GS82	2022-06-27 00:00:00	284964.69	NaN	261397.69	payment_details3	RUSSIA
5	202206004	KH004	GS276	2022-06-10 00:00:00	56466.67	NaN	32898.67	payment_details4	INDONESIA
6	202206005	KH005	GS1456	2022-06-24 00:00:00	231000	NaN	207431	payment_details5	PRC
7	202206006	KH006	GS3571	2022-06-03 00:00:00	780760	NaN	757190	payment_details6	UK
8	202206007	KH007	GS82	2022-06-15 00:00:00	231000	NaN	207429	payment_details7	RUSSIA
9	202206008	KH008	GS3571	2022-06-15 00:00:00	287516.78	NaN	263944.78	payment_details8	UK
10	202206009	KH009	GS82	2022-06-15 00:00:00	80000	NaN	56427	payment_details9	RUSSIA
11	202206010	KH010	GS963	2022-06-15 00:00:00	289173.56	NaN	265599.56	payment_details10	LATVIA
12	202206011	KH011	GS1456	2022-06-20 00:00:00	291063.97	NaN	267488.97	payment_details11	PRC
13	202206012	KH012	GS276	2022-06-01 00:00:00	288755.88	NaN	265179.88	payment_details12	INDONESIA
14	202206013	KH013	GS6743	2022-06-20 00:00:00	279397.68	NaN	279397.68	payment_details13	ITALY

图 3-11 使用 skipfooter 参数的输出结果

usecols：需要读取的列的序号，默认全部读取。序号可以单独列举，也可以使用英文冒号（:）衔接来表示列的范围。使用 usecols 参数的示例代码如下：

```
#读取表格文件"test_data"的名为"Sheet1"的sheet页中，除amount(lcy)和payment_details之外的其他
#列的数据
df = pd.read_excel(r'D:\test_data.xlsx', sheet_name = 'Sheet1', usecols = 'A:E,G,I')
df
```

输出结果如图 3-12 所示。

names：按原始数据列的先后顺序为列重新命名，格式为

names=['列名1', '列名2', …]

使用 names 参数的示例代码如下：

```
#读取表格文件"test_data"的名为"Sheet1"的sheet页，并为其列重新命名
df = pd.read_excel(r'D:\test_data.xlsx', sheet_name = 'Sheet1', names = ['No', \
'CustomerName', 'CompanyNo', 'DueDate', 'Amount', 'AmountLCY', 'BalanceAmount', \
'PaymentDetails', 'LesseeRegion'])
df
```

输出结果如图 3-13 所示。

如果 names 的元素个数少于列数，那么从右往左为列赋予名字，结果如图 3-14 所示。

```
df = pd.read_excel(r'D:\test_data.xlsx', sheet_name = 'Sheet1', names = ['No', \
'CustomerName', 'CompanyNo', 'DueDate', 'Amount', 'AmountLCY'])
df
```

如果 names 的元素个数多于列数，那么程序报错。

	我是第一个sheet页的开头说明行	Unnamed: 1	Unnamed: 2	Unnamed: 3	Unnamed: 4	Unnamed: 6	Unnamed: 8
0	开头说明行占据了两行	NaN	NaN	NaN	NaN	NaN	NaN
1		no	customer_name	company_no	due_date	amount	balance_amount	lessee_region
2		202206001	KH001	GS1456	2022-06-28 00:00:00	1131696.52	1108131.52	PRC
3		202206002	KH002	GS6743	2022-06-14 00:00:00	21771.47	-1794.53	ITALY
4		202206003	KH003	GS82	2022-06-27 00:00:00	284964.69	261397.69	RUSSIA
5		202206004	KH004	GS276	2022-06-10 00:00:00	56466.67	32898.67	INDONESIA
6		202206005	KH005	GS1456	2022-06-24 00:00:00	231000	207431	PRC
7		202206006	KH006	GS3571	2022-06-03 00:00:00	780760	757190	UK
8		202206007	KH007	GS82	2022-06-15 00:00:00	231000	207429	RUSSIA
9		202206008	KH008	GS3571	2022-06-15 00:00:00	287516.78	263944.78	UK
10		202206009	KH009	GS82	2022-06-15 00:00:00	80000	56427	RUSSIA
11		202206010	KH010	GS963	2022-06-15 00:00:00	289173.56	265599.56	LATVIA
12		202206011	KH011	GS1456	2022-06-20 00:00:00	291063.97	267488.97	PRC
13		202206012	KH012	GS276	2022-06-01 00:00:00	288755.88	265179.88	INDONESIA
14		202206013	KH013	GS6743	2022-06-20 00:00:00	279397.68	279397.68	ITALY
15	我是第一个sheet页的末尾说明行,末尾说明行占据一行	NaN	NaN	NaN	NaN	NaN	NaN

图 3-12　使用 usecols 参数的输出结果

	No	CustomerName	CompanyNo	DueDate	Amount	AmountLCY	BalanceAmount	PaymentDetails	LesseeRegion
0	开头说明行占据了两行	NaN	NaN	NaN	NaN	NaN	NaN	NaN	NaN
1		no	customer_name	company_no	due_date	amount	amount(lcy)	balance_amount	payment_details	lessee_region
2		202206001	KH001	GS1456	2022-06-28 00:00:00	1131696.52	NaN	1108131.52	payment_details1	PRC
3		202206002	KH002	GS6743	2022-06-14 00:00:00	21771.47	NaN	-1794.53	payment_details2	ITALY
4		202206003	KH003	GS82	2022-06-27 00:00:00	284964.69	NaN	261397.69	payment_details3	RUSSIA
5		202206004	KH004	GS276	2022-06-10 00:00:00	56466.67	NaN	32898.67	payment_details4	INDONESIA
6		202206005	KH005	GS1456	2022-06-24 00:00:00	231000	NaN	207431	payment_details5	PRC
7		202206006	KH006	GS3571	2022-06-03 00:00:00	780760	NaN	757190	payment_details6	UK
8		202206007	KH007	GS82	2022-06-15 00:00:00	231000	NaN	207429	payment_details7	RUSSIA
9		202206008	KH008	GS3571	2022-06-15 00:00:00	287516.78	NaN	263944.78	payment_details8	UK
10		202206009	KH009	GS82	2022-06-15 00:00:00	80000	NaN	56427	payment_details9	RUSSIA
11		202206010	KH010	GS963	2022-06-15 00:00:00	289173.56	NaN	265599.56	payment_details10	LATVIA
12		202206011	KH011	GS1456	2022-06-20 00:00:00	291063.97	NaN	267488.97	payment_details11	PRC
13		202206012	KH012	GS276	2022-06-01 00:00:00	288755.88	NaN	265179.88	payment_details12	INDONESIA
14		202206013	KH013	GS6743	2022-06-20 00:00:00	279397.68	NaN	279397.68	payment_details13	ITALY
15	我是第一个sheet页的末尾说明行,末尾说明行占据一行	NaN	NaN	NaN	NaN	NaN	NaN	NaN	NaN

图 3-13　使用 names 参数的输出结果一

			No	CustomerName	CompanyNo	DueDate	Amount	AmountLCY
开头说明行占据了两行	NaN	NaN	NaN	NaN	NaN	NaN	NaN	NaN
no	customer_name	company_no	due_date	amount	amount(lcy)	balance_amount	payment_details	lessee_region
202206001	KH001	GS1456	2022-06-28 00:00:00	1131696.52	NaN	1108131.52	payment_details1	PRC
202206002	KH002	GS6743	2022-06-14 00:00:00	21771.47	NaN	-1794.53	payment_details2	ITALY
202206003	KH003	GS82	2022-06-27 00:00:00	284964.69	NaN	261397.69	payment_details3	RUSSIA
202206004	KH004	GS276	2022-06-10 00:00:00	56466.67	NaN	32898.67	payment_details4	INDONESIA
202206005	KH005	GS1456	2022-06-24 00:00:00	231000	NaN	207431	payment_details5	PRC
202206006	KH006	GS3571	2022-06-03 00:00:00	780760	NaN	757190	payment_details6	UK
202206007	KH007	GS82	2022-06-15 00:00:00	231000	NaN	207429	payment_details7	RUSSIA
202206008	KH008	GS3571	2022-06-15 00:00:00	287516.78	NaN	263944.78	payment_details8	UK
202206009	KH009	GS82	2022-06-15 00:00:00	80000	NaN	56427	payment_details9	RUSSIA
202206010	KH010	GS963	2022-06-15 00:00:00	289173.56	NaN	265599.56	payment_details10	LATVIA
202206011	KH011	GS1456	2022-06-20 00:00:00	291063.97	NaN	267488.97	payment_details11	PRC
202206012	KH012	GS276	2022-06-01 00:00:00	288755.88	NaN	265179.88	payment_details12	INDONESIA
202206013	KH013	GS6743	2022-06-20 00:00:00	279397.68	NaN	279397.68	payment_details13	ITALY
我是第一个sheet页的末尾说明行，末尾说明行占据一行	NaN	NaN	NaN	NaN	NaN	NaN	NaN	NaN

图 3-14　使用 names 参数的输出结果二

2．文件路径

文件路径可以使用绝对路径也可以使用相对路径。使用相对路径时需要把要读取的表格文件放到当前路径下。

查找当前工作路径有以下两种方法。

方法一：获取代码所在的脚本文件的绝对路径。

```
import os
excel_path = os.path.realpath("")
print(excel_path)
```

方法二：获取当前进程的工作目录。

```
import os
excel_path2 = os.getcwd()
print(excel_path2)
```

一般情况下两种方法的输出结果一致。

如果文件路径中使用的是反斜杠（\），就需要在路径前加"r"，因为在 Python 字符串中反斜杠有转义的含义，如\t 可代表 TAB，\n 代表换行，所以我们需要采取一些方法使得反斜杠不被解读为转义字符。在路径前加 r，即保持字符原始值的意思，如：

```
df = pd.read_excel(r'D:\test_data.xlsx')
```

3．sheet_names

pd.read_excel()的返回值为字典类型，其键对应的是 sheet names，值对应的是相应的 DataFrame。当我们想要获取一个表格文件里所有 sheet 页的名称时，需要使用 ExcelFile()函数。pd.ExcelFile()读取的对象是整个表格文件。

```
#获取sheet_names
import pandas as pd
df = pd.ExcelFile(r'文件路径')
df.sheet_names
```

输出结果如图 3-15 所示。

```
['Sheet1', 'Sheet2', 'Sheet3', 'Sheet4', 'Sheet5', 'Sheet6']
```

图 3-15　获取 sheet_names 的输出结果

4．提升读取表格文件的速度

当需要在一次数据处理的过程中读取一个表格文件的多个 sheet 页的数据时，我们一般会采用在循环里调用 read_excel() 函数的方法，把 sheet_name 作为变量。但每执行一次 pd.read_excel()，就会进行一次打开文件和关闭文件的操作。当循环次数较多及文件内部数据量较大时，会严重影响运行速度。为了提升运行速度，我们可以在循环前就保持文件流处于打开的状态，在循环后关闭文件流。

```
#提升读取表格文件的速度
io = pd.io.excel.ExcelFile(r'文件路径')
for 条件句:
    sheet_na = (给变量赋值)
    df = pd.read_excel(io, sheet_name = sheet_na)
    ……
io.close()
```

3.2.2　表格数据的合并和拼接

Pandas 的 merge() 函数的作用是基于共同列，将两个 DataFrame 连接起来。

Merge() 函数的主要参数有：how，连接方式；on，设置连接基于的共同列名，可以设置一列，也可以设置多列。

参数 how 的值有以下几种。

① inner：内连接，取共同列的值的交集进行连接。此处的"交集"可以理解为，连接的左右两边取共同列的值相同的行，做乘法。假定共同列的相同值是"A"，左边此列为 A 的数据有一行，右边有两行，那么得到的交集结果就是 1×2=2 行。示例代码如下：

```
import pandas as pd
#定义df1
df1 = pd.DataFrame({'common':['A','B','B','C','D','E'],
                    'col1':[1,1,2,3,3,1],
                    'col2':['low','medium','medium','high','higher','highest']})
```

```
#定义df2
df2 = pd.DataFrame({'common':['A','A','B','F'],
                    'col3':['one','two','three','four'],
                    'col4':['yes','no','yes','no'],
                    'col5':[8,8,9,9]})

#基于共同列"common"的内连接
df3 = pd.merge(df1, df2, how = 'inner', on = 'common')
print(df1)
print(df2)
print(df3)
```

输出结果如图 3-16 所示。

```
  common  col1    col2
0      A     1     low
1      B     1  medium
2      B     2  medium
3      C     3    high
4      D     3   higher
5      E     1  highest
  common  col3  col4  col5
0      A   one   yes     8
1      A   two    no     8
2      B  three  yes     9
3      F   four   no     9
  common  col1    col2   col3  col4  col5
0      A     1     low    one   yes     8
1      A     1     low    two    no     8
2      B     1  medium  three   yes     9
3      B     2  medium  three   yes     9
```

图 3-16　内连接输出结果

② outer：外连接，取共同列的值的并集进行连接。此处的"并集"可以理解为，先对共同列的值取并集，然后根据并集扩充左右两边的 DataFrame，比如左边的共同列的值为"A，B，C"，右边的共同列的值为"B，C，D"，那么左右都各自扩充一行，左边扩充的 D 所在行的其他列的数据为 NaN，右边扩充的 A 所在行的其他列的数据为 NaN，此时的连接就相当于对扩充后的左右两边做交集。示例代码如下：

```
#基于共同列"common"的外连接
df4 = pd.merge(df1, df2, how = 'outer', on = 'common')
print(df1)
print(df2)
print(df4)
```

输出结果如图 3-17 所示。

③ left：左连接，基于左边 DataFrame 的列进行连接。共同列的值左边有右边无的行中，与右边有关的列的值为 NaN。共同列的值右边有左边无的行不参与连接。示例代码如下：

```
#基于共同列"common"的左连接
df5 = pd.merge(df1, df2, how = 'left', on = 'common')
```

```
   common  col1    col2
0    A      1      low
1    B      1      medium
2    B      2      medium
3    C      3      high
4    D      3      higher
5    E      1      highest
   common  col3  col4  col5
0    A     one   yes    8
1    A     two   no     8
2    B     three yes    9
3    F     four  no     9
   common  col1   col2    col3  col4  col5
0    A     1.0    low     one   yes   8.0
1    A     1.0    low     two   no    8.0
2    B     1.0    medium  three yes   9.0
3    B     2.0    medium  three yes   9.0
4    C     3.0    high    NaN   NaN   NaN
5    D     3.0    higher  NaN   NaN   NaN
6    E     1.0    highest NaN   NaN   NaN
7    F     NaN    NaN     four  no    9.0
```

图 3-17　外连接输出结果

```
print(df1)
print(df2)
print(df5)
```

输出结果如图 3-18 所示。

```
   common  col1    col2
0    A      1      low
1    B      1      medium
2    B      2      medium
3    C      3      high
4    D      3      higher
5    E      1      highest
   common  col3  col4  col5
0    A     one   yes    8
1    A     two   no     8
2    B     three yes    9
3    F     four  no     9
   common  col1   col2    col3  col4  col5
0    A     1     low     one   yes   8.0
1    A     1     low     two   no    8.0
2    B     1     medium  three yes   9.0
3    B     2     medium  three yes   9.0
4    C     3     high    NaN   NaN   NaN
5    D     3     higher  NaN   NaN   NaN
6    E     1     highest NaN   NaN   NaN
```

图 3-18　左连接输出结果

④ right：右连接，基于右边 DataFrame 的列进行连接。右连接的逻辑与左连接同理。示例代码如下：

```
#基于共同列 "common" 的右连接
df6 = pd.merge(df1, df2, how = 'right', on = 'common')
print(df1)
print(df2)
print(df6)
```

输出结果如图 3-19 所示。

```
  common  col1    col2
0   A      1      low
1   B      1      medium
2   B      2      medium
3   C      3      high
4   D      3      higher
5   E      1      highest
  common  col3   col4  col5
0   A     one    yes    8
1   A     two    no     8
2   B     three  yes    9
3   F     four   no     9
  common  col1   col2    col3   col4  col5
0   A     1.0    low     one    yes    8
1   A     1.0    low     two    no     8
2   B     1.0    medium  three  yes    9
3   B     2.0    medium  three  yes    9
4   F     NaN    NaN     four   no     9
```

图 3-19　右连接输出结果

join()函数的作用是基于索引或指定列连接 DataFrame，连接方式有内连接、外连接、左连接和右连接，与 merge()函数一致。

join()函数的使用语法如下：

```
new_df3 = new_df1.join(new_df2, how = 'xx')
```

3.2.3　输出到表格文件

经过数据清洗得到的 DataFrame 可以直接输出到文件。to_csv()函数输出的为 CSV 格式的文件，to_excel()函数输出的为 XLSX 格式的文件。

```
#输出到 CSV 文件
df.to_csv('文件路径', encoding = 'utf_8_sig', index = False)
```

文件路径可以是相对路径也可以是绝对路径，路径中要写明输出的文件名和文件格式。index=False 表示不加索引，默认添加索引。to_excel()函数的使用与 to_csv()函数的使用类似。

to_csv()函数的示例代码如下：

```
df.to_csv('file_name.csv', encoding = 'utf_8_sig', index = False)
```

输出位置是当前程序文件的同级目录。

若产生了一批新的同结构的数据（列与列名都相同），需要添加至已有文件的后面，在 to_csv()函数中设置合适的参数即可。参数 header=False 表示不添加列名，参数 mode='a+' 表示在已有数据基础上添加新数据，并不覆盖已有数据。示例代码如下：

```
df2.to_csv('文件路径', index = False, mode = 'a+', header = False)
```

当然，结构不同的数据也可以添加至同一个 CSV 文件中，可以设置参数 header=True 添加列名以区别不同结构的数据，不过这样做并没有太大的实际意义，反而会让数据变得混乱，违背了数据处理的初衷。可以考虑将不同结构的数据存储到不同的文件或不同的 sheet 页中,需要注意的是,sheet_name 参数只用于对 Excel 文件的操作,to_csv()函数中没有这个参数。然而,在使用 pandas.DataFrame.to_excel()函数写入同一 Excel 文件的不同 sheet 页时,默认情况下,每次写入都会覆盖前一次的写入。这是因为 to_excel()函数的默认行为是将 DataFrame 写入 Excel 文件的第一个 sheet 页,并使用给定的名称。如果多次调用 to_excel()函数,每次都使用相同的文件名,它将创建一个新的文件并覆盖已存在的文件。因此,后面写入的 sheet 页会覆盖前面写入的 sheet 页。

要解决这个问题,可以使用 pandas.ExcelWriter 对象来控制写入多个 sheet 页。pandas.ExcelWriter 是一个用于将数据写入 Excel 文件的类,允许创建一个 Excel 文件并在其中创建多个 sheet 页。通过在每次调用 to_excel()函数时指定不同的 sheet_name 参数,可以将不同的 DataFrame 写入不同的 sheet 页中。示例代码如下:

```
with pd.ExcelWriter('test.xlsx') as writer:
    df.to_excel(writer, sheet_name = 'df')
    df2.to_excel(writer, sheet_name = 'df2')
```

pandas.ExcelWriter 对象还可以用于追加数据到现有 Excel 文件,示例代码如下:

```
with pd.ExcelWriter('test.xlsx', mode = 'a') as writer:
    df.to_excel(writer, sheet_name = 'df3')
```

第 4 章

数据预处理：清洗表格数据

4.1 数据背景

在财务流程自动化的过程中，对原始数据的清洗是首要工作。业务流程中，数据一般从系统到人工，人工处理后再返回系统。原始数据一部分来自业务人员手工制作的表格文件，另一部分来源于系统。手工制作的数据很难保证完全符合系统规范，一些缺漏、不规范输入、不统一的格式等都会导致脏数据的产生。从系统导出的数据一般较为全量，有很多冗余数据，为了获取需要的数据，也需要一定的处理。

4.2 数据清洗

4.2.1 内容替换

replace()函数用于对 DataFrame 的值进行全局替换，如空值、某个统一的错误数据。df[col_name].replace()可对 DataFrame 的指定列的数据进行替换操作。replace()函数的参数有两种写法：一种是 replace(to_replace, value)，另一种是 replace({to_replace:value})。参数值使用正则表达式时，后面要加参数 regex=True。

在读取表格文件返回的 DataFrame 里，空值为 NaN（NumPy 的空值）的形式，如果不对其进行处理，在后续操作中空值 NaN 就会作为字符串'NaN'出现，部分空白符会变为字符串'\xa0'。

使用 replace()函数的示例代码如下：

```
#读取表格文件"test_data"的名为"Sheet1"的 sheet 页的可用数据行，把其中的空值替换为空字符串（体现在
amount(lcy)列），把以大写字母"I"开头的单词替换为"iii"（体现在 lessee_region 列）
import pandas as pd
import numpy as np

df = pd.read_excel(r'D:\test_data.xlsx', sheet_name = 'Sheet1', skiprows = 2, skipfooter = 1)

#参数写法一
df = df.replace(np.nan, 0)

#参数写法二
df = df.replace({np.nan : 0})

#带正则表达式的参数写法一
df = df.replace('^I\w*', 'iii', regex=True)
```

```
#带正则表达式的参数写法二
df = df.replace({'^I\w*' : 'iii'}, regex=True)
df
```

输出结果如图 4-1 所示。

	no	customer_name	company_no	due_date	amount	amount(lcy)	balance_amount	payment_details	lessee_region
0	202206001	KH001	GS1456	2022-06-28	1131696.52	0.0	1108131.52	payment_details1	PRC
1	202206002	KH002	GS6743	2022-06-14	21771.47	0.0	-1794.53	payment_details2	iii
2	202206003	KH003	GS82	2022-06-27	284964.69	0.0	261397.69	payment_details3	RUSSIA
3	202206004	KH004	GS276	2022-06-10	56466.67	0.0	32898.67	payment_details4	iii
4	202206005	KH005	GS1456	2022-06-24	231000.00	0.0	207431.00	payment_details5	PRC
5	202206006	KH006	GS3571	2022-06-03	780760.00	0.0	757190.00	payment_details6	UK
6	202206007	KH007	GS82	2022-06-15	231000.00	0.0	207429.00	payment_details7	RUSSIA
7	202206008	KH008	GS3571	2022-06-15	287516.78	0.0	263944.78	payment_details8	UK
8	202206009	KH009	GS82	2022-06-15	80000.00	0.0	56427.00	payment_details9	RUSSIA
9	202206010	KH010	GS963	2022-06-15	289173.56	0.0	265599.56	payment_details10	LATVIA
10	202206011	KH011	GS1456	2022-06-20	291063.97	0.0	267488.97	payment_details11	PRC
11	202206012	KH012	GS276	2022-06-01	288755.88	0.0	265179.88	payment_details12	iii
12	202206013	KH013	GS6743	2022-06-20	279397.68	0.0	279397.68	payment_details13	iii

图 4-1　使用 replace( ) 函数的输出结果

在使用了正则表达式但没有设置参数 regex=True 时，正则表达式不起效。示例代码如下：

```
import pandas as pd
df = pd.read_excel(r'D:\test_data.xlsx', sheet_name = 'Sheet1', skiprows = 2, skipfooter = 1)
#参数中有正则表达式时未设置参数 regex=True
df = df.replace('^I\w*', 'iii')
df
```

输出结果如图 4-2 所示，df.replace( ) 函数不起效。

df[col_name].str.replace(to_replace, value) 函数可以对 DataFrame 的值的具体内容进行替换操作，多用于去除值内部的前后空白字符，或者统一数据的记录格式，去除无效字符。df[].str.replace( ) 函数必须写明操作的对象列，参数与参数之间也只能用 "," 隔开，否则会报错。示例代码如下：

```
#把 col_name 这一列的值中所有的字符串'\xa0'替换为空字符串
df['col_name'] = df['col_name'].str.replace('\xa0','')
```

效果举例：原始内容为'\xa0\xa0 458329.72 \xa0'，替换后内容为'458329.72'。

对示例文件使用 df[].str.replace( ) 函数的示例代码如下：

```
#读取表格文件"test_data"的名为"Sheet1"的 sheet 页的可用数据行，把 company_no 列的大写字母"S"替换为小写字母"s"，把 payment_details 列的字符串"payment_details"替换为字符串"PaymentDetails"
```

	no	customer_name	company_no	due_date	amount	amount(lcy)	balance_amount	payment_details	lessee_region
0	202206001	KH001	GS1456	2022-06-28	1131696.52	NaN	1108131.52	payment_details1	PRC
1	202206002	KH002	GS6743	2022-06-14	21771.47	NaN	-1794.53	payment_details2	ITALY
2	202206003	KH003	GS82	2022-06-27	284964.69	NaN	261397.69	payment_details3	RUSSIA
3	202206004	KH004	GS276	2022-06-10	56466.67	NaN	32898.67	payment_details4	INDONESIA
4	202206005	KH005	GS1456	2022-06-24	231000.00	NaN	207431.00	payment_details5	PRC
5	202206006	KH006	GS3571	2022-06-03	780760.00	NaN	757190.00	payment_details6	UK
6	202206007	KH007	GS82	2022-06-15	231000.00	NaN	207429.00	payment_details7	RUSSIA
7	202206008	KH008	GS3571	2022-06-15	287516.78	NaN	263944.78	payment_details8	UK
8	202206009	KH009	GS82	2022-06-15	80000.00	NaN	56427.00	payment_details9	RUSSIA
9	202206010	KH010	GS963	2022-06-15	289173.56	NaN	265599.56	payment_details10	LATVIA
10	202206011	KH011	GS1456	2022-06-20	291063.97	NaN	267488.97	payment_details11	PRC
11	202206012	KH012	GS276	2022-06-01	288755.88	NaN	265179.88	payment_details12	INDONESIA
12	202206013	KH013	GS6743	2022-06-20	279397.68	NaN	279397.68	payment_details13	ITALY

图 4-2　未设置参数 regex=True 时的输出结果

```
import pandas as pd
df = pd.read_excel(r'D:\test_data.xlsx', sheet_name = 'Sheet1', skiprows = 2, skipfooter = 1)
df['company_no'] = df['company_no'].str.replace('S', 's')
df['payment_details'] = df['payment_details'].str.replace('payment_details', 'PaymentDetails')
df
```

输出结果如图 4-3 所示。

	no	customer_name	company_no	due_date	amount	amount(lcy)	balance_amount	payment_details	lessee_region
0	202206001	KH001	Gs1456	2022-06-28	1131696.52	NaN	1108131.52	PaymentDetails1	PRC
1	202206002	KH002	Gs6743	2022-06-14	21771.47	NaN	-1794.53	PaymentDetails2	ITALY
2	202206003	KH003	Gs82	2022-06-27	284964.69	NaN	261397.69	PaymentDetails3	RUSSIA
3	202206004	KH004	Gs276	2022-06-10	56466.67	NaN	32898.67	PaymentDetails4	INDONESIA
4	202206005	KH005	Gs1456	2022-06-24	231000.00	NaN	207431.00	PaymentDetails5	PRC
5	202206006	KH006	Gs3571	2022-06-03	780760.00	NaN	757190.00	PaymentDetails6	UK
6	202206007	KH007	Gs82	2022-06-15	231000.00	NaN	207429.00	PaymentDetails7	RUSSIA
7	202206008	KH008	Gs3571	2022-06-15	287516.78	NaN	263944.78	PaymentDetails8	UK
8	202206009	KH009	Gs82	2022-06-15	80000.00	NaN	56427.00	PaymentDetails9	RUSSIA
9	202206010	KH010	Gs963	2022-06-15	289173.56	NaN	265599.56	PaymentDetails10	LATVIA
10	202206011	KH011	Gs1456	2022-06-20	291063.97	NaN	267488.97	PaymentDetails11	PRC
11	202206012	KH012	Gs276	2022-06-01	288755.88	NaN	265179.88	PaymentDetails12	INDONESIA
12	202206013	KH013	Gs6743	2022-06-20	279397.68	NaN	279397.68	PaymentDetails13	ITALY

图 4-3　使用 df[].str.replace( ) 函数的输出结果

其他较为常用的函数包括如下。

❖ 把字母都转为小写：df[].str.lower()。

- 把字母都转为大写：df[].str.upper()。
- 把单词首字母转为大写：df[].str.title()。
- 首尾去除固定字符：df[].str.strip(to_strip)。

df[col_name].str 下的方法都是用于对 DataFrame 的值的具体内容进行操作的，与 Python 中对字符串的操作类似，用法诸多，可自行探索。

4.2.2 数据类型转换

df.dtypes 可用于查看 DataFrame 各列的数据类型。常见的数据类型有 object、int64、float64、datetime64。使用 df.dtypes 的示例代码如下：

```
import pandas as pd
df = pd.read_excel(r'D:\test_data.xlsx', sheet_name = 'Sheet1', skiprows = 2, skipfooter = 1)
df.dtypes
```

输出结果如图 4-4 所示。

```
no                       int64
customer_name           object
company_no              object
due_date        datetime64[ns]
amount                 float64
amount(lcy)            float64
balance_amount         float64
payment_details         object
lessee_region           object
dtype: object
```

图 4-4　df.dtypes 的输出结果

df.astype('数据类型')函数用于重新定义 DataFrame 的数据类型，可以对指定列进行操作，也可以对整个 DataFrame 进行操作。数据类型转换须符合通用规范，否则会报错。一般需要把 object 类型重新定义为 string 类型，序号定义为 int64 类型，金额定义为 float 类型，日期定义为 datatime64 类型，如果日期原格式统一且需要保留原格式，就可以定义为 string 类型。

对整个 DataFrame 进行操作的示例代码如下：

```
import pandas as pd
df = pd.read_excel(r'D:\test_data.xlsx', sheet_name = 'Sheet1', skiprows = 2, skipfooter = 1)
df = df.astype('string')
df.dtypes
```

结果如图 4-5 所示。

对指定列进行操作的示例代码如下：

```
import pandas as pd
df = pd.read_excel(r'D:\test_data.xlsx', sheet_name = 'Sheet1', skiprows = 2, skipfooter = 1)
df['customer_name'] = df['customer_name'].astype('string')
df.dtypes
```

```
no                  string
customer_name       string
company_no          string
due_date            string
amount              string
amount(lcy)         string
balance_amount      string
payment_details     string
lessee_region       string
dtype: object
```

图 4-5　对整个 DataFrame 进行操作的输出结果

结果如图 4-6 所示。

```
no                  int64
customer_name       string
company_no          object
due_date            datetime64[ns]
amount              float64
amount(lcy)         float64
balance_amount      float64
payment_details     object
lessee_region       object
dtype: object
```

图 4-6　对指定列进行操作的输出结果

日期在财务数据中是个很重要的存在，但是日期格式多种多样，常用的日期格式为年月日格式，所以通常要对非年月日格式的日期进行处理。在使用的示例表格文件中，虽然日期的显示值为"日-英文月份简称-年"的格式，但其实际格式为年月日（如图 4-7 所示），所以在读取时没有任何问题，数据类型也会被自动判定为日期类型。如果在表格文件中日期单元格被设置为文本类型，显示值即实际值（如图 4-8 所示），就需要把数据处理为统一的日期类型，方便后续操作。

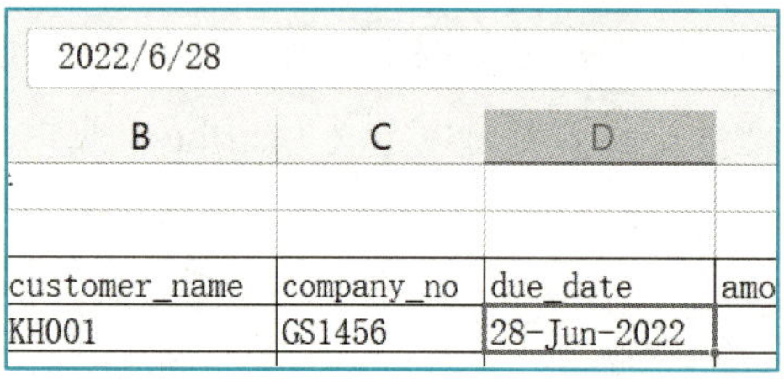

图 4-7　显示值与实际值不同 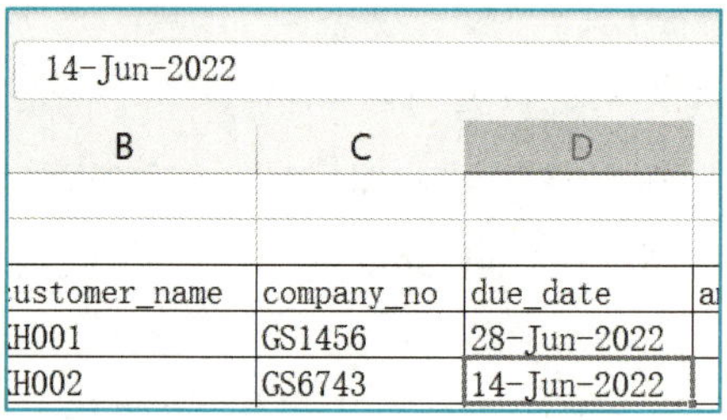　　　　　　图 4-8　显示值与实际值相同

strptime(string, format)函数用于解析时间日期字符串，第一个参数是需要解析的时间日期字符串，第二个参数是该字符串的时间日期格式。strftime(format)函数用于格式化时间日期，参数是需要得到的结果的格式。对于非年月日格式的日期，先使用 strptime( )函数对时间日期字符串进行格式解析，再使用 strftime( )函数将其转换为目标格式。

常见的时间日期格式化符号有：%y，两位数的年份（00～99）；%Y，四位数的年份（0000～9999）；%m，月份（01～12）；%d，月内的一天（0～31）；%H，24 小时制小时数（0～23）；%M，分钟数（00～59）；%S，秒数；%b，简化的月份名称；%a，简化的星期名称。

下面使用刚刚修改过的日期数据做一个简单的示例。读取的表格文件数据如图 4-9 所示，各列的数据类型如图 4-10 所示。

	no	customer_name	company_no	due_date	amount	amount(lcy)	balance_amount	payment_details	lessee_region
0	202206001	KH001	GS1456	2022-06-28 00:00:00	1131696.52	NaN	1108131.52	payment_details1	PRC
1	202206002	KH002	GS6743	14-Jun-2022	21771.47	NaN	-1794.53	payment_details2	ITALY
2	202206003	KH003	GS82	2022-06-27 00:00:00	284964.69	NaN	261397.69	payment_details3	RUSSIA
3	202206004	KH004	GS276	2022-06-10 00:00:00	56466.67	NaN	32898.67	payment_details4	INDONESIA
4	202206005	KH005	GS1456	2022-06-24 00:00:00	231000.00	NaN	207431.00	payment_details5	PRC
5	202206006	KH006	GS3571	2022-06-03 00:00:00	780760.00	NaN	757190.00	payment_details6	UK
6	202206007	KH007	GS82	2022-06-15 00:00:00	231000.00	NaN	207429.00	payment_details7	RUSSIA
7	202206008	KH008	GS3571	2022-06-15 00:00:00	287516.78	NaN	263944.78	payment_details8	UK
8	202206009	KH009	GS82	2022-06-15 00:00:00	80000.00	NaN	56427.00	payment_details9	RUSSIA
9	202206010	KH010	GS963	2022-06-15 00:00:00	289173.56	NaN	265599.56	payment_details10	LATVIA
10	202206011	KH011	GS1456	2022-06-20 00:00:00	291063.97	NaN	267488.97	payment_details11	PRC
11	202206012	KH012	GS276	2022-06-01 00:00:00	288755.88	NaN	265179.88	payment_details12	INDONESIA
12	202206013	KH013	GS6743	2022-06-20 00:00:00	279397.68	NaN	279397.68	payment_details13	ITALY

图 4-9　读取的表格文件数据

```
no                 int64
customer_name      object
company_no         object
due_date           object
amount             float64
amount(lcy)        float64
balance_amount     float64
payment_details    object
lessee_region      object
dtype: object
```

图 4-10　读取结果各列的数据类型

日期格式转换的示例代码如下：

```
import pandas as pd
import datetime

#读取表格文件
df = pd.read_excel(r'D:\test_data.xlsx', sheet_name = 'Sheet1', skiprows =2, skipfooter = 1)

#先统一 due_date 列的数据类型（一般都转换为 string 类型），以便后续统一操作
df['due_date'] = df['due_date'].astype('string')

#定义循环
i = 1
for i in range(len(df)):
```

```
#若时间值不符合标准规范,则进行格式转换处理
if(df['due_date'][i].split('-')[0] != '2022'):
    #把"日-英文月份简称-年"格式转换为"年-月-日"格式
    df['due_date'][i] = datetime.datetime.strptime(df['due_date'][i], \
                        '%d-%b-%Y').strftime('%Y-%m-%d')
i = i + 1
#把 due_date 列的数据类型转换为需要的格式
df['due_date'] = df['due_date'].astype('datetime64')
df
```

输出结果如图 4-11 所示。

	no	customer_name	company_no	due_date	amount	amount(lcy)	balance_amount	payment_details	lessee_region
0	202206001	KH001	GS1456	2022-06-28	1131696.52	NaN	1108131.52	payment_details1	PRC
1	202206002	KH002	GS6743	2022-06-14	21771.47	NaN	-1794.53	payment_details2	ITALY
2	202206003	KH003	GS82	2022-06-27	284964.69	NaN	261397.69	payment_details3	RUSSIA
3	202206004	KH004	GS276	2022-06-10	56466.67	NaN	32898.67	payment_details4	INDONESIA
4	202206005	KH005	GS1456	2022-06-24	231000.00	NaN	207431.00	payment_details5	PRC
5	202206006	KH006	GS3571	2022-06-03	780760.00	NaN	757190.00	payment_details6	UK
6	202206007	KH007	GS82	2022-06-15	231000.00	NaN	207429.00	payment_details7	RUSSIA
7	202206008	KH008	GS3571	2022-06-15	287516.78	NaN	263944.78	payment_details8	UK
8	202206009	KH009	GS82	2022-06-15	80000.00	NaN	56427.00	payment_details9	RUSSIA
9	202206010	KH010	GS963	2022-06-15	289173.56	NaN	265599.56	payment_details10	LATVIA
10	202206011	KH011	GS1456	2022-06-20	291063.97	NaN	267488.97	payment_details11	PRC
11	202206012	KH012	GS276	2022-06-01	288755.88	NaN	265179.88	payment_details12	INDONESIA
12	202206013	KH013	GS6743	2022-06-20	279397.68	NaN	279397.68	payment_details13	ITALY

图 4-11　日期格式转换的输出结果

4.2.3　删除无效数据

1. 删除任意行

在使用 read_excel()函数读取表格文件时,可以通过设置参数跳过前面几行或者最后几行,但当需要跳过的行不在头尾连续的时候,就不能直接在 read_excel()函数中通过参数实现了。

可以通过 drop()函数达到删除任意行的目的。但是,drop()函数操作的是 DataFrame 的数据行,在使用 read_excel()函数读取表格文件时,标题行就已经确定,drop()函数无法操作标题行。drop()函数的参数只能是行的下标索引值(从 0 开始),不支持-1 这种索引。如果要去除末尾行,参数应写为[len(df)-1]。示例代码如下:

```
#删除第 1 行
import pandas as pd
df = pd.read_excel(r'D:\test_data.xlsx', sheet_name = 'Sheet1')
```

```
df = df.drop([0])
df
```

输出结果如图 4-12 所示。

	我是第一个sheet页的开头说明行	Unnamed: 1	Unnamed: 2	Unnamed: 3	Unnamed: 4	Unnamed: 5	Unnamed: 6	Unnamed: 7	Unnamed: 8
1		no	customer_name	company_no	due_date	amount	amount(lcy)	balance_amount	payment_details	lessee_region
2		202206001	KH001	GS1456	2022-06-28 00:00:00	1131696.52	NaN	1108131.52	payment_details1	PRC
3		202206002	KH002	GS6743	14-Jun-2022	21771.47	NaN	-1794.53	payment_details2	ITALY
4		202206003	KH003	GS82	2022-06-27 00:00:00	284964.69	NaN	261397.69	payment_details3	RUSSIA
5		202206004	KH004	GS276	2022-06-10 00:00:00	56466.67	NaN	32898.67	payment_details4	INDONESIA
6		202206005	KH005	GS1456	2022-06-24 00:00:00	231000	NaN	207431	payment_details5	PRC
7		202206006	KH006	GS3571	2022-06-03 00:00:00	780760	NaN	757190	payment_details6	UK
8		202206007	KH007	GS82	2022-06-15 00:00:00	231000	NaN	207429	payment_details7	RUSSIA
9		202206008	KH008	GS3571	2022-06-15 00:00:00	287516.78	NaN	263944.78	payment_details8	UK
10		202206009	KH009	GS82	2022-06-15 00:00:00	80000	NaN	56427	payment_details9	RUSSIA
11		202206010	KH010	GS963	2022-06-15 00:00:00	289173.56	NaN	265599.56	payment_details10	LATVIA
12		202206011	KH011	GS1456	2022-06-20 00:00:00	291063.97	NaN	267488.97	payment_details11	PRC
13		202206012	KH012	GS276	2022-06-01 00:00:00	288755.88	NaN	265179.88	payment_details12	INDONESIA
14		202206013	KH013	GS6743	2022-06-20 00:00:00	279397.68	NaN	279397.68	payment_details13	ITALY
15	我是第一个sheet页的末尾说明行，末尾说明行占据一行	NaN	NaN	NaN	NaN	NaN	NaN	NaN	NaN

图 4-12　删除第 1 行

```
#删除最后一行
import pandas as pd
df = pd.read_excel(r'D:\test_data.xlsx', sheet_name = 'Sheet1')
df = df.drop([len(df)-1])
df
```

输出结果如图 4-13 所示。

	我是第一个sheet页的开头说明行	Unnamed: 1	Unnamed: 2	Unnamed: 3	Unnamed: 4	Unnamed: 5	Unnamed: 6	Unnamed: 7	Unnamed: 8
0	开头说明行占据了两行	NaN	NaN	NaN	NaN	NaN	NaN	NaN	NaN
1		no	customer_name	company_no	due_date	amount	amount(lcy)	balance_amount	payment_details	lessee_region
2		202206001	KH001	GS1456	2022-06-28 00:00:00	1131696.52	NaN	1108131.52	payment_details1	PRC
3		202206002	KH002	GS6743	14-Jun-2022	21771.47	NaN	-1794.53	payment_details2	ITALY
4		202206003	KH003	GS82	2022-06-27 00:00:00	284964.69	NaN	261397.69	payment_details3	RUSSIA
5		202206004	KH004	GS276	2022-06-10 00:00:00	56466.67	NaN	32898.67	payment_details4	INDONESIA
6		202206005	KH005	GS1456	2022-06-24 00:00:00	231000	NaN	207431	payment_details5	PRC
7		202206006	KH006	GS3571	2022-06-03 00:00:00	780760	NaN	757190	payment_details6	UK
8		202206007	KH007	GS82	2022-06-15 00:00:00	231000	NaN	207429	payment_details7	RUSSIA
9		202206008	KH008	GS3571	2022-06-15 00:00:00	287516.78	NaN	263944.78	payment_details8	UK
10		202206009	KH009	GS82	2022-06-15 00:00:00	80000	NaN	56427	payment_details9	RUSSIA
11		202206010	KH010	GS963	2022-06-15 00:00:00	289173.56	NaN	265599.56	payment_details10	LATVIA
12		202206011	KH011	GS1456	2022-06-20 00:00:00	291063.97	NaN	267488.97	payment_details11	PRC
13		202206012	KH012	GS276	2022-06-01 00:00:00	288755.88	NaN	265179.88	payment_details12	INDONESIA
14		202206013	KH013	GS6743	2022-06-20 00:00:00	279397.68	NaN	279397.68	payment_details13	ITALY

图 4-13　删除最后一行

```
#删除第 8 行（索引值为 7、no 为 202206006 行的数据）
import pandas as pd
df = pd.read_excel(r'D:\test_data.xlsx', sheet_name = 'Sheet1')
```

```
df = df.drop([7])
df
```

输出结果如图 4-14 所示。

	我是第一个sheet页的开头说明行	Unnamed: 1	Unnamed: 2	Unnamed: 3	Unnamed: 4	Unnamed: 5	Unnamed: 6	Unnamed: 7	Unnamed: 8
0	开头说明行占据了两行	NaN	NaN	NaN	NaN	NaN	NaN	NaN	NaN
1		no	customer_name	company_no	due_date	amount	amount(lcy)	balance_amount	payment_details	lessee_region
2		202206001	KH001	GS1456	2022-06-28 00:00:00	1131696.52	NaN	1108131.52	payment_details1	PRC
3		202206002	KH002	GS6743	14-Jun-2022	21771.47	NaN	-1794.53	payment_details2	ITALY
4		202206003	KH003	GS82	2022-06-27 00:00:00	284964.69	NaN	261397.69	payment_details3	RUSSIA
5		202206004	KH004	GS276	2022-06-10 00:00:00	56466.67	NaN	32898.67	payment_details4	INDONESIA
6		202206005	KH005	GS1456	2022-06-24 00:00:00	231000	NaN	207431	payment_details5	PRC
8		202206007	KH007	GS82	2022-06-15 00:00:00	231000	NaN	207429	payment_details7	RUSSIA
9		202206008	KH008	GS3571	2022-06-15 00:00:00	287516.78	NaN	263944.78	payment_details8	UK
10		202206009	KH009	GS82	2022-06-15 00:00:00	80000	NaN	56427	payment_details9	RUSSIA
11		202206010	KH010	GS963	2022-06-15 00:00:00	289173.56	NaN	265599.56	payment_details10	LATVIA
12		202206011	KH011	GS1456	2022-06-20 00:00:00	291063.97	NaN	267488.97	payment_details11	PRC
13		202206012	KH012	GS276	2022-06-01 00:00:00	288755.88	NaN	265179.88	payment_details12	INDONESIA
14		202206013	KH013	GS6743	2022-06-20 00:00:00	279397.68	NaN	279397.68	payment_details13	ITALY
15	我是第一个sheet页的末尾说明行，末尾说明行占据一行	NaN	NaN	NaN	NaN	NaN	NaN	NaN	NaN

图 4-14　删除第 8 行

2．删除包含指定值的行

删除包含指定值的行，首先使用 isin()函数筛选出包含指定值的行，然后取反，筛选出不包含指定值的行，达到删除包含指定值的行的目的。例如：

```
df = df[~df['bank_account_no'].isin(['指定值1', '指定值2', …])]
```

删除示例文件中包含指定值的行的示例代码如下：

```
import pandas as pd

df = pd.read_excel(r'D:\test_data.xlsx', sheet_name = 'Sheet1', skiprows = 2, skipfooter = 1)

#删除 lessee_region 列值为 INDONESIA 和 RUSSIA 的数据行
df = df[~df['lessee_region'].isin(['INDONESIA', 'RUSSIA'])]
df
```

输出结果如图 4-15 所示。

	no	customer_name	company_no	due_date	amount	amount(lcy)	balance_amount	payment_details	lessee_region
0	202206001	KH001	GS1456	2022-06-28 00:00:00	1131696.52	NaN	1108131.52	payment_details1	PRC
1	202206002	KH002	GS6743	14-Jun-2022	21771.47	NaN	-1794.53	payment_details2	ITALY
4	202206005	KH005	GS1456	2022-06-24 00:00:00	231000.00	NaN	207431.00	payment_details5	PRC
5	202206006	KH006	GS3571	2022-06-03 00:00:00	780760.00	NaN	757190.00	payment_details6	UK
7	202206008	KH008	GS3571	2022-06-15 00:00:00	287516.78	NaN	263944.78	payment_details8	UK
9	202206010	KH010	GS963	2022-06-15 00:00:00	289173.56	NaN	265599.56	payment_details10	LATVIA
10	202206011	KH011	GS1456	2022-06-20 00:00:00	291063.97	NaN	267488.97	payment_details11	PRC
12	202206013	KH013	GS6743	2022-06-20 00:00:00	279397.68	NaN	279397.68	payment_details13	ITALY

图 4-15　删除包含指定值的行

3. 删除重复行

删除重复行的代码格式如下：

```
df = df.drop_duplicates()
```

4. 删除不需要的列

删除不需要的列的代码格式如下：

```
df = df.drop(columns = ['del_col_name_1', 'del_col_name_2', …])
```

删除示例文件中不需要的列的示例代码如下：

```
import pandas as pd
df = pd.read_excel(r'D:\test_data.xlsx', sheet_name = 'Sheet1', skiprows = 2, skipfooter = 1)
#删除amount(lcy)列和payment_details列
df = df.drop(columns = ['amount(lcy)', 'payment_details'])
df
```

输出结果如图 4-16 所示。

	no	customer_name	company_no	due_date	amount	balance_amount	lessee_region
0	202206001	KH001	GS1456	2022-06-28 00:00:00	1131696.52	1108131.52	PRC
1	202206002	KH002	GS6743	14-Jun-2022	21771.47	-1794.53	ITALY
2	202206003	KH003	GS82	2022-06-27 00:00:00	284964.69	261397.69	RUSSIA
3	202206004	KH004	GS276	2022-06-10 00:00:00	56466.67	32898.67	INDONESIA
4	202206005	KH005	GS1456	2022-06-24 00:00:00	231000.00	207431.00	PRC
5	202206006	KH006	GS3571	2022-06-03 00:00:00	780760.00	757190.00	UK
6	202206007	KH007	GS82	2022-06-15 00:00:00	231000.00	207429.00	RUSSIA
7	202206008	KH008	GS3571	2022-06-15 00:00:00	287516.78	263944.78	UK
8	202206009	KH009	GS82	2022-06-15 00:00:00	80000.00	56427.00	RUSSIA
9	202206010	KH010	GS963	2022-06-15 00:00:00	289173.56	265599.56	LATVIA
10	202206011	KH011	GS1456	2022-06-20 00:00:00	291063.97	267488.97	PRC
11	202206012	KH012	GS276	2022-06-01 00:00:00	288755.88	265179.88	INDONESIA
12	202206013	KH013	GS6743	2022-06-20 00:00:00	279397.68	279397.68	ITALY

图 4-16 删除不需要的列

4.2.4 数据创造

1. 利用现有 DataFrame 生成一个新的 DataFrame

定义一个新的 DataFrame：

```
new_df1 = pd.DataFrame(columns = ['new_col_1', 'new_col_2', …])
```

新的 DataFrame 的列直接取自现有 DataFrame 的列：

```
new_df1['new_col_1'] = df['col_1']
new_df1['new_col_2'] = df['col_2']
……
```

示例一：

```
import pandas as pd

df = pd.read_excel(r'D:\test_data.xlsx', sheet_name = 'Sheet1', skiprows = 2, skipfooter = 1)
#定义一个新的 DataFrame
new_df1 = pd.DataFrame(columns=['NO', 'COMPANY_NO', 'LESSEE_REGION'])
#新的 DataFrame 的列从现有 DataFrame 取值
new_df1['NO'] = df['no']
new_df1['COMPANY_NO'] = df['company_no']
new_df1['LESSEE_REGION'] = df['lessee_region']
new_df1
```

输出结果如图 4-17 所示。

	NO	COMPANY_NO	LESSEE_REGION
0	202206001	GS1456	PRC
1	202206002	GS6743	ITALY
2	202206003	GS82	RUSSIA
3	202206004	GS276	INDONESIA
4	202206005	GS1456	PRC
5	202206006	GS3571	UK
6	202206007	GS82	RUSSIA
7	202206008	GS3571	UK
8	202206009	GS82	RUSSIA
9	202206010	GS963	LATVIA
10	202206011	GS1456	PRC
11	202206012	GS276	INDONESIA
12	202206013	GS6743	ITALY

图 4-17　示例一输出结果

对现有 DataFrame 进行切分。

```
new_df2 = df.loc[:, 'col_head':'col_tail']
```

示例二：

```
import pandas as pd

df = pd.read_excel(r'D:\test_data.xlsx', sheet_name = 'Sheet1', skiprows = 2, skipfooter = 1)
```

```
new_df2 = df.loc[:, 'customer_name':'amount']
new_df2
```

输出结果如图 4-18 所示。

	customer_name	company_no	due_date	amount
0	KH001	GS1456	2022-06-28 00:00:00	1131696.52
1	KH002	GS6743	14-Jun-2022	21771.47
2	KH003	GS82	2022-06-27 00:00:00	284964.69
3	KH004	GS276	2022-06-10 00:00:00	56466.67
4	KH005	GS1456	2022-06-24 00:00:00	231000.00
5	KH006	GS3571	2022-06-03 00:00:00	780760.00
6	KH007	GS82	2022-06-15 00:00:00	231000.00
7	KH008	GS3571	2022-06-15 00:00:00	287516.78
8	KH009	GS82	2022-06-15 00:00:00	80000.00
9	KH010	GS963	2022-06-15 00:00:00	289173.56
10	KH011	GS1456	2022-06-20 00:00:00	291063.97
11	KH012	GS276	2022-06-01 00:00:00	288755.88
12	KH013	GS6743	2022-06-20 00:00:00	279397.68

图 4-18 示例二输出结果

取 DataFrame 最后一行的数据：

```
last_row = df.iloc[-1]
```

示例三：

```
import pandas as pd

df = pd.read_excel(r'D:\test_data.xlsx', sheet_name = 'Sheet1', skiprows = 2, skipfooter = 1)
last_row = df.iloc[-1]
last_row
```

输出结果如图 4-19 所示。

```
no                              202206013
customer_name                       KH013
company_no                         GS6743
due_date                2022-06-20 00:00:00
amount                          279397.68
amount(lcy)                           NaN
balance_amount                  279397.68
payment_details            payment_details13
lessee_region                       ITALY
Name: 12, dtype: object
```

图 4-19 示例三输出结果

2. 利用函数和方法创造 DataFrame 的新列

使用 insert(loc, col_name, value)函数为现有 DataFrame 增加新列。其中，参数 loc 是插入的位置，参数值必须是 0～len(columns)之间的数；参数 col_name 是新列的列名；参数 value 是该列的值，如果是一个固定值，那么该列的所有行都会被赋予此固定值。

在第一列前给 DataFrame 增加一列序号值的演示代码如下：

```
import pandas as pd

df = pd.read_excel(r'D:\test_data.xlsx', sheet_name = 'Sheet1', skiprows = 2, skipfooter = 1)
df.insert(0, 'no1', '')
df['no1'] = range(len(df))
df['no1'] = df['no1'].astype('int64')
df
```

输出结果如图 4-20 所示。

	no1	no	customer_name	company_no	due_date	amount	amount(lcy)	balance_amount	payment_details	lessee_region
0	0	202206001	KH001	GS1456	2022-06-28 00:00:00	1131696.52	NaN	1108131.52	payment_details1	PRC
1	1	202206002	KH002	GS6743	14-Jun-2022	21771.47	NaN	-1794.53	payment_details2	ITALY
2	2	202206003	KH003	GS82	2022-06-27 00:00:00	284964.69	NaN	261397.69	payment_details3	RUSSIA
3	3	202206004	KH004	GS276	2022-06-10 00:00:00	56466.67	NaN	32898.67	payment_details4	INDONESIA
4	4	202206005	KH005	GS1456	2022-06-24 00:00:00	231000.00	NaN	207431.00	payment_details5	PRC
5	5	202206006	KH006	GS3571	2022-06-03 00:00:00	780760.00	NaN	757190.00	payment_details6	UK
6	6	202206007	KH007	GS82	2022-06-15 00:00:00	231000.00	NaN	207429.00	payment_details7	RUSSIA
7	7	202206008	KH008	GS3571	2022-06-15 00:00:00	287516.78	NaN	263944.78	payment_details8	UK
8	8	202206009	KH009	GS82	2022-06-15 00:00:00	80000.00	NaN	56427.00	payment_details9	RUSSIA
9	9	202206010	KH010	GS963	2022-06-15 00:00:00	289173.56	NaN	265599.56	payment_details10	LATVIA
10	10	202206011	KH011	GS1456	2022-06-20 00:00:00	291063.97	NaN	267488.97	payment_details11	PRC
11	11	202206012	KH012	GS276	2022-06-01 00:00:00	288755.88	NaN	265179.88	payment_details12	INDONESIA
12	12	202206013	KH013	GS6743	2022-06-20 00:00:00	279397.68	NaN	279397.68	payment_details13	ITALY

图 4-20　在第 1 列前给 DataFrame 增加一列：序号值

在最后一列后增加新列并赋予当前时间值的演示代码如下：

```
import pandas as pd
import datetime

df = pd.read_excel(r'D:\test_data.xlsx', sheet_name = 'Sheet1', skiprows = 2, skipfooter = 1)
version_tag = datetime.datetime.now()
df.insert(df.shape[1], 'version_tag', version_tag)
df
```

输出结果如图 4-21 所示。

3. DataFrame 的合并和拼接

使用前面生成的 new_df1 和 new_df2，通过 join( )函数生成 new_df3。演示代码如下：

	no	customer_name	company_no	due_date	amount	amount(lcy)	balance_amount	payment_details	lessee_region	version_tag
0	202206001	KH001	GS1456	2022-06-28 00:00:00	1131696.52	NaN	1108131.52	payment_details1	PRC	2023-01-20 21:14:58.811900
1	202206002	KH002	GS6743	14-Jun-2022	21771.47	NaN	-1794.53	payment_details2	ITALY	2023-01-20 21:14:58.811900
2	202206003	KH003	GS82	2022-06-27 00:00:00	284964.69	NaN	261397.69	payment_details3	RUSSIA	2023-01-20 21:14:58.811900
3	202206004	KH004	GS276	2022-06-10 00:00:00	56466.67	NaN	32898.67	payment_details4	INDONESIA	2023-01-20 21:14:58.811900
4	202206005	KH005	GS1456	2022-06-24 00:00:00	231000.00	NaN	207431.00	payment_details5	PRC	2023-01-20 21:14:58.811900
5	202206006	KH006	GS3571	2022-06-03 00:00:00	780760.00	NaN	757190.00	payment_details6	UK	2023-01-20 21:14:58.811900
6	202206007	KH007	GS82	2022-06-15 00:00:00	231000.00	NaN	207429.00	payment_details7	RUSSIA	2023-01-20 21:14:58.811900
7	202206008	KH008	GS3571	2022-06-15 00:00:00	287516.78	NaN	263944.78	payment_details8	UK	2023-01-20 21:14:58.811900
8	202206009	KH009	GS82	2022-06-15 00:00:00	80000.00	NaN	56427.00	payment_details9	RUSSIA	2023-01-20 21:14:58.811900
9	202206010	KH010	GS963	2022-06-15 00:00:00	289173.56	NaN	265599.56	payment_details10	LATVIA	2023-01-20 21:14:58.811900
10	202206011	KH011	GS1456	2022-06-20 00:00:00	291063.97	NaN	267488.97	payment_details11	PRC	2023-01-20 21:14:58.811900
11	202206012	KH012	GS276	2022-06-01 00:00:00	288755.88	NaN	265179.88	payment_details12	INDONESIA	2023-01-20 21:14:58.811900
12	202206013	KH013	GS6743	2022-06-20 00:00:00	279397.68	NaN	279397.68	payment_details13	ITALY	2023-01-20 21:14:58.811900

图 4-21　在最后一列后增加新列并赋予当前时间值

```
new_df3 = new_df1.join(new_df2, how = 'inner')
new_df3
```

输出结果如图 4-22 所示。

	NO	COMPANY_NO	LESSEE_REGION	customer_name	company_no	due_date	amount
0	202206001	GS1456	PRC	KH001	GS1456	2022-06-28 00:00:00	1131696.52
1	202206002	GS6743	ITALY	KH002	GS6743	14-Jun-2022	21771.47
2	202206003	GS82	RUSSIA	KH003	GS82	2022-06-27 00:00:00	284964.69
3	202206004	GS276	INDONESIA	KH004	GS276	2022-06-10 00:00:00	56466.67
4	202206005	GS1456	PRC	KH005	GS1456	2022-06-24 00:00:00	231000.00
5	202206006	GS3571	UK	KH006	GS3571	2022-06-03 00:00:00	780760.00
6	202206007	GS82	RUSSIA	KH007	GS82	2022-06-15 00:00:00	231000.00
7	202206008	GS3571	UK	KH008	GS3571	2022-06-15 00:00:00	287516.78
8	202206009	GS82	RUSSIA	KH009	GS82	2022-06-15 00:00:00	80000.00
9	202206010	GS963	LATVIA	KH010	GS963	2022-06-15 00:00:00	289173.56
10	202206011	GS1456	PRC	KH011	GS1456	2022-06-20 00:00:00	291063.97
11	202206012	GS276	INDONESIA	KH012	GS276	2022-06-01 00:00:00	288755.88
12	202206013	GS6743	ITALY	KH013	GS6743	2022-06-20 00:00:00	279397.68

图 4-22　生成 new_df3

4.2.5　DataFrame 转换

　　Pandas 处理数据的基本类型为 DataFrame，处理后的数据如果要输入数据库，就要进行数据类型转换，DataFrame 不是可以作为值直接与数据库交互的数据类型。DataFrame.to_dict( )函数可以把 DataFrame 转换为字典。函数中只需要填写一个参数即可，对于写入的不同参数值，字典的构造方式也不同。

官网介绍了 6 种参数值：

- 'dict'：函数默认参数，转换后的字典形式为{column : {index : value)}}。
- 'list'：转换后的字典形式为{column : {[values]}}。
- 'series'：转换后的字典形式为{column : Series(values)}。
- 'split'：转换后的字典形式为{' index' : [index], 'columns' : [columns], 'data' : [values]}。
- 'records'：转换后为列表形式，[{column : value}…{column : value}]。
- 'index'：转换后的字典形式为{index: {column : value}}。

其中，value 表示数据表中的值，column 表示列名，index 表示行名。

在把数据输入数据库时，一般把 DataFrame 转换为列表形式：

```
data = df.to_dict('records')
```

使用 to_dict()函数的示例代码如下：

```
#读取表格文件"test_data"的名为"Sheet1"的 sheet 页，对读取后的 DataFrame 进行简单的处理，最后转换为列表形式输出
import pandas as pd
import numpy as np
import datetime

df = pd.read_excel(r'D:\test_data.xlsx', sheet_name = 'Sheet1'', skiprows = 2, skipfooter = 1)

#统一日期格式
df['due_date'] = df['due_date'].astype('string')
i = 1
for i in range(len(df)):
    if(df['due_date'][i].split('-')[0] != '2022'):
        df['due_date'][i]=datetime.datetime.strptime(df['due_date'][i],'%d-%b-%Y').strftime('%Y-%m-%d')
    i = i+1
df['due_date'] = df['due_date'].astype('datetime64')

#删除 amount(lcy)列和 payment_details 列
df = df.drop(columns=['amount(lcy)', 'payment_details'])

#删除 lessee_region 列的值为 RUSSIA 的数据行
df = df[~df['lessee_region'].isin(['RUSSIA'])]

#在最后一列后增加新列并赋予当前时间值
version_tag = datetime.datetime.now()
df.insert(df.shape[1], 'version_tag', version_tag)

#把处理好的 DataFrame 转换为列表形式
data = df.to_dict('records')
data
```

输出结果如图 4-23 所示。

```
[{'no': 202206001,
  'customer_name': 'KH001',
  'company_no': 'GS1456',
  'due_date': Timestamp('2022-06-28 00:00:00'),
  'amount': 1131696.52,
  'balance_amount': 1108131.52,
  'lessee_region': 'PRC',
  'version_tag': Timestamp('2023-01-22 14:24:17.822514')},
 {'no': 202206002,
  'customer_name': 'KH002',
  'company_no': 'GS6743',
  'due_date': Timestamp('2022-06-14 00:00:00'),
  'amount': 21771.47,
  'balance_amount': -1794.53,
  'lessee_region': 'ITALY',
  'version_tag': Timestamp('2023-01-22 14:24:17.822514')},
 {'no': 202206004,
  'customer_name': 'KH004',
  'company_no': 'GS276',
  'due_date': Timestamp('2022-06-10 00:00:00'),
  'amount': 56466.67,
  'balance_amount': 32898.67,
  'lessee_region': 'INDONESIA',
  'version_tag': Timestamp('2023-01-22 14:24:17.822514')},
 {'no': 202206005,
  'customer_name': 'KH005',
  'company_no': 'GS1456',
  'due_date': Timestamp('2022-06-24 00:00:00'),
  'amount': 231000.0,
  'balance_amount': 207431.0,
  'lessee_region': 'PRC',
  'version_tag': Timestamp('2023-01-22 14:24:17.822514')},
 {'no': 202206006,
  'customer_name': 'KH006',
  'company_no': 'GS3571',
  'due_date': Timestamp('2022-06-03 00:00:00'),
  'amount': 780760.0,
```

图 4-23　输出结果

第 5 章

数据预处理：采集网络信息

5.1 爬虫基础知识

5.1.1 网页源代码

网页源代码是构建网页的基础，以谷歌浏览器为例，有两种方法查看网页源代码。第一种是按键盘 F12 键打开开发者工具并选择"Elements"选项，第二种是单击右键，在打开的快捷菜单中选择"查看网页源代码"命令。

用开发者工具查看网页源代码主要需要注意两点。

第一是图 5-1 所示的"Elements"选项，从中可以查看当前网页的源代码。

图 5-1 "Elements"选项

第二是图 5-2 所示的最左边的图标，即"选择"按钮。单击"选择"按钮后，按钮会变蓝，此时将鼠标指针移到网页的任意元素上，即可查看其所对应的网页源代码，如图 5-3 所示。

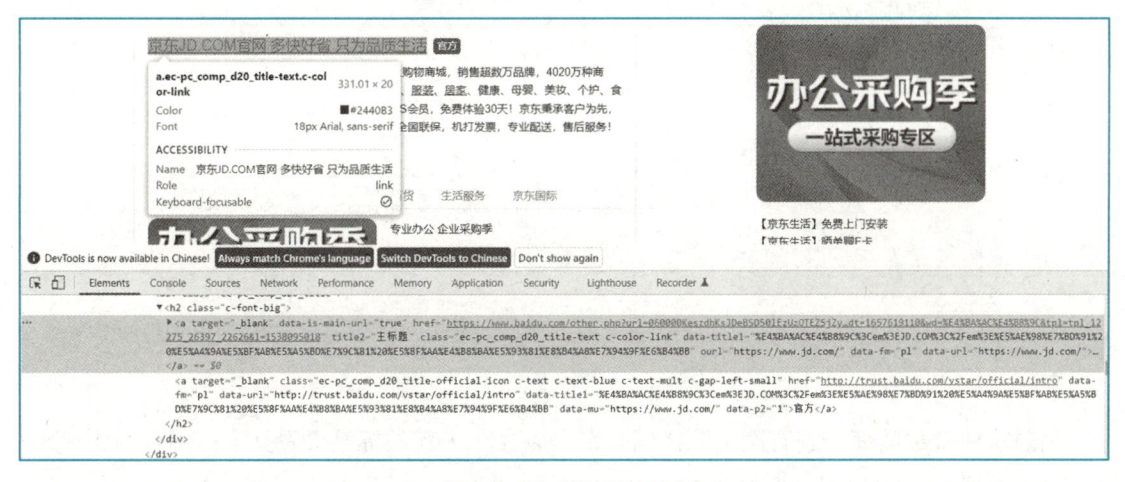

图 5-2 "选择"按钮

图 5-3 查看网页源代码

找到对应的网页代码后，单击对应的网页源代码旁的三角箭头，即可展开内容，查看折叠的信息，这就是网页源代码的嵌套结构，如图 5-4 所示。

对网页源代码的修改会反映在网页中，如果修改了网页源代码中标题的内容，那么网页中标题的内容也会发生改变。例如，双击图 5-4 中网页源代码里的"官网 多快好省 只为品质生

图 5-4 网页源代码的嵌套结构

活",出现文本框并删除"多快好省"后,可以发现网页的标题中的"多快好省"也消失了,如图 5-5 所示。

图 5-5 删除"多快好省"

通过快捷菜单的命令查看网页源代码时,可以在一个新的标签页看到当前网页的源代码。按 Ctrl+F 快捷键,可以对网页源代码进行检索,查找自己需要的信息。

5.1.2 正则表达式

正则表达式需要使用 re 库的 findall() 函数,它的作用是查找、替换符合规则的字符串。下面是 findall()函数的范例：

```
import re
a = '123abc学爬虫'
b = re.findall('\d',a)
print(b)
```

代码第 1 行为引入 re 库，这是 Python 自带的一个库，不需要额外下载。

第 2 行为匹配范围。第三行使用了 findall()函数，"\d"是一种有特殊含义的符号，代表匹配数字字符，","后面的 a 代表匹配的范围，所以此处就是用 findall()函数寻找第 2 行匹配范围 a 中出现的数字。输出结果如图 5-6 所示。

['1', '2', '3']

图 5-6　输出结果

注意，findall()函数获得的结果以列表形式呈现。

像"\d"这样的特定符号还有很多，表 5-1 中是一些常用的特定符号。

表 5-1　常用的特定符号

特定符号	功　　能	特定符号	功　　能
\n	匹配一个换行符，相当于按一次 Enter 键	.	匹配除换行符以外的任何字符
\w	匹配字母与数字字符，包含下画线	?	常与"."和"*"配合使用，组成非贪婪匹配
\W	匹配除字母、数字及下画线外的其他字符	+	匹配 1 个或多个表达式
\s	匹配 1 个空白字符（换行符、制表符、普通空格等）	*	匹配 0 个或多个表达式
\S	匹配非空白字符	^	匹配字符串的起始部分
\d	匹配数字字符	$	匹配字符串的终止部分
\D	匹配非数字字符	( )	匹配括号内的表达式，也表示一个组
\t	匹配一个制表符		

这些特定符号可以组合成无数种匹配规则，但一般只需用到".*?"和"(.*?)"这两种组合。

".*"是一种名为贪婪匹配的组合，会匹配尽可能多的字符。贪婪匹配如果加上"?"，就可以变成非贪婪匹配，实现更准确的匹配方式。

非贪婪匹配有两种："(.*?)"和".*?"。"(.*?)"的作用是代替代码中需要爬取的内容，并不需要知道内容的具体长度和格式，但需要知道其前后代码分别是什么。范例如下：

```
import re
a = '开头123abc学爬虫结尾'
p_a = '开头(.*?)结尾'                    #匹配规则
b = re.findall(p_a,a)
print(b)
```

第 1 行导入 re 库，第 2 行为匹配范围，第 3 行为匹配规则，即提取开头和结尾之间的内容，第 4 行运用 findall()函数，最后输出结果如图 5-7 所示。

['123abc学爬虫']

图5-7　"(.*?)"使用范例的输出结果

注意，"(.*?)"两端的内容需要有特殊性，应只存在于目标代码的两端，否则会匹配出不需要的内容。

另一种非贪婪匹配".*?"的作用是代替匹配规则中的内容，包括空格和换行符。因为实践中目标代码两端的代码可能是不固定的或没有规律的，无法写到匹配规则中；或者两端的代码太多，不想全部写到匹配规则中。它的使用范例如下：

```
import re
a = '<href=https://www.baidu.com><title=新闻标题>'
p_a = '<href=.*?><title=(.*?)>'
b = re.findall(p_a,a)
print(b)
```

以上代码中，因为只想提取新闻标题，所以对可能变化的网址使用了".*?"代替，而固定的新闻标题则使用"(.*?)"进行提取。其结果如图5-8所示。

['新闻标题']

图5-8　".*?"使用范例的输出结果

两段范例代码中的匹配范围都只有一行，所以没有考虑换行的问题。但实践中的网页源代码存在许多行，而单独的非贪婪匹配只能一行一行地检索匹配内容，所以需要使用修饰符"re.S"。它的作用是让正则表达式将匹配范围看成一个整体进行匹配，使非贪婪匹配不受换行影响，示例如下：

```
import re
content ='''
<h3class="news-title_1YtI1"> target="_blank" class="news-title-font_1xS-F" aria-label="标
题：支持浙江共同富裕示范区建设 "金融31条"将带来哪些利好"data-click="{
        'f0':'77A717EA',
        'f1':'9F73F1E4',
        'f2':'4CA6DE6E',
        'f3':'54E5243F',
        't':'1648612903',
        }"><!--237-->支持浙江共同富裕示范区建设 "<em>金融</em>31条"将带来哪些利好<!--237--></h3>
''' #匹配范围
p_title= '<h3 class="news-title_1YtI1">.*?>(.*?)</h3>'
title = re.findall(p_title, content,re.S)
print(title)
```

注意，在匹配规则p_title中不使用"<!--237-->"定位新闻标题是因为它的特殊性不够强，在实践中可能匹配出其他不需要的内容。最后输出结果如图5-9所示。

```
['<!--237-->支持浙江共同富裕示范区建设 "<em>金融</em>31条"将带来哪些利好<!--237-->']
```

图 5-9　"re.S"示例的输出结果

由图 5-9 可知，虽然提取出了新闻标题，但标题中夹杂着很多无效信息，需要对数据进行清洗。如何清洗数据的具体内容将在 5.3.2 节中学习。

5.2　爬虫基础方式

5.2.1　提取搜狗资讯的标题、网址、日期和来源

搜狗搜索引擎是比较常用的搜索引擎，在搜狗资讯中可以爬取到许多有用的新闻信息。下面以爬取搜狗资讯中关于腾讯的新闻信息为例，在搜狗搜索中搜索"腾讯"并选择搜索栏的"资讯"版块。

开始爬取数据前，先尝试通过 Requests 库获取网页源代码。具体代码如下：

```
import requests

headers = {'User-Agent': 'Mozilla/5.0 (Windows NT 10.0; Win64; x64) AppleWebKit/537.36 (KHTML, like Gecko)Chrome/92.0.4515.107 Safari/537.36'}
url = 'https://www.sogou.com/sogou?query=腾讯&interation=1728053249'
response = requests.get(url, headers=headers).text
print(response)
```

首先，导入 Requests 库。

然后，设置 headers 参数，提供网站访问者信息，其中的"User-Agent"（用户代理）表示是用什么浏览器访问的。以谷歌浏览器为例，打开谷歌浏览器后，在地址栏输入"about:version"（注意用英文格式冒号），按 Enter 键后，可以在界面中找到用户代理项，其后显示的字符串就是"User-Agent"后应填的内容。

此处，因为搜狗资讯网站只同意浏览器发送的访问请求而不同意 Python 发送的访问请求，所以需要使用 headers 参数和用户代理来模拟浏览器访问。

接着，输入网页的 URL 并通过 requests.get() 函数访问该网址，用.text 获取网页源代码的文本内容。

最后，输出获取的网页源代码。

注意，headers 参数是用于提供访问者的信息的。例如，搜狗资讯网站要求访问者提供所使用浏览器的信息，否则会拒绝访问请求。headers 参数中还可以添加其他信息来应对网站的反爬机制。

requests.get( )函数的后缀.text 可以获取文本内容，适用于绝大部分的情况，但不能获取图片等内容。

获得网页源代码后，在浏览器中打开开发者工具，观察如图 5-10 所示的网页源代码，寻找新闻标题、网址、日期和来源附近网页源代码的规律。

```
▼<h3 class="vr-title">
   ▼<a id="sogou_vr_30010279_0" target="_blank" cachestrategy=""qcr:-1"" href="/link?url=hedJjaC291Pl6Uxf5IwiPw9bnMiZC1O8BkUn1RBRdDc."> == $0
      ▼<em>
         <!--red_beg-->
         "腾讯"
         <!--red_end-->
      </em>
      "·大闽网 - 福建生活门户"
   </a>
</h3>
```

图 5-10　网页源代码

找到合适的匹配规则后，就可以导入 re 库，利用正则表达式提取网页源代码中的新闻标题、网址、来源和日期。代码如下：

```
import re

p_title = '<h3 class="vr-title">.*?<a id=.*?href=".*?">(.*?)</a>'
p_href = '<h3 class="vr-title">.*?<a id=.*?href="(.*?)">.*?</a>'
p_source = '<p class="news-from text-lightgray">.*?<span>(.*?)</span>'
p_date = '<p class="news-from text-lightgray">.*?<span>.*?</span>.*?<span>(.*?)</span>.*?</p>'
title = re.findall(p_title, response, re.S)
href = re.findall(p_href, response, re.S)
source= re.findall(p_source, response, re.S)
date = re.findall(p_date, response, re.S)
```

注意，大多数网站具有反爬机制，可能定期改变网页源代码。在网页源代码改变后，我们需要发现其中新的规律并根据新规律修改正则表达式的匹配规则。综上所述，本书第 5 章和第 6 章中所使用的示例仅作参考，以提供方法思路为主要目的。

5.2.2　获取百度翻译结果

除了 requests.get( )函数，还可以使用 post( )函数访问网页。

post( )函数是一种需要携带用户信息的请求方式，要获取的内容不是仅用网址就能获取的，还需要提交一些额外的信息。例如，在翻译网站中，需要提交翻译的原文；在查询某地天气时，可能需要提交城市的名称。提交的信息不同，获得的结果也会产生相应的变化。

以查询百度翻译中"apple"的翻译结果为例，首要任务是获取百度翻译的 URL，post 方法的 URL 并不能直接使用网页网址。

首先，打开开发者工具，选择"Network"选项（如图 5-11 所示）。Network 中可以显示所

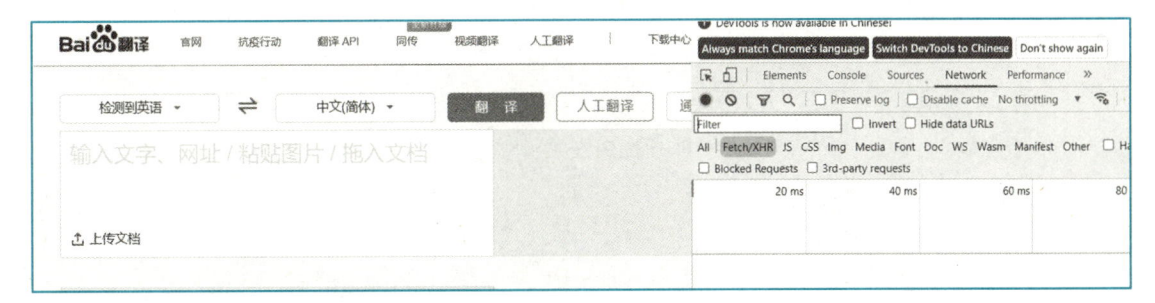

图 5-11　Network 选项

有的请求过程，因此可以在需要使用 post 方法的网页中，通过查询请求过程中的 Request URL 来获取 post 方法所需的 URL。

然后，任意查询一个英文单词，如"apple"，如图 5-12 所示。

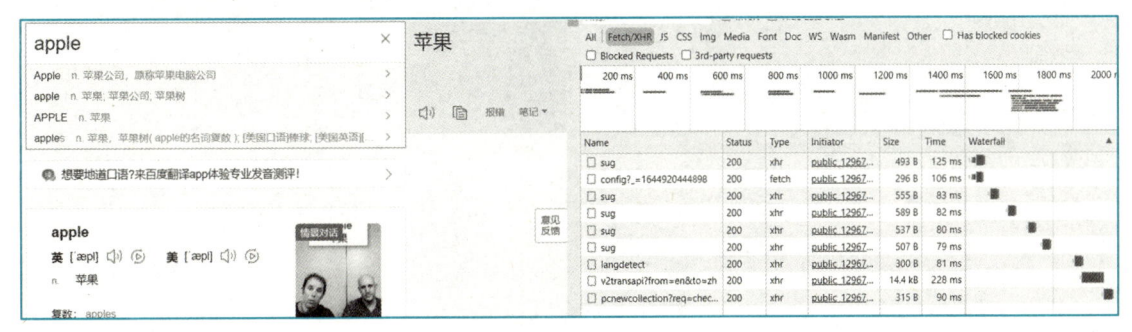

图 5-12　输入英文单词

接着，在右侧的请求过程中找到 Request URL，如图 5-13 所示，同时可以看到请求过程中显示的 Request Method（请求方法）正是 POST。

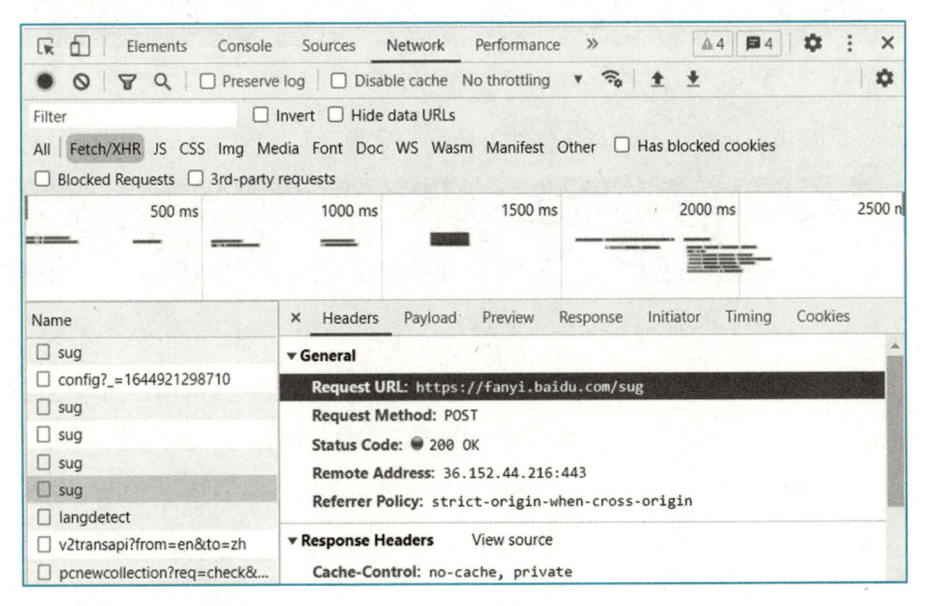

图 5-13　Request URL

085

最后，单击"Payload"选项，可以看到此处显示的信息为"kw:apple"，如图 5-14 所示。

图 5-14 "Payload"选项中显示的内容

通过这些，可以编写出如下代码：

```python
import requests
import json

url = 'https://fanyi.baidu.com/sug'
data = {'kw': 'apple'}
response = requests.post(url,data = data)
print(response.json())
```

首先，导入 Requests 库和 json 模块。

然后，输入 URL。

接着，在字典中输入需要提供的用户信息，也就是原文"apple"。

最后，用 post( )函数获取翻译结果并输出。输出结果如图 5-15 所示。

图 5-15 输出结果

注意，最后输出时需要使用.json()将结果转换为字典，如果使用.text，就会出现乱码。

5.2.3　Selenium 库详解

Selenium 库可以通过浏览器驱动对浏览器进行操作。利用 Selenium 库可以获取动态的实时数据，如股票行情实时数据等。这些数据是动态渲染出来的，无法借助正则表达式爬取。这类数据可以通过开发者工具查看，但无法通过快捷菜单的"查看网页源代码"命令查看。

在使用 Selenium 库前，要先安装对应的浏览器驱动。以谷歌浏览器为例，需要安装的浏览器驱动为 ChromeDriver。ChromeDriver 的下载和安装方法如下。

首先，查看谷歌浏览器版本。打开谷歌浏览器，单击"菜单"按钮，打开帮助的"关于 Google Chrome"，即可查看谷歌浏览器版本。

然后，下载 ChromeDriver。在 ChromeDriver 官网中选择与浏览器版本一致或相近的版本下载。

接着，安装 ChromeDriver。将下载好的 ChromeDriver 压缩文件解压到 Python 安装路径下的 Scripts 文件夹中。如果不知道 Python 的安装路径，可以通过在命令提示符窗口输入并运行"where python"获取。

最后，检查 ChromeDriver 是否安装成功。打开命令提示符窗口，输入并运行"chromedriver"，显示类似图 5-16 所示的信息即安装成功。

图 5-16　ChromeDriver 安装成功

安装 ChromeDriver 后，按常规方法安装 Selenium 库，完成准备工作。

下面介绍如何用 Selenium 库打开网页，相关代码如下：

```
from selenium import webdriver
import time

browser = webdriver.Chrome()            #表明模拟谷歌浏览器
url = 'https://baidu.com/'
browser.get(url)                        #打开网页
time.sleep(2)
browser.quit()                          #关闭浏览器
```

第 1~2 行：引入 Selenium 库中的 webdriver 功能并导入 time 库。

第 3 行：表明模拟谷歌浏览器。

第 4 行：输入目标网页的网址。

第 5 行：通过输入的网址打开网页。

第 6 行：间隔两秒，等待加载网页。

第 7 行：关闭浏览器。

如果想使浏览器窗口最大化，可以使用如下代码：

```
browser.maximize_window()
```

如果希望程序在后台运行，不显示模拟浏览器，可以使用如下代码：

```
from selenium import webdriver
import time

#Chrome Headless方法
chrome_options = webdriver.ChromeOptions()
chrome_options.add_argument('--headless')
```

```
browser = webdriver.Chrome(options=chrome_options)
url = 'https://baidu.com/'
browser.get(url)
time.sleep(2)
```

Selenium 库可以通过 XPath 法或 css_selector 法定位元素的位置。

获取元素的 XPath 或 css_selector 的方法如下：打开开发者工具，单击左上角的"选择"按钮，选中目标元素，即可获取目标元素对应的一行源代码；右击源代码，在弹出的快捷菜单中选择"Copy→Copy XPath"命令，就可以获取目标元素的 XPath，如图 5-17 所示。如果采用 css_selector 法，就执行"Copy→Copy selector"菜单命令。

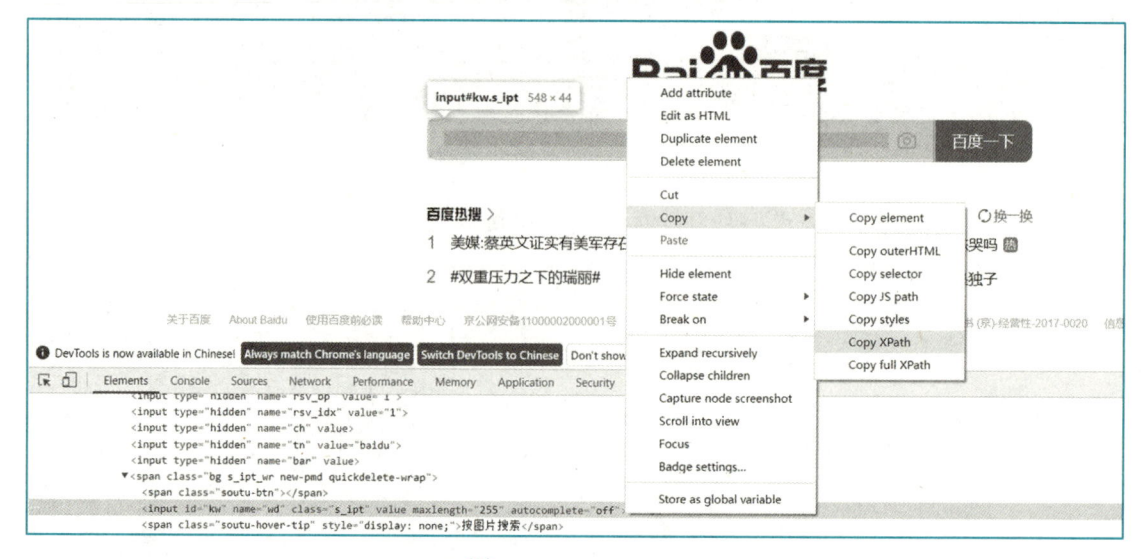

图 5-17　Copy XPath

下面以用 XPath 法在百度中搜索"金融"为例。

```
from selenium import webdriver
import time

browser = webdriver.Chrome()
url = 'https://baidu.com/'
browser.get(url)
time.sleep(2)
browser.find_element_by_xpath('//*[@id="kw"]').send_keys('金融')
browser.find_element_by_xpath('//*[@id="su"]').click()
```

前 6 行代码打开谷歌浏览器中的百度网页。

第 7 行用"browser.find_element_by_xpath('搜索框 XPath').send_keys('查找内容')"在搜索框输入要查找的内容。

第 8 行用"browser.find_element_by_xpath('搜索按钮 XPath').click()"单击"百度一下"按钮，进行搜索。

如果搜索框中有默认内容，需要在输入前清除这些内容，可以使用如下代码：

```
browser.find_element_by_xpath('搜索框XPath').clear()
```

css_selector 法与 XPath 法类似，仅需将"by_xpath"改为"by_css_selector"并在括号中填入"Copy selector"命令获取的内容。用 css_selector 法在百度中搜索"金融"所需，要更改的代码如下：

```
browser.find_element_by_css_selector('#kw').send_keys('金融')
browser.find_element_by_css_selector('#su').click()
```

如下代码可以获取对应网址的网页源代码：

```
browser.get(url)                    #打开网页
data = browser.page_source          #获取网页的网页源代码
print(data)
```

注意，用模拟浏览器打开网页需要时间，为了防止网页未加载出来就继续运行代码，可以导入 time 库，在打开网页时等待一段时间。以 XPath 法为例，完整代码如下：

```
from selenium import webdriver
import time                                              #导入库

browser = webdriver.Chrome()                             #可替换成 Chrome Headless 方法后台运行
url = 'https://baidu.com/'
browser.get(url)                                         #打开百度
time.sleep(2)
browser.find_element_by_xpath('//*[@id="kw"]').send_keys('金融')
browser.find_element_by_xpath('//*[@id="su"]').click()   #搜索关键词
time.sleep(2)
date = browser.page_source                               #获取网页源代码
print(date)
```

Selenium 库虽然可以获取 Requests 库难以获取的动态数据，但因为包含模拟浏览器操作，所以速度比较慢。因此一般还是使用 Requests 库，只有 Requests 库不能获取数据时才使用 Selenium 库。

Selenium 库的实践应用可以参照 6.1 节的内容。

5.2.4 BeautifulSoup 库详解

BeautifulSoup 是 Python 的一个网页解析库，可以提供一些简单的、Python 式的函数用来处理导航、搜索、修改分析树等功能。BeautifulSoup 库可以借助网页的结构和属性等特征来解析网页，不用编写正则表达式即可方便地实现网页信息的提取。

使用 BeautifulSoup 库前需要先安装 BeautifulSoup 库和 lxml 解析器，采用安装第三方库的一般方法即可。

安装后可以运行如下代码，验证是否安装成功：

```
from bs4 import BeautifulSoup
soup = BeautifulSoup('<p>hello world<\p>', 'lxml')
print(soup.p.string)
```

输出结果如图 5-18 所示，表示安装成功。

```
hello world

Process finished with exit code 0
```

图 5-18　BeatifulSoup 库安装成功

以如下网页源代码为例讲解 BeatifulSoup 库的基础用法。

```
html = '''
<html>
<head>
<title>The Dormouse's story</title>
</head>
<body>
<p class="story">
    Once upon a time there were three little sisters; and their names were
<a href="http://example.com/elsie" class="sister" id="link1"><!-- Elsie --></a>,
<a href="http://example.com/lacie" class="sister" id="link2">Lacie</a>
and
<a href="http://example.com/tillie" class=" sister" id="link3">Tillie</a>
and they lived at the bottom of a well.
</p>
<p class="story">...</p>
''' #网页源代码
```

首先导入 BeatifulSoup 库，然后将初始化的 BeatifulSoup 对象赋值给变量 soup，演示代码如下：

```
from bs4 import BeautifulSoup
soup = BeautifulSoup(html, 'lxml')
```

第 2 行代码括号中的第一个参数是网页源代码，第二个参数是解析器类型，这里使用之前安装的 lxml 解析器。此外，初始化 BeautifulSoup 对象可以自动更正格式，补齐范例网页源代码中缺失的</html>和</body>。

BeatifulSoup 库的基础代码如下。

1. 将网页源代码以标准的缩进格式输出

如果网页源代码缩进格式不正确，可以用如下代码将网页源代码以标准的缩进格式输出。

```
print(soup.prettify())
```

2. 选择网页源代码中的元素

直接选择节点即可输出节点和节点中的内容，再调用.string 可以输出节点内的文本内容。注意，调用.string 要选择与文本包含关系最紧密的节点，否则显示 None。

例如，输出<title>节点及其中的文本的代码如下：

```
print(soup.title)                    #输出<title>节点
print(soup.title.string)             #输出<title>节点中的文本
```

输出结果如图 5-19 所示。

```
<title>The Dormouse's story</title>
The Dormouse's story
None
```

图 5-19 直接选择节点的输出结果

图 5-19 中，第 3 行是 print(soup.head.string)的输出结果，显示 None。因为<head>节点不是与文本包含关系最紧密的节点，<head>节点包含<title>节点，<title>节点才包含文本内容，所以<title>节点才是与文本包含关系最紧密的节点。

如果有多个相同名称的节点，就只会显示第一个节点。例如，选择<p>节点，只会显示第一个匹配到的<p>节点中的内容，而不会显示网页源代码末尾的第二个<p>节点的内容"<p class="story">...</p>"。

```
print(soup.p)
```

输出结果如图 5-20 所示。

```
<p class="story">
    Once upon a time there were three little sisters; and their names were
<a class="sister" href="http://example.com/elsie" id="link1"><!-- Elsie --></a>,
<a class="sister" href="http://example.com/lacie" id="link2">Lacie</a>
and
<a class="" href="" id="link3" sister="">Tillie</a>
and they lived at the bottom of a well.
</p>
```

图 5-20 选择<p>节点的输出结果

网页源代码是嵌套结构的，而 BeautifulSoup 库同样支持用嵌套的方式选择节点。例如，<title>节点在<head>节点中，而<head>节点又在<html>节点中，所以可以用如下代码选择<title>节点。

```
print(soup.html.head.title)
print(soup.html.head.title.string)
```

输出结果如图 5-21 所示。

这种方法可以在有多个相同名称的节点时，选择指定的节点。

```
<title>The Dormouse's story</title>
The Dormouse's story
```

图 5-21　嵌套方式选择节点的输出结果

3．查看节点属性和属性值

节点有不同的属性，选择节点后可以用.attrs 查看该节点的属性。

例如，查看<a>节点属性：

```
print(soup.a.attrs)
```

输出结果如图 5-22 所示。

```
{'href': 'http://example.com/elsie', 'class': ['sister'], 'id': 'link1'}
```

图 5-22　节点的属性

.attrs 也可以用于调用属性值。下面是调用<a>节点 class 属性值的两种方法：

```
print(soup.a.attrs['class'])        #即 print(soup.节点.attrs['属性'])
print(soup.a['class'])              #即 print(soup.节点['属性'])
```

输出结果如图 5-23 所示。

```
['sister']
['sister']
```

图 5-23　调用属性值输出结果

可以看出，这两种方法都获得了<a>节点的<class>属性值。

注意，属性值的输出结果可能是列表，也可能是字符串。比如，调用<a>节点的<id>属性值时，输出的就是字符串，代码如下：

```
print(soup.a['id'])
```

输出结果如图 5-24 所示。

```
link1
```

图 5-24　输出结果为字符串

4．查找关联节点

Beautifulsoup 库可以查找一个节点的子孙节点、祖先节点和兄弟节点。

查找子孙节点的方法有三种。

第一种是利用.contents 获取直接子节点，以获取<p>节点的直接子节点为例，代码如下：

```
print(soup.p.contents)
```

输出结果如图 5-25 所示。

注意，.contents 只会显示直接子节点而不会特意标注子孙节点。

```
['\n   Once upon a time there were three little sisters; and their names were\n', <a class="sister" href="http://example.com/els
```

图 5-25　利用 .contents 获取直接子节点

第二种是调用 .children 来显示直接子节点。同样以获取 <p> 节点的直接子节点为例，代码如下：

```
for i,child in enumerate(soup.p.children):
    print(i, child)
```

输出结果如图 5-26 所示。

```
0
    Once upon a time there were three little sisters; and their names were
1 <a class="sister" href="http://example.com/elsie" id="link1"><!-- Elsie --></a>
2 ,
3 <a class="sister" href="http://example.com/lacie" id="link2">Lacie</a>
4 and
5 <a class="" href="" id="link3" sister="">Tillie</a>
6
and they lived at the bottom of a well.
```

图 5-26　利用 .children 获取直接子节点

这种方法获得的 html 文本和第一种方法相同，不会标注子孙节点。

第三种是调用 .descendants，可以递归查询所有子节点，得到所有子孙节点。以获取 <p> 节点的子节点与子孙节点为例，代码如下：

```
for i,child in enumerate(soup.p.descendants):
    print(i, child)
```

输出结果如图 5-27 所示。

```
0
    Once upon a time there were three little sisters; and their names were
1 <a class="sister" href="http://example.com/elsie" id="link1"><!-- Elsie --></a>
2  Elsie 
3 ,
4 <a class="sister" href="http://example.com/lacie" id="link2">Lacie</a>
5 Lacie
6
 and
7 <a class="" href="" id="link3" sister="">Tillie</a>
8 Tillie
9
and they lived at the bottom of a well.
```

图 5-27　递归查询子节点

一般可以调用 .parent 查找节点的直接父节点，利用 .parents 查找节点的祖先节点。以获取 <title> 节点的父节点与祖先节点为例，代码如下：

```
print(soup.title.parent)
print(list(enumerate(soup.title.parents)))
```

这里用列表输出了祖先节点的索引和内容，结果如图 5-28 和图 5-29 所示。

```
<head>
<title>The Dormouse's story</title>
</head>
```

图 5-28　查找父节点

```
[(0, <head>
<title>The Dormouse's story</title>
</head>), (1, <html>
<head>
<title>The Dormouse's story</title>
</head>
<body>
<p class="story">
    Once upon a time there were three little sisters; and their names were
<a class="sister" href="http://example.com/elsie" id="link1"><!-- Elsie --></a>,
<a class="sister" href="http://example.com/lacie" id="link2">Lacie</a>
and
<a class="" href="" id="link3" sister="">Tillie</a>
and they lived at the bottom of a well.
</p>
<p class="story">...</p>
</body></html>), (2, <html>
```

图 5-29　查找祖先节点

可以看到，调用 parent 属性的结果为<title>节点的直接父节点<head>节点；调用 parents 属性的结果为直接父节点<head>节点和祖先节点<html>节点。

最后是与节点平级的兄弟节点，一般用 next_sibling 属性和 previous_sibling 属性来获取。next_sibling 属性可以获取节点的下一个兄弟节点，previous_sibling 属性可以获取节点的上一个兄弟节点。如果想获取所有的兄弟节点，那么可以调用 next_siblings 属性和 previous_siblings 属性。

以获取<a>节点的兄弟节点为例，代码如下：

```
print('Next Silbling',soup.a.next_sibling)
print('Prev Silbling',soup.a.previous_sibling)
print('Next Silblings',list(enumerate(soup.a.next_siblings)))
print('Prev Silblings',list(enumerate(soup.a.previous_siblings)))
```

输出结果如图 5-30～图 5-33 所示。

```
Next Silbling ,
```

图 5-30　下一个兄弟节点

```
Prev Silbling
    Once upon a time there were three little sisters; and their names were
```

图 5-31　上一个兄弟节点

```
Next Siblings [(0, ',\n'), (1, <a class="sister" href="http://example.com/lacie" id="link2">Lacie</a>), (2, '\nand\n'), (3, <a
```

图 5-32　之后的所有兄弟节点

```
Prev Siblings [(0, '\n    Once upon a time there were three little sisters; and their names were\n')]
```

图 5-33　之前的所有兄弟节点

以上就是查找关联节点的方法，下面介绍如何获取关联节点的信息。

如果查找关联节点时返回结果是单个节点，那么可以直接调用 string、attrs 等属性获取其文本和属性；如果返回结果是多个节点的生成器，那么可以将其转为列表后提取出某个元素，然后调用 string、attrs 等属性获取其对应节点的文本和属性。

例如，parent 属性可以获得节点的直接父节点，是单个节点，所以可以直接调用 string 等属性。获得 <title> 节点的直接父节点的 name 属性值的代码如下：

```
print(soup.title.parent.name)
```

输出结果如图 5-34 所示。

```
head
```

图 5-34　<title> 节点的直接父节点的 name 属性值

获得 <a> 节点的所有兄弟元素，返回结果是多个节点的生成器，所以要取出元素，再调用 string、attrs 等属性。获得 <a> 节点所有兄弟节点的第二个元素的 attrs 属性值的代码如下：

```
print(list(soup.a.next_siblings)[1].attrs)
```

输出结果如图 5-35 所示。

```
{'href': 'http://example.com/lacie', 'class': ['sister'], 'id': 'link2'}
```

图 5-35　<a> 节点所有兄弟节点的第二个元素的 attrs 属性值

虽然通过属性来选择目标的方法很快，但并不方便，所以 Beatifulsoup 库还提供了 find_all() 和 find() 两种查找方法。

find_all() 和 find() 的区别是，find_all() 可以查找所有符合条件的目标，而 find() 只提供第一个匹配到的目标。它们的使用方法如下：

```
find(name, attrs, recursive, text, kwargs)
find_all(name, attrs, recursive, text, kwargs)
```

括号中的是相关的参数。这些参数相当于过滤器，可以进行筛选处理。不同的参数过滤可以应用到以下情况：

❖ 查找标签，基于 name 参数。
❖ 查找文本，基于 text 参数。
❖ 基于正则表达式的查找。
❖ 查找标签的属性，基于 attrs 参数。

❖ 基于函数的查找。

只需要在括号中输入相应的参数，即可快速精确地查找目标。

例如，查找所有的<a>节点，只需要输入如下代码：

```
print(soup.find_all(name='a'))
```

输出结果如图 5-36 所示。

`[<a class="sister" href="http://example.com/elsie" id="link1"><!-- Elsie --></a>, <a class="sister" href="http://example.com/lac`

图 5-36　查找所有的<a>节点

如果想要更加精确，可以输入节点的 attrs 属性。例如，查找第二个<a>节点的代码如下：

```
print(soup.find_all(attrs={'id': 'link2'}))
```

输出结果如图 5-37 所示。

`[<a class="sister" href="http://example.com/lacie" id="link2">Lacie</a>]`

图 5-37　查找特定节点

除此以外，也可以通过 text 参数查找节点的文本，传入的形式可以是字符串，也可以是正则表达式。例如，获取网页源代码中所有含"story"的文本的代码如下：

```
import re

print(soup.find_all(text=re.compile('story')))
```

输出结果如图 5-38 所示。

`["The Dormouse's story"]`

图 5-38　查找节点的文本

注意，使用 text 参数时需要导入 re 库。

通过以上这些方法可以完成 BeautifulSoup 库的基础操作。下面结合 5.2.3 节学习的 Selenium 库，以爬取百度新闻中关于阿里巴巴的新闻标题为例，展示实践应用的代码。

```
import requests
import re
from bs4 import BeautifulSoup
from selenium import webdriver
import time

chrome_options = webdriver.ChromeOptions()
chrome_options.add_argument('--headless')
browser = webdriver.Chrome(options=chrome_options)
url = 'https://www.baidu.com/s?tn=news&rtt=1&bsst=1&cl=2&wd=阿里巴巴'
browser.get(url)
time.sleep(2)
data = browser.page_source              #通过Selenium库获得网页源代码
```

```
soup = BeautifulSoup(data, 'lxml')
for k in soup.find_all(class_='news-title-font_1xS-F'):
#查找符合该 class 属性的节点
    print(k['aria-label'])
```

输出结果如图 5-39 所示。

```
标题: 4月 23 日上海家化涨停分析:化妆品,优化生育(三孩),阿里巴巴概念...
标题: 是他们!阿里第100和101位持证"急救侠"官宣了
标题: 《手术直播间》主演张彬彬代旭成阿里"急救侠",带动全社会关心...
标题: 阿里巴巴国际站用AI技术帮外贸企业提效,助陕西特色产业卖全球
标题: 消息指阿里巴巴拟向韩国时装平台ABLY投资1000亿韩元
标题: 阿里巴巴4月22日成交额为10.52亿美元 在当日美股中排第47名
```

图 5-39　代码输出结果

正则表达式、Selenium 库和 BeautifulSoup 库三者中，Selenium 库可以爬取动态网页获取实时数据，而正则表达式和 BeautifulSoup 库主要用于爬取静态网页。

正则表达式通过网页源代码的规律编写匹配规则，具有可读性差、难以构造的缺点，容易因为网页源代码的更改而失去作用，但因此具有采集目标信息精准度高的特点。BeautifulSoup 库通过网页的结构、属性等解析网页，比正则表达式更容易构造，匹配规则也不易因网页源代码的细微改变而失去作用，但采集目标信息不如正则表达式精准度高，同时更难理解。

5.3　爬虫处理方法

5.3.1　处理数据乱码

爬取网页源代码时可能出现中文变成乱码的情况，一般是因为通过爬虫获得的网页源代码的编码方式为 ISO-8859-1，但网页实际的编码方式为 UTF-8 或 GBK。ISO-8859-1 属于单字节编码，无法表达中文字符，而 UTF-8 和 GBK 都支持中文编码。此类问题的解决方法是用 encode()函数将字符串转换为二进制字符，再用 decode()函数将二进制字符转换为不同编码方式的字符串。

具体代码如下：

```
response = response.encode('ISO-8859-1').decode('utf-8')
response = response.encode('ISO-8859-1').decode('gbk')
```

第 1 行是将 ISO-8859-1 重新编码为 UTF-8，第 2 行是将 ISO-8859-1 重新编码为 GBK。

5.3.2 数据清洗和筛选

5.2.1 节讲解了提取搜狗资讯信息的代码,为了测试代码运行情况,可以用 print( )函数输出标题、网址、来源和日期,来确定代码是否运行成功。当用 print( )函数输出标题时,会发现如图 5-40 所示,文本中夹杂着如 "<em>" 等无用信息,这时需要对数据进行清洗。

```
['<!--s-text-->邵阳县郦家坪镇两男子盗窃水利工程一千余吨施工石料落网<!--/s-text-->',
```

图 5-40　标题输出结果中夹杂无用信息

数据的清洗一般需要使用 sub( )函数和 strip( )函数。sub( )函数可以清洗无用信息,strip( )函数可以去除空白字符。

sub( )函数能够替换字符串,因此可以用正则表达式表示原始结果中的无用信息,然后将其替换成空值,达到清洗数据的效果。

在清洗或筛选数据时,由于数据量通常较大,因此一般使用 for 循环语句来批量处理数据。代码如下:

```
for i in range(len(title)):
    title[i] = title[i].strip()
title[i] = re.sub('<.*?>', '', title[i])
```

输出结果如图 5-41 所示。

```
['邵阳县郦家坪镇两男子盗窃水利工程一千余吨施工石料落网',
```

图 5-41　清洗后标题

提取搜狗资讯信息并对数据进行清洗后,可以用如下代码来直观简洁地输出数据。

```
for i in range(len(title)):
    print(str(i + 1) + '. ' + title[i] + '(' + source[i] + ' ' + date[i] + ') ')
```

由于列表是从 0 开始的,因此开头的序号应为 "i+1"。此外,输出结果的代码也应在 for 循环下,输出结果如图 5-42 所示。

```
1.美银证券:维持腾讯控股"买入"评级　目标价410港元(金融界  5分钟前)
2.港股收评|科技股爆发!科指大幅上涨3.38%  腾讯重回330港元上方(东方财富网  15小时前)
3.腾讯旗下协作SaaS产品全面接入混元模型,实现软件服务智能化(新京报  8小时前)
4.腾讯创10个月最大单日涨幅!公募集体南下,张坤们"超配"港股(券商中国  8小时前)
```

图 5-42　数据清洗后的输出结果

除了清洗数据,还可以根据需要对新闻的标题和正文进行筛选,只提取包含某些关键词的新闻。

对新闻标题进行筛选的代码如下:

```
for i in range(len(title)):
    if '关键词' not in title[i]:          #若标题不含关键词,则相关内容全变为空值
        title[i] = ''
        source[i] = ''
        href[i] = ''
        date[i] = ''
#删除空值元素
while '' in title:
    title.remove('')
while '' in href:
    href.remove('')
while '' in date:
    date.remove('')
while '' in source:
    source.remove('')
```

代码通过 for 循环语句遍历所有新闻标题,若标题中不含关键词,则将标题、来源、网址和日期都赋值为空值,之后将所有空值元素删除。

若需要对新闻正文进行过滤,则需要先获取新闻正文,可以通过如下代码实现。

```
article = requests.get(href[i], headers=headers, timeout=10).text
```

通过 get() 函数访问之前爬取的所有新闻网址并爬取其网页源代码,为了防止程序意外中止或访问超时,还可以加上 try_except 语句并导入 time 库。相关代码如下:

```
import time
try:
    article=requests.get(href[i],headers=headers,timeout=10).text
except:
    article = '新闻爬取失败'
```

导入 time 库是为了使用 timeout 参数,timeout=10 为设置超时时间。如果超过 10 秒未获取网页源代码,那么显示"新闻爬取失败"。

获取了正文的网页源代码后,就可以套用对标题进行筛选的代码,写出筛选正文的代码,如下:

```
import time
for i in range(len(title)):
    try:
        article=requests.get(href[i], headers=headers, timeout=10).text
    except:
        article = '新闻正文爬取失败'
    if '关键词' not in article:          #若正文不含关键词,则相关内容全变为空值
        title[i] = ''
        source[i] = ''
        href[i] = ''
```

```
        date[i] = ''
#删除空值元素
while '' in title:
    title.remove('')
while '' in href:
    href.remove('')
while '' in date:
    date.remove('')
while '' in source:
    source.remove('')
```

5.3.3 生成数据文本文件

爬取信息后，可以用 Python 打开或新建一个文本文件并将爬取结果输入其中。

打开或新建一个文本文件并输入内容的示例代码如下：

```
file = open('D:\\数据文件.txt', 'a')          #打开文件
file.write('hello world')                     #在打开的文件中输入内容
file.close()                                  #关闭文件
```

代码第 1 行为打开文件，如果不存在该文件，就会自动新建一个文本文件。括号中的参数为路径和文件的操作模式。路径决定文件的位置。文件的操作模式若是'a'，则新内容会写入已有内容之后；若是'w'，则新内容会从文件开头写入，已有内容被删除。

可以使用 for 循环语句将所有新闻信息写入文本文件，示例代码如下：

```
file = open('D:\\数据.txt', 'a')
for i in range(len(title)):
    file.write(str(i + 1) + '.' + title[i] + '(' + source[i] + ' ' + date[i] + ')' + '\n')
    file.write(href[i] + '\n')
file.write('——————————————————' + '\n' + '\n')
file.close()
```

5.3.4 批量爬取关于多家公司的多页信息

5.2.1 节讲解了如何爬取搜狗资讯上单个关键词的一页新闻信息，但我们可以同时对多个关键词分别爬取多页信息。下面以搜狗资讯为例。

首先，需要自定义一个函数 sogou( ) 和两个函数参数 company、page。company 中是要搜索的多个关键词，page 是要搜索的页数。

图 5-43 是在搜狗资讯中分别搜索"腾讯"和"会计"后第一页到第四页的网址。

由图 5-43 可以看出搜索的关键词在网址的固定位置，即只要替换固定位置的关键词就可

```
腾讯第一页：  https://www.sogou.com/sogou?query=腾讯&interation=1728053249&page=1
腾讯第二页：  https://www.sogou.com/sogou?query=腾讯&interation=1728053249&page=2
腾讯第三页：  https://www.sogou.com/sogou?query=腾讯&interation=1728053249&page=3
腾讯第四页：  https://www.sogou.com/sogou?query=腾讯&interation=1728053249&page=4
会计第一页：  https://www.sogou.com/sogou?query=会计&interation=1728053249&page=1
会计第二页：  https://www.sogou.com/sogou?query=会计&interation=1728053249&page=2
会计第三页：  https://www.sogou.com/sogou?query=会计&interation=1728053249&page=3
会计第四页：  https://www.sogou.com/sogou?query=会计&interation=1728053249&page=4
```

图 5-43　搜索"腾讯"和"会计"后第一页到第四页的网址

以搜索对应内容，而页数与"page="后的数字一致。找出这些规律后，就可以根据需要设置网址了。定义函数并设置网址的代码如下：

```python
def sogou(company, page):
    num = page
    url = 'https://www.sogou.com/sogou?query=' + company + '&interation= 1728053249&page=' + str(num)
    try:
        response = requests.get(url, headers=headers, timeout=10).text
    except:
        print('访问网页失败')
```

此处，在获取不同网址所对应的网页源代码时可以添加 timeout 参数来预防超时访问，配合 try_except 语句处理异常情况，可以有效防止因访问网页超时而导致代码无法继续运行的意外发生。

对数据进行爬取、清洗和生成数据文本文件的代码都与前文相同，但在最后需要用如下代码来运行自定义的函数。

```python
companys = ['腾讯', '会计', '金融', '互联网']
for company in companys:
    for i in range(2):
        try:
            sogou(company, i + 1)
            print(company + '第' + str(i + 1) + '页爬取成功')
        except:
            print(company + '第' + str(i + 1) + '页爬取失败')
time.sleep(2)
```

首先将关键词存放在一个列表中，然后设置两个 for 循环语句，第一个为参数 company 赋值，第二个为参数 page 赋值。

5.3.5　基础爬虫实践

本次实践爬取搜狗资讯上"金融""证券""京东""会计"四个关键词各两页的新闻内容。

1. 导入库并定义函数

```python
import requests
import re
```

```
import time

headers = {'User-Agent': 'Mozilla/5.0 (Windows NT 10.0; Win64; x64) AppleWebKit/537.36 (KHTML, like Gecko) Chrome/69.0.3497.100 Safari/537.36'}
def sogou(company, page):
    num = page
    #根据关键词和页数在网址中的规律编写网址
    url = 'https://www.sogou.com/sogou?query=' + company + '&interation= 1728053249&page=' + str(num)
    try:
        response=requests.get(url, headers=headers, timeout=10).text
    except:
        print('访问网页失败')
```

2. 根据网页源代码中的规律提取新闻的相关信息，编写匹配规则

```
p_title = '<h3 class="vr-title">.*?<a id=.*?href=".*?">(.*?)</a>'
p_href = '<h3 class="vr-title">.*?<a id=.*?href="(.*?)">.*?</a>'
p_source = '<p class="news-from text-lightgray">.*?<span>(.*?)</span>'
p_date = '<p class="news-from text-lightgray">.*?<span>.*?</span>.*?<span>(.*?)</span>.*?</p>'
title = re.findall(p_title,response,re.S)
href = re.findall(p_href,response,re.S)
source = re.findall(p_source,response,re.S)
date = re.findall(p_date,response,re.S)
```

3. 清洗数据并输出结果

```
for i in range(len(title)):
    title[i] = title[i].strip()
    title[i] = re.sub('<.*?>', '', title[i])              #删除无用内容
    href[i] = 'https://www.sogou.com' + href[i]
for i in range(len(title)):
    print(str(i + 1) + '. ' + title[i] + '(' + source[i] + ' ' + date[i] + ')')
    print(href[i])
```

4. 将数据导出至文本文件

```
file1 = open('D:\\搜狗数据.txt', 'a')
file1.write(word + '数据爬虫完成' + '\n'+'\n')
for i in range(len(title)):
    file1.write(str(i + 1) + '.' + title[i] + '(' + source[i] + ' ' + date[i] + ')'+'\n')
    file1.write(href[i]+'\n')
file1.write('—————————————' + '\n' + '\n')
file1.close()
```

5. 设置关键词和爬虫的页数

```
companys = ['金融', '证券', '京东', '会计']
for company in companyss:
    for i in range(2):                                    #设置页数，即range后括号中的数字
        try:
```

```
            sogou(companys,i+1)
            print(companys + '第' + str(i+1) + '页爬取成功')
        except:
            print(companys + '第' + str(i+1) + '页爬取失败')
    time.sleep(2)
```

5.3.6　Python 与 MySQL 的交互实践

以爬取搜狗网上多家公司的相关信息并存入数据库为例。

首先，在 MySQL 中创建一个名为"sogou"的数据库来存储爬取的数据，数据库排序规则选择 utf8_general_ci，基字符集选择 UTF-8。

然后，在创建好的数据库中新建名为"s1"的数据表；表中添加"company""title""date" "href"四种字段，类型都选择"VARCHAR"，长度都选择 1024。

最后运行代码，爬取数据并导入 MySQL。代码如下：

```python
import requests
import re
import pymysql

headers = {'User-Agent':'Mozilla/5.0 (Windows NT 10.0; Win64; x64) AppleWebKit/537.36 (KHTML, like Gecko)Chrome/92.0.4515.107 Safari/537.36'}
def sogou(company):

    #编写适用不同关键词的网址
    url = 'https://www.sogou.com/sogou?query=' + company + '&interation=1728053249 &page=1'
    response = requests.get(url, headers=headers, timeout=10).text

    #编写匹配规则
    p_title = '<h3 class="vr-title">.*?<a id=.*?href=".*?">(.*?)</a>'
    title = re.findall(p_title, response, re.S)
    p_date = '<p class="news-from textlightgray">.*?<span>.*?</span>.*?<span>(.*?)</span>.*?</p>'
    date = re.findall(p_date, response, re.S)
    p_href = '<h3 class="vr-title">.*?<a id=.*?href="(.*?)">.*?</a>'
    href = re.findall(p_href, response, re.S)

    #清洗数据
    for i in range(len(title)):
        title[i] = title[i].strip()
        title[i] = re.sub('<.*?>','',title[i])          #删除无用内容
        href[i] = 'https://www.sogou.com' + href[i]

    for i in range(len(title)):
        print(str(i + 1) + '.' + title[i] + '(' +' ' + date[i] + ')')
        print(href[i])

    #将爬取的内容导入MySQL
    for i in range(len(title)):
```

```
        db = pymysql.connect(host = 'localhost', port = 3306, user = 'root', password = '',
database = 'sogou', charset = 'utf8')
        cur = db.cursor()
        sql = 'INSERT INTO s1(company,title,href,date) VALUES (%s,%s,%s,%s)'
        cur.execute(sql, (company, title[i], href[i], date[i]))
    db.commit()
    cur.close()
    db.close()

companys = ['华为', '淘宝', '京东', '阿里巴巴']              #设置关键词
for company in companys:
    try:
        sogou(company)
        print(company + '爬取并存入数据库成功')
    except:
        print(company + '爬取并存入数据库失败')
```

结果如图 5-44 所示。

company	title	date	href
华为	【华为手机大全】华为手机官网报价_华为手机怎么样-ZOL中关村在线	1小时前	https://www.sogou.com/link?url=Wa
华为	【华为官网介绍】华为手机、笔记本电脑_华为(中国)公司简介-ZOL...	2024年1月26日	https://www.sogou.com/link?url=Wa
华为	【华为手机专区】报价 评测 导购 图片(华为)华为手机大全-ZOL中关...	2天前	https://www.sogou.com/link?url=Le
华为	华为知识文章 - 世界经理人	2022年4月22日	https://www.sogou.com/link?url=DS
华为	华为最新资讯-快科技--科技改变未来	2024年1月17日	https://www.sogou.com/link?url=he
华为	通信关键字：华为 — C114 中国通信网	2024-1-17	https://www.sogou.com/link?url=DS
华为	华为新闻_华为手机新闻_华为_手机中国	2023-12-9	https://www.sogou.com/link?url=he
华为	华为发布多款终端产品:平板系列上新 笔记本、智能手表全面升级	2023年5月18日	https://www.sogou.com/link?url=he
华为	华为官宣!签了_凤凰网	2023年11月19日	https://www.sogou.com/link?url=he
华为	华为_界面新闻	2023-12-28	https://www.sogou.com/link?url=he
淘宝	淘宝宣布:取消了!但是……	2023年11月25日	https://www.sogou.com/link?url=he
淘宝	太突然!淘宝宣布:取消!最新回应来了	2023年11月25日	https://www.sogou.com/link?url=he
淘宝	淘宝最新资讯-快科技--科技改变未来	2023年12月22日	https://www.sogou.com/link?url=he
淘宝	淘宝是谁创办的 淘宝是谁创始人	2021年6月30日	https://www.sogou.com/link?url=he
淘宝	淘宝上线"暖心版" 多项回馈活动陪消费者温暖过冬	2023年12月6日	https://www.sogou.com/link?url=he
淘宝	淘宝正式上线"夜淘宝"新版本!主打的就是一个陪伴	2023年7月17日	https://www.sogou.com/link?url=he
淘宝	淘宝20年,漫长又短暂的季节	2023年5月10日	https://www.sogou.com/link?url=he
淘宝	淘宝相关问题-淘宝教程大全-完美教程资讯	2023年7月30日	https://www.sogou.com/link?url=he

图 5-44　代码运行结果

参考文献

[1] 王宇韬，房宇亮，肖金鑫，等．Python 金融大数据挖掘与分析全流程详解[M]．北京：机械工业出版社，2019．

[2] 孟兵，李杰臣．零基础学 Python 爬虫、数据分析与可视化：从入门到精通[M]．北京：机械工业出版社，2021．

第6章

数据预处理：解析财经报告

6.1 批量下载 PDF 文件至指定位置

通过 Selenium 库可以爬取下载 PDF 格式的文件，以巨潮资讯网为例。打开巨潮资讯网，搜索关键词"金融"，可以发现大多数搜索结果都附带 PDF 格式的文件。由于在给搜索结果翻页时网址没有发生变化，因此可以使用 Selenium 库爬取多页搜索结果的网页源代码。

首先，通过 Selenium 库爬取巨潮资讯网中以"金融"为关键词的搜索结果的网页源代码。

```python
from selenium import webdriver
import re
import time

chrome_options = webdriver.ChromeOptions()
chrome_options.add_argument('--headless')
browser = webdriver.Chrome(options=chrome_options)
url = 'http://www.cninfo.com.cn/new/fulltextSearch?notautosubmit=&keyWord=金融'
browser.get(url)
time.sleep(2)
data = browser.page_source          #通过Selenium库爬取网页源代码
#print(data)                         #尝试输出网页源代码，检验代码是否运行成功
```

然后，创建一个空列表来存储网页源代码。使用 for 循环语句，用 XPath 法或 css_selector 法查找"下一页"的元素并模拟鼠标单击，使每次爬取完当前页的网页源代码后都会单击"下一页"按钮。由于网页源代码存储在之前创建的空列表中，而只有字符串才能使用正则表达式匹配，因此最后要将列表转换为字符串。代码格式为

```python
字符串 = '列表元素间的连接符'.join(列表)
```

完整示例代码如下：

```python
datas = []
datas.append(data)                  #添加第一页网页源代码至列表中
for i in range(2):                  #设置爬取页数
    browser.find_element_by_xpath('//*[@id="fulltext-search"]/div[2]/div/div/div[3]/div[3]/div[2]/div/button[2]').click()    #单击"下一页"
    time.sleep(1)
    data = browser.page_source
    datas.append(data)
alldata = ''.join(datas)            #将网页源代码列表转换为字符串
browser.quit()
```

此处 for 循环语句的循环次数是页数减 1，如果想爬取所有搜索结果中的 PDF 文件，就需要知道总页数。经过观察可以发现每页有十条搜索结果，页面底部有搜索结果的总数，由此得到总页数的计算公式。代码如下：

```
p_count = '<span class="total-box" style="">约(.*?)条'
count = re.findall(p_count, data)[0]
pages = int(int(count)/10)
print(pages)
```

由于 findall( )函数的结果是以列表形式呈现的,为了参与计算,需要在 findall( )函数结尾加[0]来提取列表元素,然后用 int(count)将列表元素转换为数字进行运算。因为总页数是整数,所以最后用 int( )函数将计算结果转换为整数。

获取网页源代码后,可以用正则表达式来提取搜索结果的标题和网址。

```
p_titLe = '<span title=".*?" class="secNameSuper">(.*?)</span>.*?<span class="tileSecName-content">(.*?)</span>'
title = re.findall(p_title, alldata)
p_href = '<a target="_blank" href="(.*?)" data-id='
href = re.findall(p_href, alldata)
p_date='<span class="time">(.*?)</span> '
date = re.findalL(p_date, alldata, re.S)
```

注意,此处提取的标题含有无用信息,网址也是残缺的,所以需要对数据进行处理。

```
for i in. range(len(title)):
    titLe[i] = str(title[i] )
    title[i] = re. sub('<.*?>', ", title[i])
    title[i] = re.sub(',', ", title[i])
    title[i] = re.sub('\", ", title[i])
    title[i] = title[i].strip()
    date[i] = date[i]. strip()
    date[i] = re.sub('<.*?>', ", date[i])
    href[i] = 'http://www.cninfo.com.cn' + href[i]
    href[i] = re.sub('amp;', ", href[i])
    print(str(i + 1) +'.'+ title[i] + '(' + date[i] + ')')
    print(href[i])
```

最后,下载 PDF 文件至指定的位置。通过 for 循环语句遍历网址,进入每个网址,模拟鼠标单击"下载"按钮,即可实现批量下载 PDF 文件。指定的位置如果没有对应文件夹,就会自动创建一个文件夹。

由于有些搜索结果中没有 PDF 文件,因此使用 try_except 语句防止程序报错。try 语句中模拟鼠标单击"下载"按钮,因为下载需要时间,所以需要设置间隔时间。

```
for i in range(len(href)):
    chrome_options = webdriver.ChromeOptions()
    chrome_options.add_argument('--headless')
    browser = webdriver.Chrome(options=chrome_options)

for i in range(len(href):
    chrome_options = webdriver.ChromeOptions()
    chrome_options.add_argument('--headless')
    browser = webdriver.Chrome(options=chrome_options)
```

```
    prefs = {'profile.default_content_settings.popups': , 'download.efault_directory':'D:\\公告}
    chrome_options.add_experimental_option('prefs', prefs)
    browser = webdriver.Chrome(chrome_options=chrome_options)
    browser. get(href[i])
    try:
        browser.find_element_by_xpath('//*[@id="noticeDetail"]/div/div[1]/div[3]/div[1]/button').click()
        time.sleep(1)
        print(str(i+1)+'.'+title[i]+'下载完毕')
    except:
        print(title[i]+'不是 PDF 文件')
```

6.2 解析单个 PDF 文件信息

6.2.1 解析 PDF 文件的文本内容

可以使用 pdfplumber 库解析 PDF 文件的文本和表格内容，其中的 extrac_text()函数可以解析 PDF 文件的文本内容。提取 PDF 文件中所有页的文本内容的示例代码如下：

```
import pdfplumber

pdf = pdfplumber.open('D:\\PDF 文件\\金融报告.PDF')    #打开对应位置的 PDF 文件
#pdf = pdfplumber.open('金融报告.PDF')                #打开放在代码文件夹中的 PDF 文件
pages = pdf.pages
text_all = []
for page in pages:
    text = page.extract_text()                       #提取每页的文本内容
    if text == None:
        continue
    text_all.append(text)
text_all = ''.join(text_all)                         #将提取的文本内容转换为字符串
print(text_all)
pdf.close()
```

首先，导入 pdfplumber 库并打开 PDF 文件。第 2~3 行代码是打开 PDF 文件的两种方式。第 2 行的方法是写明绝对路径，第 3 行的方法是直接打开放在代码文件夹中的 PDF 文件。

然后，用 pages 属性获取文件中所有页的信息，此处 pages 变量是一个列表。由于 extrac_text()函数不支持列表，因此需要对这个列表进行遍历。

接着，通过 for 循环语句对 PDF 文件中的每页都用 extrac_text()函数提取其文本内容并添加到之前创建的空列表 text_all 中。

最后，将 text_all 列表转换为字符串并打印输出，关闭 PDF 文件。

如果想提取指定页的文本内容，可以在 pages 列表中直接选取，然后用 extrac_text()函数解析并打印输出。以提取第一页的文本内容为例：

```
page = pages[0]
text = page.extract_text()
print(text)
```

6.2.2 解析 PDF 文件的表格内容

除了提取文本内容，还可以用 pdfplumber 库的 extract_tables()函数提取文件中的表格内容，并配合 Pandas 库使最终呈现的结果更加美观。示例代码如下：

```
import pdfplumber
pdf = pdfplumber.open('D:\\PDF 文件\\金融报告.PDF')
pages = pdf.pages
page = pages[1]                      #将 page 设置为表格所在页
tables = page.extract_tables()       #提取表格所在页中的所有表格
table = tables[0]                    #提取所有表格中的目标表格
print(table)
```

首先导入库并打开 PDF 文件，然后提取表格所在页的信息并用 extract_tables()函数提取表格，接着需要第几个表格就提取第几个表格，最后打印输出，输出结果如图 6-1 所示。

[['项目', '2021年6月30日/\n2021年1-6月', '2020年12月31日/\n2020年1-12月'], ['资产总额', '2,996.32', '3,684.85'], ['负债总额', '586.59',

图 6-1 提取表格的输出结果

可以看出，结果是大列表套小列表的层层嵌套的形式，不够清晰美观，可以用 Pandas 库来改变结果的展现形式。示例代码如下：

```
import pandas as pd
pd.set_option('display.max_columns', None)
df = pd.DataFrame(table[1:], columns=table[0])
```

代码第 1 行导入 Pandas 库，第 2 行显示所有列，第 3 行需要放在提取表格内容后，可以将表格排列整齐。最终效果如图 6-2 所示。

```
     项目  2021年6月30日/\n2021年1-6月  2020年12月31日/\n2020年1-12月
0  资产总额                 2,996.32                 3,684.85
1  负债总额                   586.59                 1,265.80
2  资产净额                 2,409.73                 2,419.05
3  营业收入                 1,305.33                 5,166.39
```

图 6-2 美化后的表格输出结果

可以发现，表格中仍存在一些换行符，破坏了整体的美观，所以用如下代码消除换行符。

```
for i in range(len(table)):
    for j in range(len(table[i])):
        table[i][j] = table[i][j].replace('\n','')
```

由于提取出的表格是嵌套结构的，因此代码第 1 行定位到大列表中的小列表，第 2 行才定位到小列表中的元素，最后用 replace( )函数将换行符替换成空值。完整示例代码如下：

```python
import pdfplumber
import pandas as pd

pd.set_option('display.max_columns', None)
pdf = pdfplumber.open('D:\\PDF文件\\金融报告.PDF')
pages = pdf.pages
page = pages[1]
tables = page.extract_tables()
table = tables[0]

for i in range(len(table)):                    #遍历大列表中的元素，即table[i]
    for j in range(len(table[i])):             #遍历小列表table[i]中的元素，即table[i][j]
        table[i][j] = table[i][j].replace('\n','')
df = pd.DataFrame(table[1:], columns=table[0])
print(df)
```

6.3 批量提取 PDF 文件信息

6.3.1 批量输出 PDF 文件的文本内容

输出多个 PDF 文件的文本内容需要先用如下代码遍历目标文件。

```python
import os

file_dir = 'D:\\PDF文件'
file_list = []
for files in os.walk(file_dir):
    for file in files[2]:
        if os.path.splitext(file)[1] == '.pdf' or os.path.splitext(file)[1] == '.PDF':
            file_list.append(file_dir + '\\' + file)
print(file_list)
```

首先导入 os 库并设置存储 PDF 文件的文件夹路径，然后用 for 循环语句遍历 os.walk( )的返回值（os.walk( )是一个简单易用的文件、目录遍历器）。os.walk( )的返回值由当前遍历目录的相对路径、当前目录的子目录名称（不包括子目录）和当前目录中的文件名称（不包括子目录）三部分组成，此处只需当前目录中的文件名称，所以用 for 循环语句遍历返回值中的第三个部分。为了防止混入其他类型的文件，可以用 if 语句筛选出所有 PDF 文件。最后将文件夹路径和文件名称组合在一起，获得所有 PDF 文件的绝对路径。

输出结果形式如图 6-3 所示。

['D:\\PDF文件_ST乐材：中国国际金融股份有限公司关于上市公司本次发行股份购买资产并募集配套资金不构成重组上市的核查意见.PDF', 'D:\\PDF文件_ST乐材：中国国

图 6-3　输出结果形式

获得所有 PDF 文件的绝对路径后，只需要通过 for 循环语句遍历所有文件，在每次循环时输入对应文件的绝对路径，即可批量输出 PDF 文件的文本内容。

完整示例代码如下：

```
#遍历文件
import os
import pdfplumber

file_dir = 'D:\\PDF文件'
file_list = []
for files in os.walk(file_dir):
    for file in files[2]:
        if os.path.splitext(file)[1] == '.pdf' or os.path.splitext(file)[1] == '.PDF':
            file_list.append(file_dir + '\\' + file)
print(file_list)

#解析文件
for i in range(len(file_list)):
    pdf = pdfplumber.open(file_list[i])
    pages = pdf.pages
    text_all = []
    for page in pages:
        text = page.extract_text()
        text_all.append(text)
    text_all = ''.join(text_all)
    print(text_all)
pdf.close()
```

6.3.2　筛选并转移 PDF 文件

在批量提取 PDF 文件的文本内容后，可以根据文本内容中的关键词筛选 PDF 文件。与 5.3.2 节筛选数据类似，使用 if 语句筛选需要的 PDF 文件。示例代码如下：

```
pdf_all = []
for i in range(len(file_list)):
    pdf = pdfplumber.open(file_list[i])
    pages = pdf.pages
    text_all = []
for page in pages:
    text = page.extract_text()
    text_all.append(text)
text_all = ''.join(text_all)
if('基金' in text_all) or ('会计' in text_all):     #设置要筛选的关键词
    pdf_all.append(file_list[i])                    #将含有关键词的文件添加到列表中
```

```
else:
    print('no')
print(pdf_all)
```

代码的思路是首先创建一个存储筛选出的 PDF 文件绝对路径的空列表，在获取文本内容后用 if 语句进行筛选，将含有关键词的文件添加到空列表中。

筛选出特定的 PDF 文件后可以将这些文件转移到指定的文件夹中，方便与其他文件区分。相关代码如下：

```
for pdf_i in pdf_all:
    newpath = 'D:\\新PDF文件\\' + pdf_i.split('\\')[-1]
    os.rename(pdf_i, newpath)
```

第 1 行：用 for 循环语句遍历筛选出的文件路径。

第 2 行：设置转移后的路径，将指定的文件夹路径和 PDF 文件名组合成新的绝对路径。这里的文件名用 split()函数分割原路径得到。注意，指定的新文件夹需要提前创建好。

第 3 行：用 os.rename()函数对筛选出的文件及目录进行重命名，实现转移文件的效果。括号内的第一个参数为原路径，第二个参数为新路径。

完整示例代码如下：

```
import os
import pdfplumber

file_dir = 'D:\\PDF文件'
file_list = []

#筛选出所有PDF文件
for files in os.walk(file_dir):
    for file in files[2]:
        if os.path.splitext(file)[1] == '.pdf' or os.path.splitext(file)[1] == '.PDF':
            file_list.append(file_dir + '\\' + file)
print(file_list)

#提取PDF文件的文本内容
pdf_all = []
for i in range(len(file_list)):
    pdf = pdfplumber.open(file_list[i])
    pages = pdf.pages
    text_all = []
    for page in pages:
        text = page.extract_text()
        text_all.append(text)
    text_all = ''.join(text_all)

#筛选含有关键词的PDF文件
    if('基金' in text_all) or ('会计' in text_all):
        pdf_all.append(file_list[i])
    else:
```

```
        print('no')
print(pdf_all)
pdf.close()

#转移筛选出的PDF文件
for pdf_i in pdf_all:
    newpath = 'D:\\新PDF文件\\' + pdf_i.split('\\')[-1]
    os.rename(pdf_i, newpath)
```

参考文献

[1] 王宇韬，房宇亮，肖金鑫，等. Python金融大数据挖掘与分析全流程详解[M]. 北京：机械工业出版社，2019.

[2] 孟兵，李杰臣. 零基础学Python爬虫、数据分析与可视化：从入门到精通[M]. 北京：机械工业出版社，2021.

第 7 章

数据预处理：手写票据的光学字符识别

本章的代码运行环境，推荐使用 Linux 64 位操作系统（如 Ubuntu 20.04），并且用 Anaconda 3 管理函数库。如果使用 Windows 操作系统或不使用 Anaconda 3 管理函数库，那么无法保证能够通过 OpenVino Zoo 自动下载模型，无法保证模型成功运行。对于 Windows 操作系统的兼容性问题，解决方案在每台计算机上差异很大，主要思路是找到相关的依赖库并安装。用于实现本案例的计算机，最小内存空间为 4 GB，硬盘空余至少为 512 MB。本章案例依赖 Python 3.10 运行。

7.1　问题场景

前面的章节已经介绍了表格、网络信息、PDF 文件的预处理，这些信息的共同点是数据来自计算机文件。计算机文件中的数据预处理本质上是格式转换和信息提取，原本的格式中已经包含了所需的信息。而本章将介绍手写票据的数据预处理。

新闻片段《"智慧税务"贴心又省心》（2022 年 12 月）

　　发票申领越来越方便的背后，是发票电子化改革的逐步深入。2021 年，国家税务总局建成了全国统一的电子发票服务平台，并于当年 12 月 1 日在试点地区成功推出全面数字化的电子发票，24 小时在线免费为纳税人提供发票开具、交付、查验等服务，实现发票全领域、全环节、全要素电子化，为推动税收征管数字化转型提供有利条件。

　　今年 9 月，国务院办公厅发布的《关于进一步优化营商环境降低市场主体制度性交易成本的意见》提出，2022 年底年前，实现电子发票无纸化报销、入账、归档、存储等。

目前，企业重要的历史生产经营资料被以手写票据的形式保存。在需要纸质件签字、盖章、留作凭证的场景里，在潮湿、高温或低温等不宜使用电子设备的场景里，如工厂生产车间，企业还在不断产生新的手写票据。

会计信息化、无纸化是审计发展的社会趋势，其中一个重要的步骤就是手写票据的电子化。只有手写票据电子化，才能将更多时间更早的、形式更丰富的生产经营信息录入数字化审计大系统里，所以识别手写票据内容是大数据审计的必要预处理步骤。在企业实现审计电子化的过程中，识别手写票据应用的主要技术是光学字符识别。手写票据的光学字符识别是一项自动化审计的基础工具，是建立智能审计应用的基础。

识别手写票据的场景非常宽泛：数据样式层面，包括卷式机打小票、平推式机打小票、手写收据、手写转账凭证、手写报销单和采购清单、车船票和门票；识别方法层面，包括原始凭证影印录入、凭证文本信息录入、验真验重和数据库核对录入。

凭证文本信息录入的特例

（1）POS 机接入银行系统，为了金融安全，企业开发的审计应用通常不允许接入 POS 机获取数据，也不允许从网上银行直接调取账单，所以录入这些交易记录的唯一途径是，用 POS 机打印卷式机打小票或平推式机打小票，再通过光学字符识别录入其上信息。

（2）在大部分地区，车船由当地公路铁路或航运公司运营，只承担当地短途交通的作用，并未接入全国路网，也并未接入全国票务系统。在报销侧，业务人员的行程是不确定的，所以与全国的这些小型交通公司桥接数据是不现实的，而通过光学字符识别录入业务人员取回的票据更容易一些。

在这些场景中，手写字符的光学字符识别比机打字符更难；并且，凭证文本信息录入是智能化的核心步骤，也是验真、验重、与数据库核对的基础。本章聚焦手写票据的文本信息录入，即从原始凭证的影印文件开始，到按字段录入票据上的全部信息结束。

细分这个场景，又有许多技术层面上殊异的案例，而本章所用的案例，介绍批量录入同种手写表格型票据的通用方法，具体要求如下。

❖ 批量录入：同时处理一批同种票据，而不是每次运行时只处理一张票据，票据识别的数量每次可以超过 50 张。

❖ 同种：票据使用同种模板，意义相同的字段处于不同票据的大致相同的相对位置。

❖ 表格型：票据的主要内容被包含在一个表格中，有明显的外框线。

特别强调，当需要识别不同种类的票据时，可以使用清分机，先分离票据的种类，再依次识别同种票据。

手写票据识别的流程如图 7-1 所示，包括 3 个模块：表格和单元格定位、单元格配准、单元格内容识别。

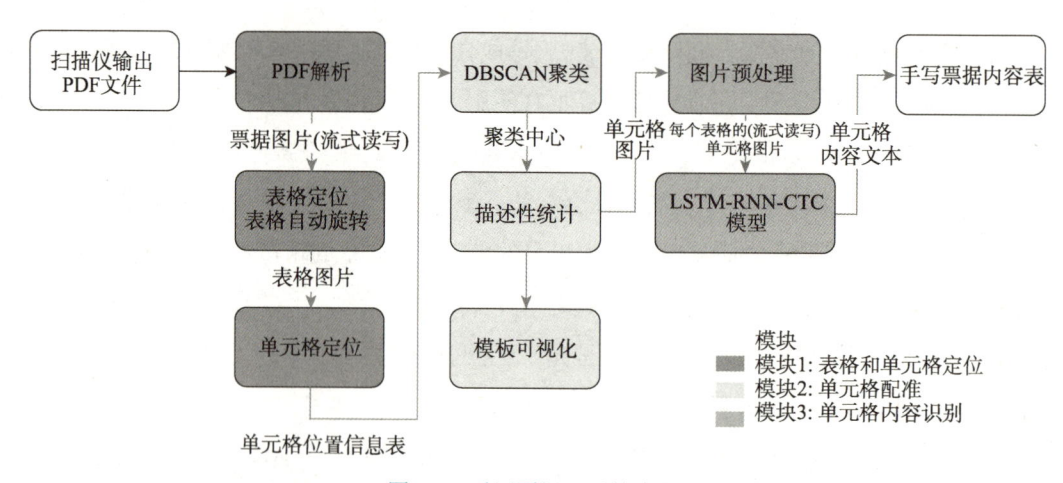

图 7-1 手写票据识别的流程

表格和单元格定位模块中，介绍计算机视觉算法，如图像的存储和读写、边框识别、图片的线性变换等。单元格配准利用了批量处理的特性，通过聚类算法将每张票据上相同位置的单元格匹配起来。单元格内容识别模块使用 LSTM-RNN-CTC 模型识别单元格图片中的文字。

本章案例使用 Linux 操作系统，Anaconda 3 管理的 Python 3.10 编程环境，使用的第三方函数库保存在 requirements.txt 中。在已经安装好 Python 3.10 并激活该环境的情况下，在终端中输入以下命令，可以安装同样的编程环境。

```
pip install -r requirements.txt
```

在 Linux 操作系统中，输入以下命令，然后按提示安装 Anaconda 软件。其中 Anaconda 镜像源地址记作$url（如清华大学 Anaconda 镜像源地址）。如果失效，请使用搜索引擎搜索新的镜像源地址。

```
wget $url/Anaconda3-2021.05-Linux-x86_64.sh sh ./Anaconda3-2021.05-Linux-x86_64.sh
```

随着版本更新，Anaconda3-2021.05-Linux-x86_64.sh 可能变成不同的名称，请根据需要选择合适的版本。

根据提示安装完成后，在~/.bashrc 文件中添加如下程序，一般 Anaconda 3 在安装时将自动完成这个过程。

```
# >>> conda initialize >>>
# !! Contents within this block are managed by 'conda init' !!
_conda_setup="$('/usr/local/Anaconda/bin/conda' 'shell.bash' 'hook' 2> /dev/null)"
if [ $? -eq 0 ]; then
    eval "$_conda_setup"
else
    if [-f "/usr/local/Anaconda/etc/profile.d/conda.sh"]; then
        . "/usr/local/Anaconda/etc/profile.d/conda.sh"
    else
        export PATH="/usr/local/Anaconda/bin:$PATH"
    fi
fi
unset _conda_setup
# <<< conda initialize <<<
```

使用 Vim 编辑器

修改文本文件的命令为

```
vim ~/.bashrc
```

进入文本浏览状态后，按 i 键，进入编辑模式，使用方向键移动光标，在文档末尾粘贴要添加的程序。按 Esc 键，退出编辑模式，再输入":wq"，保存并退出文本编辑器。

保存文件后退出、重新登录，操作 conda 环境的命令如下。

① 创建新环境。环境名称可为任意符合变量名规则的名称，记作$environment_name。

```
conda create -n $environment_name python=3.10
```

② 激活环境：

```
conda activate ocr
```

③ 退出虚拟环境：

```
conda deactivate
```

④ 删除环境：

```
conda remove -n ocr -all
```

如上所述，可以创建多个虚拟环境，编写不同的程序。

随书提供的电子文件中，本章的程序中有三种不同样式的手写票据，本章以第一种样式为例，介绍手写票据识别的流程；读者可以使用其他样式的手写票据，复现类似的结果。在实际业务中，整理手写票据前通常使用高清扫描仪将图像信息录入计算机，本案例模拟这个过程，从单色 PDF 影印文件开始分析。

扫描仪

扫描仪通常会将扫描结果保存为高清 PDF 文件。如果可以直接连接扫描仪硬件，即可直接定义扫描参数。扫描后的图片与纸质件不同，图片的颜色空间是离散的，像素也是离散的，其中有两个重要参数：PPI 和颜色空间。如果得到的是扫描仪输出的高清 PDF 文件，而无法直接控制扫描仪的参数，就要将 PDF 文件对应的 PPI 和颜色空间转换成文字识别所需的。这里不需要考虑 PDF 文件中复杂的属性，只需将文件页面上显示的内容，即扫描的内容保存成图片即可。每页保存成 1 张图片。

DPI 是一种打印机的规范，代表每英寸长度有多少个点，类似的概念在图片中称为 PPI，在这个例子中，代表"PDF 标为 1 英寸的长度，用多少像素表示"。遵循国际学术期刊对彩色实验图片的分辨率要求，将 PDF 扫描件转化为 PPI=300 的图片。

类似地，人眼可见的光线是连续的，而计算机只能存储离散的数值，所以我们要将扫描仪得到的连续可见光用一组近似的整数值表示，这种表示颜色的规范称为颜色空间。计算机默认的颜色空间是 RGB，即以某种内置于显示器的红、绿、蓝光源为基准，分别以[0,255]的整数表示光源的强度，三种光源混合为一种颜色。在字符识别中，票据的颜色对字符识别的结果不重要，所以最好使用灰度颜色空间，即以 1 个整数 p（$0 \leqslant p \leqslant 255$）表示颜色。其中，255 是白色，0 是黑色，介于中间的数值是灰色。

定义了 PPI 和颜色空间后，使用 PDF 解析函数处理扫描件，输出 PPI=300 的灰度颜色空间的图片。假设在 PPI=300 的设置下，该图片的宽度和高度分别为 w、h 像素，则 PDF 解析的结果是一个 $h \times w \times 1$ 的数组，其中数组的第 3 个维度"1"表示灰度图片使用 1 个颜色通道，即只用 1 个整数表示颜色。

7.2 表格和单元格定位

表格和单元格定位是使用计算机视觉算法,从手写票据的影印文件开始,得到票据中所含表格的每个单元格的位置和尺寸。表格和单元格定位模块有 4 个重要步骤。

(1)解析 PDF 文件。本步骤的重点是内存管理,即随着处理的图片数量增加,程序占用的内存不应有明显增加。

(2)将表格作为一个整体,定位表格的位置。

(3)自动旋转表格至水平方向。

(4)定位每个单元格的位置,形成单元格位置列表,包含单元格的相对位置和尺寸。

项目文件夹

新建一个项目文件夹 Handwriting-Tickets-OCR,下文中提到的文件路径都是基于项目文件夹的相对路径。例如,如果项目文件夹的位置是~/Handwriting-Tickets-OCR,下文提到 tickets/table_layout.py 时,那么该文件的实际位置是~/Handwriting-Tickets-OCR/tickets/table_layout.py。

创建 tickets/table_layout.py 文件,文件开头使用以下程序引入第三方函数库。

```python
import pypdfium2 as pdfium
import cv2
import numpy as np
import pandas as pd
```

pypdfium2 函数库的主要作用是解析 PDF 格式的文件,cv2 是 OpenCV-Python 计算机视觉算法库,可以对图片进行旋转、裁切、改变颜色、绘画等操作,numpy 是用于处理数据的科学计算函数库,pandas 用于操作数据表。

7.2.1 PDF 文件解析

PDF 文件解析步骤的目的是将一个 PDF 文件解析成一批图片,需要设计一个函数:输入是 PDF 文件路径,输出是一个列表,列表中的每个元素都是一张图片。

在 tickets/table_layout.py 文件中创建函数:

```python
def pdf_to_image(path):
    pages = []                          #以后替换为功能片段
    return pages
```

这将引入一个问题：存储图片所需的空间随图片数量线性增加。如果一个分析批次中有 400 张图片，占用的内存空间就是处理 100 张图片的 4 倍。

这样做有必要吗？事实上是没有的。在大部分步骤中，不同图片是独立进行分析的，分析一张图片不需要使用来自其他图片的信息。需要综合所有图片的统计步骤只在单元格配准模块出现，而单元格配准只需单元格的位置，而不需具体的图片内容。所以，这个函数的返回值应该是一个生成器，可以被遍历，但每次只处理一张图片，分析完毕就将其从内存空间中释放，再处理下一张图片。

tickets/table_layout.py 文件中的函数应写作如下形式：

```python
def pdf_to_image(path):
    pages_generator = iter(())                           #以后替换为功能片段
    return pages_generator
```

在项目文件夹中创建文件 1_bulk_recognition.py，该文件用于控制分析的总流程，以如下形式调用上述函数。

```python
from tickets.table_layout import pdf_to_image
import pickle

filename = 'data/style1.pdf'
pages_generator = pdf_to_image(filename)
with open(f'raw/style1_tables.pkl', 'wb') as f:
    for page, channel in pages_generator:
        table = page                                     #以后替换为分析片段
        pickle.dump(table, f)
```

第 4 行中，pdf_to_image() 函数创建了一个生成器。第 5 行创建了一个缓存文件，每次从生成器读取一张图片到 page 变量。处理完毕的图片被追加写入缓存，page 变量被赋值为下一张图片。此时，上一张图片的内容实际已被覆盖，page 对应的内存空间被反复使用，所以随着图片的增多，内存没有明显增加。

具体到函数中的功能片段，通过查阅 pypdfium2 函数库的帮助文档，可知 pdfium.PdfDocument.render_to() 函数可以完成生成器的功能。

```python
def pdf_to_image(path):
pdf = pdfium.PdfDocument(path)
pages_generator = pdf.render_to(pdfium.BitmapConv.numpy_ndarray,
                                page_indices=page_indices,
                                scale=300 / 72,              # scale unit: 72 dpi
                                greyscale=True)
return pages_generator
```

其中，参数 scale 表示 PPI 的 1/72，可以根据实际需要自由调整。例如，示例代码中的 300/72 表示 PPI=300，greyscale=True 表示将图片表示为单色。

可以使用 cv2.imwrite() 函数保存一张图片，检验本步骤结果的正确性。

票据图片如图 7-2 所示。

图 7-2　票据图片

演示代码如下：

```
from tickets.table_layout import pdf_to_image
import cv2

filename = 'data/style1.pdf'
pages_generator = pdf_to_image(filename)
page, channel = next(pages_generator)
cv2.imwrite('results/style1_page0.jpg', page)
```

7.2.2　表格定位

表格定位的目的是使意义相同的单元格处于图片中相近的相对位置，如图 7-3 所示。

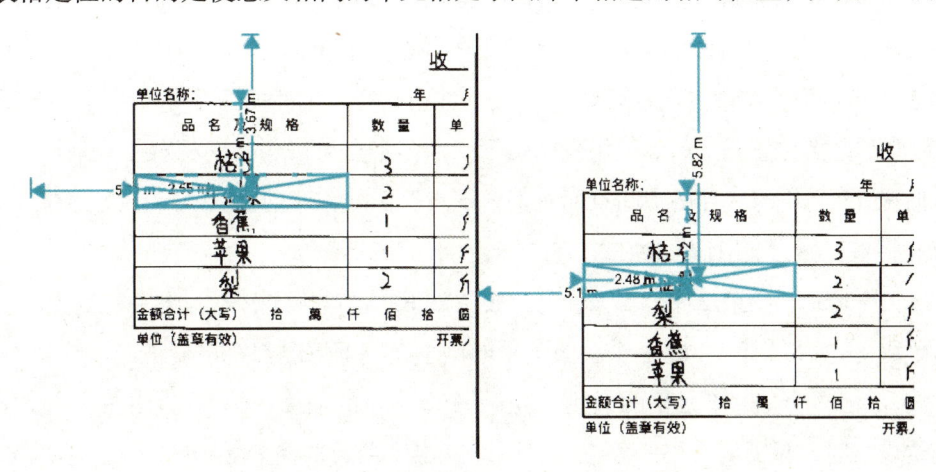

图 7-3　表格定位的意义

例如两张不同的票据，当票据图片缩放到相同大小时，意义相同的单元格"品名及规格"第 2 项的中心点，与表格外框线的距离分别为 (2.55,2)、(2.48,2)，与票据图片边缘的距离分

121

别为(5.11,3.67)、(5.1,5.82)。可以得知，单元格中心点与表格外框线的距离是相近的，但是与图片边缘的距离不能保证相近。

为了解决这个问题，表格定位的位置是一个重要的步骤。除了作为单元格定位的基础，表格定位还有其他作用：

- ❖ 案例目标是识别表格中的内容，而表格以外的其他文字都不重要，如"收据""单位名称""单位（盖章有效）""开票人"等。定位表格的同时，这些区域将被丢弃。
- ❖ 避免扫描时受光影影响形成的不规则图案被误认为文字，如图 7-2 中表格左侧空白区域的黑色噪点。

在 tickets/table_layout.py 文件中，创建 locate_table( )函数实现本步骤：

```
def locate_table(img):
    ...                              #以后插入功能片段
    return img
```

表格一定有表格框线，即轮廓。在计算机视觉中，单色图片是一个取值范围为[0, 255]整数的数值矩阵，习惯性定义黑色是 0，白色是 255。轮廓是由非零数值围成的封闭区域。在图 7-2 中，白色即数值 255 为背景，不便计算，所以要对图片进行反色。反色算法是将图片中的每个像素 p 映射到 $255-p$，即变成黑色背景和白色信息。

在 locate_table( )函数中，写入以下代码行：

```
img = cv2.bitwise_not(img)
```

接着，可以使用寻找轮廓的函数：

```
contours, hierarchy = cv2.findContours(img, cv2.RETR_EXTERNAL, cv2.CHAIN_APPROX_SIMPLE)
```

cv2.findContours( )的第 3 个参数是 cv2.CHAIN_APPROX_SIMPLE，规定轮廓用一个不定长度的序列表示。序列中的每个元素都是图片上的一个点的坐标 (x_i, y_i)。其中，x_i 表示数组的列，即水平方向上距离左边界的像素数；y_i 表示数组的行，即垂直方向上距离上边界的像素数。给定轮廓的起始位置 (x_1, y_1)，如果轮廓接下来的多个点与 (x_1, y_1) 的相对位置是水平、竖直和水平方向呈 45°夹角的，省略中间点而只保留端点。例如，序列 {(1,1),(2,2),(3,3),(4,3),(5,3),(5,4),(5,5)} 将被存储为 {(1,1),(3,3),(5,3),(5,5)}。

cv2.findContours( )的第 2 个参数 cv2.RETR_EXTERNAL 规定，不深入一个轮廓的内部寻找其他（子级）轮廓。图 7-4 是一个层级关系的例子，以下情况都有可能被认为轮廓：① 表格的外框线；② 多个相邻单元格的框线；③ 一个单元格的框线；④ 有封闭图案的文字。

在定位表格时，只需要表格的外框线。所以第 2 个参数选择 cv2.RETR_EXTERNAL，找到所有的轮廓并选择面积最大的，就是表格区域。在 locate_table( )函数中继续写入以下片段。

```
size = [cv2.contourArea(x) for x in contours]
largest_outer_contour = contours[np.argmax(size)]
```

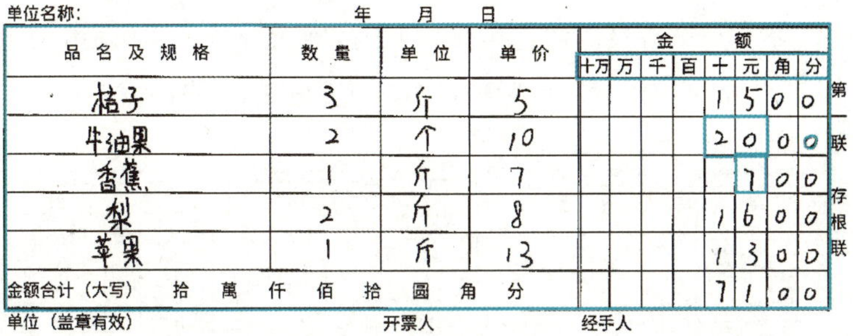

图 7-4 可能的单元格轮廓

轮廓是图片中非零数值的位置,所以是不规则形状的;寻找表格区域时,需要取最大轮廓的包络矩形。

```
x, y, w, h = cv2.boundingRect(largest_outer_contour)
```

该函数最终返回包络矩形区域,也就是表格区域。完整的函数如下所示。

```
def locate_table(img):
    img = cv2.bitwise_not(img)
    contours, hierarchy = cv2.findContours(img, cv2.RETR_EXTERNAL, cv2.CHAIN_APPROX_SIMPLE)
    size = [cv2.contourArea(x) for x in contours]
    largest_outer_contour = contours[np.argmax(size)]
    x, y, w, h = cv2.boundingRect(largest_outer_contour)
    return img[y:y + h, x:x + w]
```

此时,流程控制文件 1_bulk_recognition.py 的内容如下:

```
from tickets.table_layout import pdf_to_image, locate_table
import pickle

filename = 'data/style1.pdf'
pages_generator = pdf_to_image(filename)
with open(f'raw/style1_tables.pkl', 'wb') as f:
    for page, channel in pages_generator:
        table = locate_table(page[:, :, 0])
        pickle.dump(table, f)
```

其中,locate_table()函数的输入参数是 page[:, :, 0]。

因为数组 page 的 axis=2 维度表示颜色通道,而且是单色图片,颜色通道的数量为 1,我们只关心图片的横纵坐标,所以取消 axis=2 维度。

7.2.3 表格自动旋转

有时表格是倾斜的,而裁剪表格或单元格时都会保留一个平直的矩形区域。如果单元格是倾斜的,那么单元格的外边框和部分相邻单元格的内容都会进入视野,这会降低识别结果的准确性。所以,需要将表格自动旋转到水平方向。

如图 7-5 所示，贴合整个表格的蓝色实线，代表裁剪后经过算法识别的表格区域；贴合"夏威夷果"单元格的蓝色实线，代表裁剪后经过算法识别的单元格区域。

图 7-5 倾斜的表格

在旋转表格时，当表格向左倾斜（左侧低于右侧）或向右倾斜（左侧高于右侧）时，应向不同方向和角度旋转，所以应区别讨论。

倾斜的表格仍然可以看成一个矩形。按照 cv2 函数库的规则，矩形与水平方向的夹角，总是以矩形的最高点为顶点，以顶点右侧的邻边与水平方向的夹角表示，如图 7-6 中的 $\angle \alpha$。当表格向左倾斜时，顶点右侧的邻边是右框线，和水平方向的夹角大于 45°；当表格向右倾斜时，顶点右侧的邻边是上框线，与水平方向的夹角小于 45°。如果扫描时文字水平方向与扫描仪预设水平方向的夹角大于 45°，那么算法无法自动校正，需要在扫描时手工整理改正。在向左和向右倾斜时，顶点与倾角有不同含义，需要旋转的方向也不同，所以需用不同的公式分别处理。正确位置的各顶点坐标的顺序如图 7-6 所示。

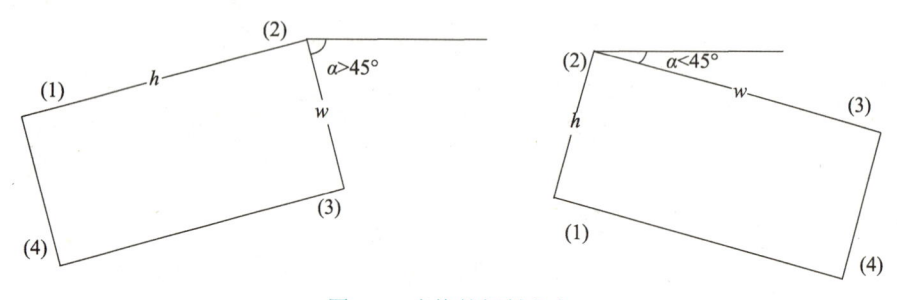

图 7-6 表格的倾斜方向

接着，将倾斜的矩形拉伸成合适尺寸的平直矩形。当向左倾斜时，长边记作 h、短边记作 w。当旋转到正确位置时，顶点的坐标依次是 $(0,0),(h,0),(h,w),(0,w)$。旋转后的坐标用两个整数表示，其中第一个整数表示水平方向距离左边界的像素数，第二个整数表示垂直方向距离上边界的像素数。当向右倾斜时，长边记作 w 而短边记作 h，当旋转到正确位置时，顶点的坐标依次是 $(0,h),(0,0),(w,0),(w,h)$。此时已知倾斜表格和正确位置的顶点坐标，于是可以通过梯形校正公式将原图的区域拉伸到正确位置，完成表格旋转。

在 tickets/table_layout.py 中创建 locate_table_rotate( )函数并复制 locate_table( )函数的内容，对得到了最大轮廓后的部分进行修改：

```
def locate_table_rotate(img):
    img = cv2.bitwise_not(img)
    contours, hierarchy = cv2.findContours(img, cv2.RETR_EXTERNAL, cv2.CHAIN_APPROX_SIMPLE)
    size = [cv2.contourArea(x) for x in contours]
    largest_outer_contour = contours[np.argmax(size)]
    #表格旋转部分
    return img
```

首先，cv2.boundingRect( )函数返回包络轮廓的平直矩形（Straight Bounding Rectangle），而 cv2.minAreaRect( )函数返回包络轮廓的面积最小的矩形，可以是倾斜的（Rotated Rectangle）：

```
box = cv2.minAreaRect(largest_outer_contour)
```

取得矩形的尺寸和顶点：

```
w, h = box[1]
source_points = cv2.boxPoints(box)
```

对返回的倾斜角度分类讨论，根据理论公式，将倾斜的矩形拉伸为合适大小的平直矩形：

```
if box[2] > 45:                            #左侧低，右侧高
    destination_points = np.array([[0, 0], [h, 0], [h, w], [0, w]])
    transformation =    cv2.getPerspectiveTransform(source_points.astype('float32'),
destination_points.astype('float32'))
    rotated_table = cv2.warpPerspective(img, transformation, (int(h), int(w)))
else:                                      #左侧高，右侧低
    destination_points = np.array([[0, h], [0, 0], [w, 0], [w, h]])
    transformation =    cv2.getPerspectiveTransform(source_points.astype('float32'),
destination_points.astype('float32'))
    rotated_table = cv2.warpPerspective(img, transformation, (int(w), int(h)))
```

完整的 locate_table_rotate( )函数如下：

```
def locate_table_rotate(img):
    img = cv2.bitwise_not(img)
    contours, hierarchy = cv2.findContours(img, cv2.RETR_EXTERNAL, cv2.CHAIN_APPROX_SIMPLE)
    size = [cv2.contourArea(x) for x in contours]
    largest_outer_contour = contours[np.argmax(size)]
    if box[2] > 45:                            #左侧低，右侧高
        destination_points = np.array([[0, 0], [h, 0], [h, w], [0, w]])
        transformation =    cv2.getPerspectiveTransform(source_points.astype('float32'),
destination_points.astype('float32'))
        rotated_table = cv2.warpPerspective(img, transformation, (int(h), int(w)))
    else:                                      #左侧高，右侧低
        destination_points = np.array([[0, h], [0, 0], [w, 0], [w, h]])
        transformation =    cv2.getPerspectiveTransform(source_points.astype('float32'),
destination_points.astype('float32'))
        rotated_table = cv2.warpPerspective(img,transformation,(int(w), int(h)))
```

```
        return rotated_table
```

在 1_bulk_recognition.py 文件中将 locate_table()函数替换为 locate_table_rotate()函数。

7.2.4 单元格定位

由图 7-4 可知，表格内部的轮廓的层次结构是非常混乱的。相比整理轮廓的层次结构，从另一种途径思考如何获得单元格更可行。

一个机器学习模型必须在准确性（Precision）和召回率（Recall）中作平衡。在本案例中，准确性指模型判定为单元格的轮廓确实是一个单元格的概率；召回率指表格中的每个单元格被模型判定为单元格的概率。随着召回率的提高，也就是有越来越多的单元格被模型识别到，算法返回的结果中也一定会有越来越多的"杂质"，即并非单元格的轮廓。

票据识别的目的，是尽可能多地录入票据中的信息。模型设计者此时有两种选择：

- ❖ 设计一个高准确性、低召回率的模型。此时算法返回的结果几乎不需要整理，代价是会遗漏许多票据中的信息。
- ❖ 设计一个高召回率、低准确性的模型。此时票据中几乎所有的信息都被录入，但算法会返回许多冗余的字段和没有意义的字段。

对第二种选择，只要在最终的表格中删除不需要的列即可，在这个场景下是更优的选择。在 tickets/table_layout.py 中，创建以下函数实现单元格定位：

```
def cells_position(img, table_id):
    ...                                          #以后插入功能片段
    return
```

特别地，此函数增加了一个参数——票据编号。在接下来的单元格配准中，只需用到单元格的位置，不需用到图片内容。为了节约内存空间，图片在本函数结束后不再被使用，而一个包含了票据编号、表格尺寸、单元格坐标和尺寸的数据表被返回。票据编号能帮助区分单元格来自哪张表格，在之后的分析流程中有用处。

根据上述分析，在 cells_position()函数内开始编写功能片段。首先，提取所有单元格轮廓：

```
contours, hierarchy = cv2.findContours(img, cv2.RETR_LIST, cv2.CHAIN_APPROX_SIMPLE)
```

其中，cv2.findContours()函数的第二个参数 cv2.RETR_LIST 代表以列表形式返回轮廓，不计算轮廓之间的层级关系。

不过，这并不意味着模型设计者不需要考虑准确性；在保证召回率的情况下，最好仍然尽量提高准确性。可能的方法如下。

- ❖ 根据单元格可能的大小，过滤面积太大或太小的轮廓。面积太大的轮廓一定是由许多单元格共同组成的，包括表格外框线。

❖ 由封闭笔画构成的轮廓，因为每张票据中的文字不同，所以在其他票据的同一相对位置，不一定有相同的轮廓。因此，可以通过单元格配准过滤部分这类轮廓。事实上，这类轮廓的比例不低。

上述第二种方法将在单元格配准部分单独讲述，以下讨论第一种方法。

记表格的横向长度（宽度）为 w，纵向长度（高度）为 h。轮廓围成的面积不大于 $0.9wh$ 像素，不小于 784 像素，且不小于 $6\times10^{-4}wh$ 像素。

```
h, w = img.shape
sq_lb, sq_ub = max(784, h * w * 6e-4), h * w * 0.9
```

完成表格旋转后，单元格是轮廓的包络矩形：

```
positions = np.array([cv2.boundingRect(x) for x in contours
                      if sq_lb < cv2.contourArea(x) < sq_ub])
```

单元格的面积大于轮廓，虽然已筛选出面积不大于 $0.9wh$ 像素的轮廓，单元格面积仍可能大于该值，所以在根据筛选出的轮廓找到需识别的单元格后，应再次直接筛选单元格的面积，去除超过阈值的单元格：

```
positions = positions[positions[:, 2] * positions[:, 3] < sq_ub, :]
```

以上系数为经验规律，足以应对大部分情况，但特殊情况下还应调整。例如，如果表格有很大的备注栏，应上调面积过滤的上界；如果表格内容非常细密，应下调面积过滤的下界。

784 像素

不建议调整"不小于 784 像素"项。784 像素是 MNIST 手写数字识别数据集中，包含单个数字的图片的最小面积。如果轮廓围成的面积小于 784 像素，文字不再清晰可辨，即使确实是单元格，也没有很好的识别效果。这个阈值通常用于过滤字符笔画构成的轮廓。

最后，函数返回单元格配准部分需要的信息。完整的 cells_position() 函数如下：

```
def cells_position(img, table_id):
    contours, hierarchy = cv2.findContours(img, cv2.RETR_LIST, cv2.CHAIN_APPROX_SIMPLE)
    h, w = img.shape
    sq_lb, sq_ub = max(784, h * w * 6e-4), h * w * 0.9
    positions = np.array([cv2.boundingRect(x) for x in contours
                          if sq_lb < cv2.contourArea(x) < sq_ub])
    positions = positions[positions[:, 2] * positions[:, 3] < sq_ub, :]
    positions_df = pd.DataFrame(columns = ['x', 'y', 'w', 'h'], data = positions)
    positions_df['table_id'] = table_id
    positions_df['table_w'] = w
    positions_df['table_h'] = h
    return positions_df
```

在 1_bulk_recognition.py 文件中，加入单元格定位步骤。注意，此时图片暂时不再需要，所以整理单元格时，应该退出 pages_generator 的循环。

```python
from tickets.table_layout import pdf_to_image, locate_table_rotated, cells_position import pickle
import pandas as pd
from itertools import count

filename = 'data/style1.pdf'
pages_generator = pdf_to_image(filename)
page_number_generator = count()
cells = []
with open('raw/style1_tables.pkl', 'wb') as f:
    for page, channel in pages_generator:
        page_number = next(page_number_generator)
        table = locate_table_rotated(page[:, :, 0])
        pickle.dump(table, f)
        cells_per_table = cells_position(table, page_number)
        cells.append(cells_per_table)
cells = pd.concat(cells)
```

代码中还添加了来自 itertools 迭代工具库的 count() 函数。它的作用是每次被 next() 函数调用时，返回一个从 0 开始递增的整数，作为 cells_position() 函数需要的票据编号。

7.3 单元格配准

本节使用 DBSCAN 聚类算法识别来自不同票据的轮廓有哪些属于同一个单元格。7.2 节中提到，非单元格的轮廓在每张票据中有不同的相对位置，而表示单元格的轮廓在大部分票据中有相同的相对位置。所以在不同票据中，将相对位置相近的轮廓聚为一类，统计每个类出现在多少票据中，即可判断哪些类对应的轮廓（包络矩形）表示单元格。

创建 tickets/cell_correspondence.py 文件，编写单元格配准算法，引入第三方函数库：

```python
import cv2
import numpy as np
import pandas as pd
from sklearn.cluster import DBSCAN
```

其中，sklearn 函数库用于操作聚类算法。

7.3.1 DBSCAN 聚类

在 tickets/cell_correspondence.py 文件中创建 get_cluster_labels() 函数实现聚类步骤：

```python
def get_cluster_labels(cells_df):
```

```
...                                    #以后插入功能片段
return cells_df
```

输入和输出都是单元格定位步骤得到的单元格位置信息表，聚类标签被添加到信息表中，作为增补的一列。输入的单元格位置信息表的列名及其意义如表 7-1 所示。

表 7-1　单元格位置信息表的列名及其意义

列 名	意 义	列 名	意 义
x	单元格左上顶点横坐标	table_id	票据编号
y	单元格左上顶点纵坐标	table_w	表格区域（表格定位的结果）宽度
w	单元格宽度	table_h	表格区域（表格定位的结果）高度
h	单元格高度		/

考虑到每张票据的表格区域有不同的大小，所以这里用相对位置作为聚类的数据，即单元格的坐标或尺寸占表格尺寸的比例。

```
positions = pd.DataFrame({'relative_x': cells_df['x'] / cells_df['table_w'], \
                          'relative_y': cells_df['y'] / cells_df['table_h']
})
```

在表格中，每一行代表一个候选为单元格的矩形区域，记录了左上顶点的相对坐标。定性地，单元格的坐标更集中，其他区域的坐标更稀疏。

DBSCAN 聚类算法

在 DBSCAN 聚类算法中，如果一个点的半径为 ε 的邻域内至少有 minPts 个其他点，它们将被聚成一类，且每个点的相同邻域内的其他点将继续被并入这一类。在机器学习领域的常用教材，周志华所著的《机器学习》有对本算法更严谨的描述。

接下来的任务是，调整参数 ε 和 minPts，使得聚类算法尽可能地将实际上是单元格的区域聚为一类，使其他区域成为离群点。

假设一个坐标的邻域内，有票据总数的 40% 以上数量的其他坐标，说明这个坐标所代表的轮廓是这种票据的共有特征。于是，这个坐标就被认为代表单元格顶点，而如果不满足条件，这个坐标对应的轮廓一定不是单元格。根据上述分析，minPts 的取值是票据总数的 40%。这是一个经验取值，可以根据不同票据和影印质量动态调整。

```
n_tables = cells_df['table_id'].max() + 1
min_pts = int(n_tables * 0.4)
```

其中，table_id 是从 0 开始递增编号的，所以最大值加 1 等于票据总数。

另一个经验取值为，表格对角线的 $\sqrt{6}/2$ 倍，可以作为参数 ε 的取值。这个取值足以应对大部分情况，但也可以根据不同票据和影印质量动态调整。

确定 的值

DBSCAN 聚类算法的参数调试方法在学术领域仍处于尚存争议的阶段，最流行的方法是肘部法（Elbow method），在此不作为主要内容。

```
relative_w = cells_df['w'] / cells_df['table_w']
relative_h = cells_df['h'] / cells_df['table_h']
eps = np.sqrt(relative_w.min() ** 2 + relative_h.min() ** 2) * 1.22475
```

使用 DBSCAN 聚类算法拟合并赋予类别标签：

```
dbscan = DBSCAN(eps=eps, min_samples=min_pts, n_jobs=-1)
cells_df['labels'] = dbscan.fit_predict(positions)
```

去除离群点：

```
cells_df = cells_df.loc[cells_df['labels'] != -1, :]
```

在同一张票据中，被标记为同一类的单元格只保留一个：

```
cells_df.drop_duplicates(subset=['table_id', 'labels'])
```

每个类别都代表一个固定意义的单元格，如"品名和类别的第一项"或"合计金额的百位数"等，每张票据里具有相同类别编号的单元格代表相同的意义，所以票据编号、单元格编号、单元格坐标和尺寸已经建立了对应关系。在 tickets/cell_correspondence.py 中的 get_cluster_labels() 函数中编写聚类功能。

```
def get_cluster_labels(cells_df):
    positions = pd.DataFrame({'relative_x': cells_df['x'] / cells_df['table_w'], \
                              'relative_y': cells_df['y'] / cells_df['table_h']
    })
    n_tables = cells_df['table_id'].max() + 1
    min_pts = int(n_tables * 0.4)
    relative_w = cells_df['w'] / cells_df['table_w']
    relative_h = cells_df['h'] / cells_df['table_h']
    eps = np.sqrt(relative_w.min() ** 2 + relative_h.min() ** 2) * 1.22475
    dbscan = DBSCAN(eps=eps, min_samples=min_pts, n_jobs=-1)
    cells_df['labels'] = dbscan.fit_predict(positions)
    cells_df = cells_df.loc[cells_df['labels'] != -1, :]
    cells_df.drop_duplicates(subset=['table_id', 'labels'])
    return cells_df
```

在 1_bulk_recognition.py 文件中，接着写入聚类的流程。

```
cells_labeled = get_cluster_labels(cells)
```

7.3.2 描述性统计

单元格配准的任务是否就这样完成了呢？没有，因为虽然这批识别出的单元格都拥有了类别编号，但是以后有新的同类票据，仍然无法知道单元格的位置在哪里。实际上，聚类算法的结果应该可以被复用，即：同种票据第一次出现时，通过聚类得到一个模板，上面标定了表格的哪些相对位置有哪些单元格；相同种类的票据再次出现时，只需进行表格定位和旋转，算得相对位置后套用模板，就可以直接找到单元格位置，然后识别图片中的文字。

在聚类模型的基础上，计算每个编号的单元格的平均位置，可以解决这个问题。这个步骤用 tickets/cell_correspondence.py 中的 group_cells() 函数实现。其中，参数 cells_df 是上一个步骤的输出值，即一个包含了票据编号、单元格类别编号、单元格尺寸和位置、表格区域的尺寸的信息表。

```python
def group_cells(cells_df):
    return
```

在 group_cells() 函数中，计算每个编号的单元格的平均相对位置。

```python
def group_cells(cells_df):
    n_tables = cells_df['table_id'].max() + 1
    cells_subtotals = []
    for(label, cells_subset) in cells_df.groupby('labels'):
        cells_subtotals.append({
            'label': label + 1,
            'frequency': cells_subset.shape[0] / n_tables,
            'avg_relative_x': (cells_subset['x'] / cells_subset['table_w']).mean(),
            'avg_relative_y': (cells_subset['y'] / cells_subset['table_h']).mean(),
            'avg_relative_w': (cells_subset['w'] / cells_subset['table_w']).mean(),
            'avg_relative_h': (cells_subset['h'] / cells_subset['table_h']).mean(),
        })
    return pd.DataFrame(cells_subtotals)
```

最终，函数输出一个信息表，其中 label 代表单元格的编号，frequency 代表在已有的、用于制作聚类模型的这些票据（称为训练集）中，该单元格被识别到的比例。以 "avg_relative_" 开头的 4 列，表示单元格相对的宽、高和横纵坐标位置。其中，相对位置代表占表格区域的比例，即一张票据的表格区域的宽度为 table_w，所以 avg_relative_x * table_w 是单元格左上顶点在这张票据的表格区域的横坐标。即使不同票据的表格区域的位置和尺寸有差别，单元格在表格区域的相对位置和相对尺寸是相近的。

7.3.3 模板可视化

标定单元格的相对位置后，还应该验证它是否正确。可以用训练集的第一张图片验证它，在 tickets/cell_correspondence.py 文件中创建 visualize_anchors() 函数实现可视化。

```python
def visualize_anchors(img, anchors, output_path):
    return
```

其中，参数 img 是图片，参数 anchors 是 group_cells() 函数的输出。visualize_anchors() 函数输出可视化的图片到文件，参数 output_path 规定了文件的路径。

在函数中，首先读取一张图片，这张图片可以是训练集中的任意一张图片：

```
img = cv2.bitwise_not(img)
```

因为预处理时，图片经过反色了，所以在可视化时，要再反色一次，使图片恢复白底黑字：

```
img = cv2.cvtColor(img[:, :, np.newaxis], cv2.COLOR_GRAY2RGB)
```

然后获取图片的尺寸：

```
h, w, _ = img.shape
```

在可视化部分，用红色矩形绘制单元格的相对位置：

```
border_width = int(max(min(h / 540, w / 540), 2))
for _, anchor in anchors.iterrows():
    x1 = int(anchor['avg_relative_x'] * w)
    y1 = int(anchor['avg_relative_y'] * h)
    x2 = x1 + int(anchor['avg_relative_w'] * w)
    y2 = y1 + int(anchor['avg_relative_h'] * h)
    cv2.rectangle(img, (x1, y1), (x2, y2), (0, 0, 255), border_width)      # BGR
```

其中，在 540 像素×540 像素尺寸内的图片，边框以 2 像素为宜。图片大于这个尺寸时，边框应相应变粗，达到较好的显示效果。cv.rectangle() 函数的功能是在图片上绘制矩形。特别地，该函数使用的颜色空间是 BGR，与通常使用的 RGB 不同。BGR 颜色空间用三元数组表示颜色，每个分量都是 0~255 的整数，依次表示蓝色、绿色、红色的亮度。

完整的可视化函数 visualize_anchors() 如下：

```
def visualize_anchors(img, anchors, output_path):
    img = cv2.bitwise_not(img)
    img = cv2.cvtColor(img[:, :, np.newaxis], cv2.COLOR_GRAY2RGB)
    h, w, _ = img.shape
    border_width = int(max(min(h / 540, w / 540), 2))
    for _, anchor in anchors.iterrows():
        x1 = int(anchor['avg_relative_x'] * w)
        y1 = int(anchor['avg_relative_y'] * h)
        x2 = x1 + int(anchor['avg_relative_w'] * w)
        y2 = y1 + int(anchor['avg_relative_h'] * h)
        cv2.rectangle(img, (x1, y1), (x2, y2), (0, 0, 255), border_width)
        #文字标签
    cv2.imwrite(output_path, img)
```

visualize_anchors() 函数还可以显示更多的信息。例如，在函数代码的"文字标签"注释处，可以为单元格标注编号和被识别到的比例。

```
cv2.putText(img, f"[{int(anchor['label'])}]{int(anchor['frequency'] * 100)}",
            org = (x1, y2), fontFace = cv2.FONT_HERSHEY_SIMPLEX, fontScale = 0.6,
            color= (0, 0, 255), thickness = border_width)
```

该函数的效果是，如一个单元格被标注为[90]96，代表这个单元格的编号是 90，在训练集中有 96%的票据上有这个单元格。这个比例可以作为一种置信度，在描述性统计部分，可以依据置信度，过滤掉置信度低于阈值的单元格。标注后的票据样例如图 7-7 所示。

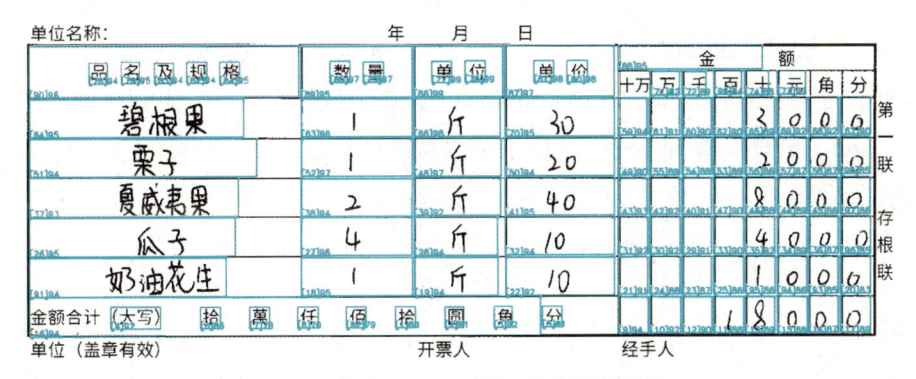

图 7-7　标注了可识别单元格的票据样例

识别结果有一些冗余信息和遗漏信息。例如，第 90 号单元格已经包括了固定表头"品名及规格"，但是第 78、79、82、83、84 号分别将这 5 个字当作了单独的单元格；固定表头"十万""角""分"的信息则遗漏了。由于实际填写的（每张票据都不同的）部分没有任何遗漏，这种结果在实际应用中是可以接受的。

在 1_bulk_recognition.py 文件中，追加写入以下内容，就完成了这部分流程。

```
anchors = group_cells(cells_labeled)
visualize_anchors(table, anchors, f'results/style1_annotated_anchors.jpg')
```

其中，参数 table 源自表格和单元格定位步骤中生成器进行的循环内的变量。

退出循环后，循环内的变量 table 是训练集的最后一张图片，此处用来验证单元格的位置是否正确。

7.4　单元格内容识别

7.3 节得到了单元格的相对位置。在本节，对每张图片（票据的表格区域）先套用单元格的相对位置，结合图片大小，得到每个单元格在图片中的实际位置，根据实际位置裁切单元格图片，就能够开始识别单元格的内容了。这个步骤可以用以下代码表示。

```
def table_to_text(img, anchors_):
    tb_h, tb_w = img.shape
    x = np.round(anchors_['avg_relative_x'].values * tb_w).astype(int)
    y = np.round(anchors_['avg_relative_y'].values * tb_h).astype(int)
    w = np.round(anchors_['avg_relative_w'].values * tb_w).astype(int)
    h = np.round(anchors_['avg_relative_h'].values * tb_h).astype(int)
```

```
        img = cv2.bitwise_not(img)
        for i in range(anchors_.shape[0]):
            cell = img[y[i]:y[i] + h[i], x[i]:x[i] + w[i]]
            #图片预处理和文字识别
        return
```

其中，参数 img 代表一张图片，参数 anchors_ 是 group_cells( )函数的输出结果。

本例使用的文字识别模型 LSTM-RNN-CTC 是在白底黑字的图片上训练的，所以 img = cv2.bitwise_not(img)对表格和单元格定位步骤中缓存的黑底白字的图片再次进行反色。变量 cell 即单元格区域。

创建一个文件 tickets/table_ocr.py，将 table_to_text( )函数放入，并导入需要用到的第三方函数库。

```
import cv2
import numpy as np
from openvino.inference_engine import IECore
from lstm_rnn_ctc.ctccodec import CtcCodec
```

其中，openvino 是解析神经网络模型的引擎，lstm_rnn_ctc 文件夹是从 Intel 的开源仓库中下载并修改的解析 LSTM-RNN-CTC 模型的方法。

7.4.1 图片预处理

文字识别部分是对每个单元格，即 table_to_text( )函数中的变量 cell 进行的。在识别文字前，要先将单元格预处理成模型需要的格式。

在 tickets/table_ocr.py 文件中创建 preprocess_input( )函数编写预处理步骤：

```
def preprocess_input(img, net_h_, net_w_):
    return
```

本例使用的模型要求单元格图片的输入大小是 96 像素×2000 像素，即 net_h_=96, net_w_=2000。

首先，获取单元格的尺寸：

```
cell_h, cell_w = img.shape
```

保持横纵比地缩放到高度为 96 像素，计算此时图片的宽度是多少像素：

```
adjusted_cell_w = int(cell_w / cell_h * net_h_)
```

有如下两种情况需分别处理：

- ❖ 单元格的宽度小于 2000 像素，则向右填充白色，直至宽度等于 2000 像素。
- ❖ 单元格的宽度大于 2000 像素，则横向压缩图片，使宽度等于 2000 像素。

这种预处理方式有一个局限——只能识别单元格中的单行文字。这对票据识别来说足够了，但是如果表格有备注栏等可写多行文字的单元格，就无法正确识别。

```
if adjusted_cell_w <= net_w_:
    processed_img = np.full((net_h_, net_w_), 255)
    processed_img[:, :adjusted_cell_w] = cv2.resize(img, (adjusted_cell_w, net_h_), interpolation=cv2.INTER_AREA)
else:
    processed_img = cv2.resize(img, (net_w_, net_h_), interpolation=cv2.INTER_AREA)
```

神经网络接受的输入数据格式为图片列表，而非单张图片，因此在预处理得到单张图片后，要增加一个维度代表存放图片的列表，并且增加颜色通道的维度。所以，返回值是 processed_img[np.newaxis, np. newaxis, :, :]。

完整的 preprocess_input() 函数如下：

```
def preprocess_input(img, net_h_, net_w_):
    cell_h, cell_w = img.shape
    adjusted_cell_w = int(cell_w / cell_h * net_h_)
    if adjusted_cell_w <= net_w_:
        processed_img = np.full((net_h_, net_w_), 255)
        processed_img[:, :adjusted_cell_w] = cv2.resize(img, (adjusted_cell_w, net_h_), interpolation = cv2.INTER_AREA)
    else:
        processed_img = cv2.resize(img, (net_w_, net_h_), interpolation = cv2.INTER_AREA)
    return processed_img[np.newaxis, np.newaxis, :, :]
```

7.4.2　LSTM-RNN-CTC 模型

识别单元格文本所用的 LSTM-RNN-CTC 模型分为联结时间分类器和单字分类器。其中，联结时间分类器识别每个字的水平方向范围，单字分类器识别这个字是哪个字符。本例使用 Intel 公司预训练的中文手写字符识别模型。

在联结时间分类器部分，神经网络将图片沿水平方向切成非常薄的切片，如图 7-8 中矩形所示。

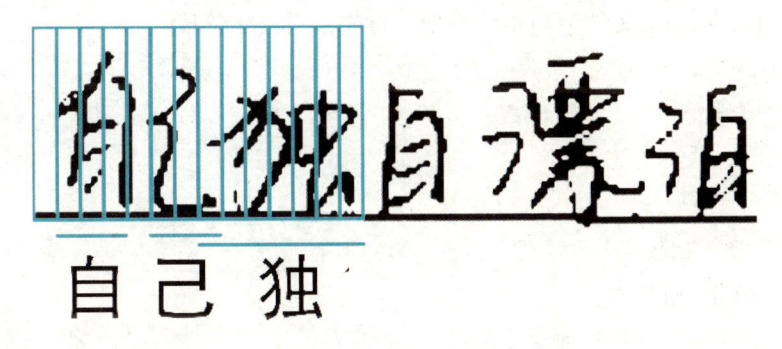

图 7-8　联结时间分类器的原理

假设矩形的宽度是 20 像素，单元格中最多有 50 个文字，则可以用一个 50 行、100 列的矩阵表示单元格中文字的位置。在文字位置矩阵中，第 i 行表示单元格中的第 i 个字，第 j 列表示第 j 个矩形切片。如果矩阵的第 (i, j) 个值为 1，就说明第 j 个矩形切片属于第 i 个字的范围；如果值为 0，就说明这个矩形切片不是第 i 个字的一部分。本模型的原理类似于在物体识别任务中，YOLO 神经网络使用一种锚框，在一个图像区域中搜寻物体位置的过程。

在联结时间分类器获取字符位置后，神经网络将对应切片的图像传递给单字分类器。单字分类器通常是一个卷积神经网络。卷积神经网络将使用包含约 6000 个常用中文文字及一些特殊符号的字典，以分类器的形式判断该图像中包含了哪个单字，从而完成文字识别。

在实践中，我们通常没有足够的计算能力，也没有必要自己训练 LSTM-RNN-CTC 模型，可以使用其他公司训练过并开源的模型。这些模型可能使用 TensorFlow、PyTorch、Caffe 等不同的深度学习函数库，也可能有不同的格式，不方便使用。但是，OpenVino 提供了一个神经网络模型编译器，可以将使用不同的深度学习函数库的神经网络模型转换成统一的 OpenVino 格式，并附有配置文件。只需安装 OpenVino，并下载预训练模型的配置文件和二进制模型本体，即可给 OpenVino 解析的模型传递数据，然后获得结果。

如果项目文件夹的位置为 ~/Handwriting-Tickets-OCR，在终端中运行以下命令，下载 OpenVino 发行的 LSTM-RNN-CTC 模型。此时应检查系统设置和网络设置，确保能连接 Intel 的服务器。

```
cd ~/Handwriting-Tickets-OCR
pip install openvino-dev
omz_downloader --name handwritten-simplified-chinese-recognition-0001
```

在 Anaconda 环境下复制文件至 OpenVino 文件夹：

```
cp ~/.conda/envs/ocr/lib/libpython3.9.so.1.0 ~/.conda/envs/ocr/lib/python3.9/site-packages/openvino/libs
```

根据官网指引安装 PyTorch。

此时，LSTM-RNN-CTC 模型已安装完成。

在 tickets/table_ocr.py 文件中初始化模型。首先，写入字符集：

```
chars_list_file = 'lstm_rnn_ctc/scut_ept.txt'
with open(chars_list_file, 'r') as f:
    model_characters = f.read()
```

初始化 CTC 编码器：

```
codec = CtcCodec(model_characters)
```

初始化 OpenVino 解析器：

```
ie = IECore()
```

使用 OpenVino 解析模型的配置文件和模型本体：

```
model_xml = 'intel/handwritten-simplified-chinese-recognition-0001/FP16-INT8/'\
            'handwritten-simplified-chinese-recognition-0001.xml'
model_bin = 'intel/handwritten-simplified-chinese-recognition-0001/FP16-INT8/'\
            'handwritten-simplified-chinese-recognition-0001.bin'
net = ie.read_network(model = model_xml, weights = model_bin)
net_exec = ie.load_network(network = net, device_name = 'CPU')
```

读取模型要求的图片的宽度和高度。在 7.4.1 节中提到，宽度应为 2000 像素、高度应为 96 像素：

```
_, _, net_h, net_w = net.input_info['actual_input'].input_data.shape
```

在 table_to_text() 函数中，写入读取每张图片、预处理和识别文字的语句：

```
processed_cell = preprocess_input(cell, net_h, net_w)
res = net_exec.infer(inputs={'actual_input': processed_cell})
res_decoded += codec.decode(res['output'])
```

完整的 table_to_text() 函数如下：

```
def table_to_text(img, anchors_):
    tb_h, tb_w = img.shape
    x = np.round(anchors_['avg_relative_x'].values * tb_w).astype(int)
    y = np.round(anchors_['avg_relative_y'].values * tb_h).astype(int)
    w = np.round(anchors_['avg_relative_w'].values * tb_w).astype(int)
    h = np.round(anchors_['avg_relative_h'].values * tb_h).astype(int)
    img = cv2.bitwise_not(img)
    res_decoded = []
    for i in range(anchors_.shape[0]):
        cell = img[y[i]:y[i] + h[i], x[i]:x[i] + w[i]]
        processed_cell = preprocess_input(cell, net_h, net_w)
        res = net_exec.infer(inputs={'actual_input': processed_cell})
        res_decoded += codec.decode(res['output'])
    return res_decoded
```

在 1_bulk_recognition.py 文件中，重新从缓存文件中逐个读取票据的表格区域，将识别结果写入表格。

```
text = []
with open(f'raw/style1_tables.pkl', 'rb') as f:
    for i in tqdm(range(page_number + 1)):
        table = pickle.load(f)
        text.append(table_to_text(table, anchors))
text = pd.DataFrame(columns = anchors['label'].values, data = text)
text.to_excel(f'results/style1_text.xlsx', index = False)
```

此时，results/style1_text.xlsx 文件中已经包含了手写票据的文字识别结果。

第 8 章

自然语言处理：财经文本的量化

8.1 自然语言处理

1. 自然语言处理概述

自然语言处理（Natural Language Processing，NLP）是计算机科学领域与人工智能领域的一个重要分支，是计算机科学与语言学的交互。自然语言处理旨在利用机器学习等技术，在人与机器之间搭建一个有效的沟通渠道，进而实现计算机对人类自然语言的自动或半自动处理。

自然语言是人类区别于其他生物的根本性标志，因此让计算机具备处理自然语言的能力对真正实现人工智能至关重要。自然语言也是人们日常沟通交流的重要工具，实现自然语言处理对助力人们的日常生活也起到重要作用。相较于编程语言，自然语言的使用更加灵活，语句语义常依托于应用场景，理解起来更加复杂。同时，自然语言在使用过程中不断得到丰富和发展，随时间的推移处在动态变化之中。

自然语言处理应用范围广，常用于解决各种不同类型的问题，其应用领域包括机器翻译、命名实体识别、信息提取、情感分析、关系提取、语音识别等。后面将针对词典分词、命名实体识别、信息提取等内容进行讲解。

2. 机器学习

机器学习（Machine Learning，ML）是自然语言处理的基石。在学习自然语言处理之前，我们需首先了解机器学习的基本概念。

机器学习是指让计算机自动地从经验数据中总结规律，得出相应的预测模型，并利用该模型对未知数据进行预测的方法。运用机器学习解决问题的一般过程如图8-1所示。

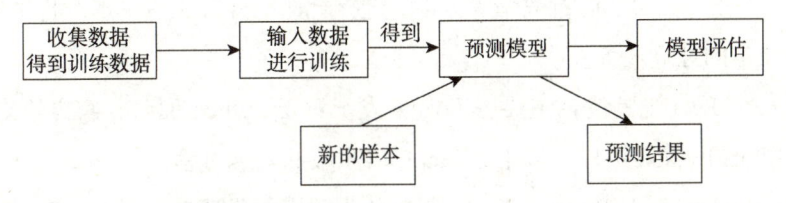

图 8-1 运用机器学习解决问题的一般过程

其中，用于学习的经验数据的集合称为"数据集"，数据集中的一个个例子称为"样本"。计算机通过学习输入的数据集，提取样本特征，得到模型参数，进而得出预测模型。机器学习大致可以分为以下几类。

① 监督学习：通过输入标注数据，让计算机在迭代学习的过程中训练并完善预测模型。在该过程中，既提供输入对象，又提供期望得到的输出值，机器通过不断调整模型参数使输出结果向标准值靠近，从而达到优化预测模型的效果。

② 无监督学习：依托无标注的数据集，让计算机发现并总结出样本的特征，并使样本按照其特征自动聚集在一起，常用于聚类与降维。

③ 半监督学习：介于监督学习与无监督学习之间，综合利用标注数据和未标注数据，在一定程度上提高预测模型的准确率并降低训练成本。同时，在现实问题中，半监督学习能够很好地应用于未标注数据多、标注数据少的情况。

④ 强化学习：强调对周围环境的反馈，即智能系统从环境到行为映射的学习，以使奖励信号函数值达到最大。

3. 语料库

语料库是用于语言分析和语料分析的系统化和计算机化的真实语言集合，为自然语言处理相关领域应用的开发提供了自然语言材料，是自然语言处理领域十分关键的一部分。语料库种类多样，类目各有侧重，在使用过程中可以根据任务类型选择合适的语料库。

语料库是由真实语料经过加工处理得到的，其构建经历了规范制定、人员培训和人工标注三个阶段。

规范制定指由语言学专家制定包括标注集定义、样例和实施办法在内的一套标注规范。

人员培训指对标注员进行培训以保障标注工作的一致性。

人工标注指标注员对语料进行标注。

语料库作为训练数据在机器学习中发挥着重要作用，因而选择合适的语料对构建更为精准的预测模型十分重要。

4. HanLP 环境搭建

主流 NLP 开源工具有 NLTK、CoreNLP、LTP、HanLP 等，可以根据任务需要，综合考虑工具包的功能、精度、语言、运行效率等方面，选择合适的开源工具。本章将主要使用 HanLP 完成财经领域文本的处理任务。

HanLP 是一个 Java 工具包，主要用 Java 开发。对于 Python 而言，官方给出了由 pyhanlp 包提供的 HanLP 的 Python 接口。以下为 HanLP 1.x 版的安装过程。

pyhanlp 是 HanLP 1.x 的 Python 接口，支持自动下载与升级 HanLP 1.x，兼容 Python 3.8 及以下版本。

对于初学者，可直接使用傻瓜安装包。对于非初学者，推荐安装并使用 conda 作为包管理器，conda 支持自动安装 Java，无须额外安装 C++编译器。否则需要手动安装正确版本的 Python、Java 和 C++编译器，pip 无法自动完成这些操作。

接下来，进入 conda 的命令行环境，输入以下代码：

```
conda install -c conda-forge openjdk python=3.8 jpype1=0.7.0 -y
pip install pyhanlp
```

结果如图 8-2 所示。

```
>hanlp
usage: hanlp [-h] [-v] {segment,parse,serve,update} ...

HanLP: Han Language Processing v1.8.1

positional arguments:
  {segment,parse,serve,update}
                        which task to perform?
    segment             word segmentation
    parse               dependency parsing
    serve               start http server
    update              update jar and data of HanLP

optional arguments:
  -h, --help            show this help message and exit
  -v, --version         show installed versions of HanLP
```

图 8-2　HanLP 安装成功显示结果

出现上述结果则说明已成功安装 HanLP，详细的安装过程可参考 HanLP 官方网站。接下来将运用 HanLP 完成基本的财经文本处理任务。

8.2　中文分词

8.2.1　中文分词

中文分词是中文文本处理的第一个环节，是指将一个中文文本切分为一系列词语的过程，是自然语言处理中最基础却必不可缺的一部分。根据实现原理和特点的不同，中文分词主要分为基于词典的分词和基于统计的分词两个类别。

基于词典的分词是指给定词典，将文本内容与词典相匹配，最后输出匹配结果。

基于统计的分词则是在给定大量已分词文本的基础上，利用机器学习模型对汉字进行标注训练，从而实现对未知文本的切分。

接下来的两节将针对两种分词算法进行具体的讲解。

8.2.2　词典分词

词典分词，顾名思义，即利用词典对中文文本进行切分。词典是字符串的集合，词典分词具体来讲是指给定一部词典和查词规则，将文本和词典中的字符串进行匹配，并输出匹配结果的过程。但是，在文本与词典匹配的过程中难免会出现词语重叠的情况，如"服务业"中既有

"服务"又有"服务业",那么应输出哪一项?这时就需要制定规则来得到正确的结果,常见的规则有正向最大匹配、反向最大匹配、双向最大匹配。

1. 正向最大匹配

以某单个字为起点从左至右与词典进行匹配,优先保留词长更长的词语,并输出结果。

2. 反向最大匹配

以某单个字为起点从右至左与词典进行匹配,优先保留词长更长的词语,并输出结果。

3. 双向最大匹配

同时执行正向最大匹配与反向最大匹配,将输出结果进行比较,优先输出分词数量更少、单字更少的结果。

以上为词典分词的实现原理,本节直接使用 HanLP 中提供的已封装好的函数实现词典分词,代码如下:

```
from pyhanlp import *

HanLP.Config.ShowTermNature = False
segment = DoubleArrayTrieSegment()
print(segment.seg('汽车销售较疫情前有明显反弹'))
```

输出结果如图 8-3 所示。

[汽车, 销售, 较, 疫情, 前, 有, 明显, 反弹]

图 8-3 词典分词输出结果

上述分词器默认加载其内部指定的词典,涵盖内容较为广泛,但涵盖的专业领域词语并不是总能满足任务需要的,此时需要自行加载针对性更强、涵盖范围更具体的词典。常用的中文词典有互联网词库、清华大学开放中文词库(THUOCL)、HanLP 词库等,可根据任务需要从中选择合适的、与任务目标相匹配的词典。

加载自定义词典,以 CoreNatureDictionary.mini 词典为例,其代码为

```
from pyhanlp import *
from pyhanlp.static import HANLP_DATA_PATH

dict = HANLP_DATA_PATH+"/dictionary/CoreNatureDictionary.mini.txt"
HanLP.Config.ShowTermNature = False
segment = DoubleArrayTrieSegment(dict)
print(segment.seg('汽车销售较疫情前有明显反弹'))
```

输出结果如图 8-4 所示。

词典分词本质上是一个词典查词与输出结果的过程,其算法简单明了、较为直观且分词速度较快。然而,语言中的词语丰富而广博,人们在使用过程中也在不断地对其进行补充、删减,

[汽车, 销售, 较, 疫情, 前, 有, 明显, 反弹]

图 8-4　自定义词典分词输出结果

词典中所收录的词语却十分有限，难以将所有词语涵盖在内并及时更新词典内容，词典分词存在着时效性不长，准确率不高且无法消除歧义等问题。8.2.3 节将介绍一种通过统计方法实现分词的算法，在一定程度上提高了分词的准确率。

8.2.3　二元语法分词

二元语法分词是一种基于统计的分词算法，在给定大量已分词文本的基础上，利用机器学习得到预测模型，从而实现对未知文本的切分。

在介绍二元语法分词前，首先要了解语言模型与全切分。**语言模型**（Language Model），简单来说，就是一串词序列的概率分布，即由一系列词语相连接所组成的句子存在的可能性。**全切分**，顾名思义，即获取分词语句中所有可能的切分结果。

例如，"服务业景气"的全切分结果为['服', '服务', '服务业', '务', '业', '景', '景气', '气']，接下来根据全切分结果构建词网，如图 8-5 所示。

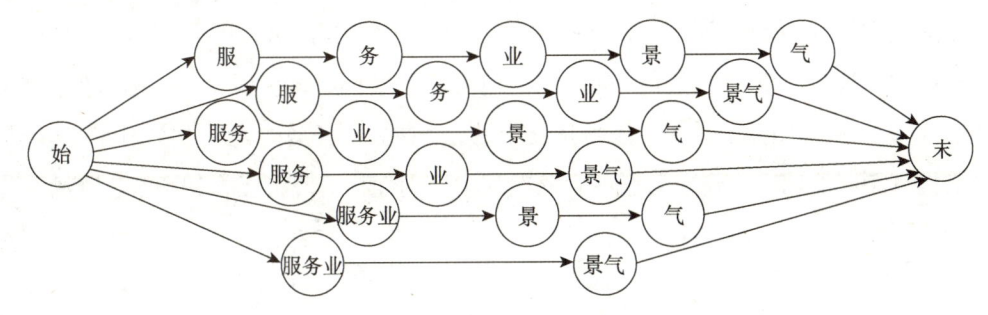

图 8-5　全切分构建词网

图 8-5 中的路径代表了该语句的所有分词方式，而要从中选出最合适的切分方式就需要利用二元语法模型来实现。二元语法模型假设每个词语的出现只取决于它的前一个词语，将大量已分词文本作为语料，将出现频率作为概率，可以计算出两个词语的二元连续概率，在进行具体文本分词的过程中便可以根据分词方式出现的概率大小判断出最合理的分词结果。以图 8-5 中的两种分词方式为例，如图 8-6 所示。

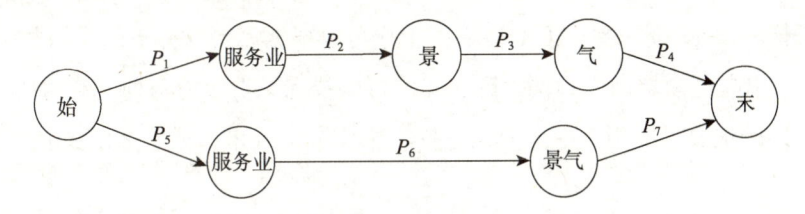

图 8-6　部分词网图例

将词与词连续的概率表示为 P_n，则图 8-6 中第一种分词方式的概率为 $P(w_1) = P_1P_2P_3P_4$，第二种分词方式的概率为 $P(w_2) = P_5P_6P_7$；若 $P(w_1) > P(w_2)$，则输出"服务业/景/气"；若 $P(w_1) < P(w_2)$，则输出"服务业/景气"。

构建二元语法模型首先需要人工标注中文分词语料库，利用中文语料训练模型，初步得到二元语法模型的参数，在此基础上再通过误差分析等方式调整参数从而优化模型，不断提高分词器分词的准确率。

二元语法模型通过机器学习实现中文分词，相较于词典分词，在准确率上有了较大提升。

8.2.4 词典的构建

在 8.2.2 节中已经学习了如何运用中文分词词典对文本进行分词。在自然语言处理中，词典是处理文本的重要工具，接下来就几个常见词典及其构建进行简单介绍。

1. 中文分词词典

中文分词词典，其本身为一个纯文本文件，可用于词典分词、词性标注等任务，以 HanLP 内置词典与 THUOCL 为例来具体认识中文分词词典。

HanLP 内置词典在打开后以列的形式呈现，前三列分别为词语、词性与词频。在应用于词典分词任务的过程中，仅需关注第一列（词语列），第二列（词性列）常应用于词性标注等任务，第三列（词频列）因其统计是基于特定文本的，故在具体任务的处理中实用性较小。同时，若某词语具有不同的词性，则在第三列后依次列出其词性与对应词频，如图 8-7 所示。

狂气	n	1		
狂潮	n	1		
狂澜	n	1		
狂热	an	2	a	1
狂热性	n	1		
狂犬病	n	1		
狂笑	v	1		
狂草	n	1		
狂言	n	1		
狂跌	v	3	vn	1

图 8-7　HanLP 内置词典

THUOCL 较 HanLP 内置词典略有不同，有 IT、财经、成语、地名、历史名人、诗词、医学、饮食、法律、汽车、动物共 11 个模块，用户可以根据需要选择不同领域的词库，使应用更具有针对性。以财经模块词库为例，打开文件可以看到文本分为两列，第一列为词语，第二列为词频，该词库主要可以用于中文分词，提升中文分词效果，如图 8-8 所示。

```
政府    1617499
经济    1396619
服务    1386428
公司    1321922
实现    1062326
市场    1053266
```

图 8-8　THUOCL

2. 情感分析词典

情感分析词典是对文本进行情感分析的重要工具,由具有语法敏感性的专业人员构建而成,对词语进行正向与负向的划分,并对其情感程度予以评定。在情感分析过程中,通过将分词后的文本与情感分析词典匹配,得到文本词语的情感评价,最后汇总文本中出现的所有词语的情感评价从而得到文本的情感倾向。

下面以 HowNet 情感词典与 BosonNLP 情感词典为例来具体了解情感分析词典。

HowNet 情感词典分为中文、英文两部分,各包含正负面评价词语、正负面情感词语、程度级别词语与主张词语共 12 个文本文件。

正负面评价词语与正负面情感词语收录了含有情感倾向的词语,只对其进行正面与负面的划分而没有程度的区别;在程度级别词语文件中则收录了含有程度评级的词语,共有最、很、较、稍、欠、超 6 个程度来区分情感程度,如图 8-9 所示。

```
中文正面评价词语    3730
俍
俶傥
僄
劼
嬽
惇
```
```
中文负面情感词语    1254
偯倖
怭
恟
懆懆
搥胸顿足
哀
```

图 8-9　HowNet 情感词典

BosonNLP 情感词典是基于微博、新闻、论坛等数据来源构建的情感词典,其格式较 HowNet 情感词典有一定的差异。BosonNLP 情感词典直接对词语进行打分,以表示词语的情感倾向,分数为正表示该词语含有正面情感,分数为负表示该词语情感倾向为负面,情感程度以分数的绝对值来评定,最高为 5 分,绝对值越大,词语所含的情感越强烈,如图 8-10 所示。

```
跌 -4.51366899338
邓某 -4.51366899338
钟才能 -4.51366899338
钱伯 -4.51366899338
铅块 -4.51366899338
饥寒交加 -4.51366899338
```

图 8-10　BosonNLP 情感词典

在利用 BosonNLP 情感词典进行情感分析的过程中，首先，需要对文本进行分词；然后，将分词好的列表数据对照 BosonNLP 词典进行逐个匹配，并记录匹配到的情感词分值；最后，统计计算分值总和，如果分值大于 0，就表示情感倾向为积极的；如果小于 0，就表示情感倾向为消极的。

3. 同义词词典

以哈尔滨工业大学同义词词林为例来介绍同义词词典的构成，如图 8-11 所示。

```
Ae02A23# 篾匠 铜匠 锡匠 小炉儿匠 线路工 重化工 森工 轮转工 维修工
Ae02A24# 工程建设者 社会主义建设者 建设者
Ae03A01= 海员 船员 水手 潜水员 蛙人
Ae03A02= 领航员 引水员 领港 领江 航海家 引水人
Ae03A03@ 大副
```

图 8-11　哈尔滨工业大学同义词词林

打开该词典的文本文件，每行都有三个组成部分。最左边为编号，由字母与数字组成，表示该行词语的类别，其编码规则如表 8-1 所示。

表 8-1　编码规则

编码位	1	2	3	4	5	6	7	8
符号举例	D	a	1	5	B	0	2	=\#\@
符号性质	大类	中类	小类	词群	原子词群			
级别	第1级	第2级	第3级	第4级	第5级			

中间部分由 "=" "#" "@" 三种符号组成，以表示词语间的关系。

- "=" 代表 "相等" "同义"。
- "#" 代表 "不等" "同类"，属于相关词语。
- "@" 代表 "自我封闭" "独立"，表示该词语在词典中既没有同义词，也没有相关词。

例如，图 8-12 表示 "篾匠、铜匠、锡匠、小炉儿匠、线路工、重化工、森工、轮转工、维修工" 为同类型的词语，但并不是同义词；图 8-13 表示 "海员、船员、水手、潜水员、蛙人" 为同义词，即表示同样的含义；图 8-14 表示 "大副" 这个词既没有同义词也没有同类词。

```
Ae02A23# 篾匠 铜匠 锡匠 小炉儿匠 线路工 重化工 森工 轮转工 维修工
```

图 8-12　词林举例 1

```
Ae03A01= 海员 船员 水手 潜水员 蛙人
```

图 8-13　词林举例 2

```
Ae03A03@ 大副
```

图 8-14　词林举例 3

4．停用词词典

在中文文本中常可以看到一些助词、连词、介词、副词等，如"的""和""吧"等，这些词语本身无实在意义，常用于连接句子或表示程度或语气，它们被称为停用词。停用词在文本中出现较多，但在处理文本中用处不大，反而会产生一定的干扰，因而需要将停用词过滤从而简化文本内容，提高关键词密度，提高处理文本的效率。停用词词典汇聚了常见的停用词，只有一列，即词语列，能够帮助实现文本的预处理，从而为后续操作奠定基础，如图 8-15 所示。

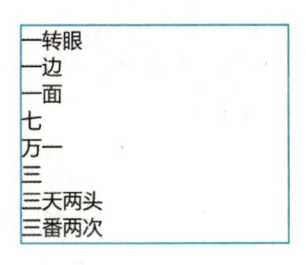

```
一转眼
一边
一面
七
万一
三
三天两头
三番两次
```

图 8-15　停用词词典

8.3　命名实体识别

8.3.1　命名实体识别

命名实体（Entity）是指客观存在并可相互区别的事物。

命名实体识别（Named Entity Recognition，NER）即识别出文本中的时间、数字、人名、地名、机构名、专有名词等具有特定意义的实体并对其进行分类。以一句话为例，"在疫情扰动下，7 月多数国家零售增速较 6 月放缓"，那么命名实体识别的任务就是从这句话中识别出 7 月、6 月（时间）。

其中，时间、数字编号等相较而言更具规律性，在构成与表达形式上常有规律可循，可以通过观察它们的表现形式人为设定一些规则来识别这些命名实体，这就是基于规则的命名实体识别，这种方法对制定规则者的专业知识与能力有较高的要求，适用范围较小且需要耗费的人力、物力及时间成本较高。

对于人名、地名、机构名、专有名词等构词灵活性较强、数量庞大且不断丰富更新的命名实体则需要采用基于统计的方法来识别，这种方法基于人工标注的语料，通过机器学习来实现，相较而言，更加灵活，实用性较为广泛，准确率更高，也是当下命名实体识别采用的主要方法。

8.3.2 基于规则的命名实体识别

早期，命名实体识别主要通过制定规则系统来实现，即专家通过制定规则指导计算机的命名实体识别过程。作为实现命名实体识别的重要环节，制定规则系统首先需要结合命名实体的特征人为制定规则，该过程既对专家的语言敏感度有较高的要求，也对命名实体库有较强的依赖性，以保证规则的正确和全面，并实现不同规则的权重配比。制定规则模板时常选用的特征有统计信息、标点符号、关键字、指示词、方向词、位置词、中心词等，以模式和字符串相匹配为主要手段，依赖于知识库和词典的建立。

基于规则的命名实体识别能够帮助我们识别出有规则可循的命名实体，若语言现象的共性特征能够被比较准确地描述，所制定的规则系统则能够较为准确地识别出相应命名实体。然而，并非所有命名实体都具有较为明显的语言特征，因而这种方法在应用上有较大的限制，往往仅适用于特定的语言领域，难以覆盖所有的语言现象，能够识别的命名实体范围小，且存在一定的误差。此外，构建规则系统需要耗费大量的人力物力财力，所需时间较长且应用场景单一。因此，基于规则的命名实体识别方法只能作为一种辅助性方法，无法得到广泛应用。

8.3.3 基于预训练模型的实体关系抽取

预训练模型是指经过大量未标注数据训练得到的能够被迁移运用到特定问题的模型，是前人在实现一定任务时构建出的模型，已经经过了大量数据集的训练。在解决相似问题时，可以在该模型的基础上根据具体问题进行相应调整，从而实现特定语言模型的构建。在既有模型的基础上进行改造相较于从零开始构建模型任务量更小，训练量较小，能够有效提高新模型的效能。此外，对于一些训练数据较为稀疏的任务，仅凭借其自身的训练数据很难得到较为准确的模型参数，预训练可以将模型调整至较为合适的状态，这时通过较少的数据集训练模型也可以得到较为准确的模型参数。

预训练模型在运用时有一定的要求，在选择预训练模型时要求其训练情景与当下所需实现的具体任务有较高的相似度，此时预训练模型能够较大程度上与当下任务相贴合，最终调整得到的模型也会比较准确；若目前所研究的问题与预训练模型训练情景有很大的出入，则模型在调整后与任务的匹配度也会比较低，得到的结果也不会准确。因而，选择适当的预训练模型对最终模型的构建十分重要。

在实现实体关系抽取任务时常以 BERT 模型作为预训练模型，在此基础上运用命名实体识别语料库对其进行训练，从而得到相应的模型。对于 BERT 模型迁移运用的具体实现方法，将在第 10 章中进行更加细致详尽的讲解。

8.3.4 基于依存句法分析的实体关系抽取

句法分析即分析句子语法结构的过程。依存句法分析是句法分析任务中的一种，关注句子中词语之间的依存关系，根据给定的语法体系，得出句子的语法结构。接下来就依存句法理论、依存句法树与依存句法分析具体实现方法进行讲解。

依存句法理论认为，词语之间存在从属关系，在这种词语之间的不对等关系中，处于支配地位的词语称为"支配词"，处于被支配地位的词语称为"从属词"。如在"消费领先"语句中，"消费"与"领先"之间为主谓关系，谓语往往表达了句子的主要动作或状态，其他成分则围绕谓语来组织或解释，因而"消费"为从属词，"领先"为支配词。

依存句法树是指将句子内部词语之间的依存关系通过箭头表示出来，使句子内部语法关系可视化所形成的树状结构。针对依存句法树有 4 个公理的提出：

- ❖ 一个句子中有且只有一个词语不依存于其他词语单独存在。
- ❖ 其他所有词语都必须依存于句子中的其他词语。
- ❖ 任何一个词语都不能依存于两个或两个以上词语。
- ❖ 对于 A、B、C 三个词语，词语 B 位于 A 与 C 之间，若词语 A 依存于词语 C，则词语 B 依存于 A 或 C 或 A、C 间的某个词语。

依存句法分析主要有两种实现方法：基于图的依存句法分析和基于转移的依存句法分析。

基于图的依存句法分析将句法分析问题看作从完全有向图中寻找最大生成树的问题，通过对完全有向图中的每条边打分，从中寻找最优解，最终确定依存句法树。

基于转移的依存句法分析将依存句法树的构成过程看成一个动作序列，将依存分析问题转化为寻找最优动作序列的问题，即根据句子的某些特征预测转移动作，拼装依存句法树。

基于依存句法分析进行实体关系抽取的过程中，首先通过依存句法分析得到句子内部词语间的依存关系，然后根据中文语法规则进行分析，从而实现实体关系抽取。具体实现方法将在第 10 章进行详细讲解。

8.3.5 财经文本命名实体识别

HanLP 提供了一系列由模型与算法组成的工具包，我们可以直接调用 newSegment 类完成命名实体识别。

首先加载 pyhanlp，然后打开需要进行命名实体识别的财经文本，最后通过 newSegment 类实现命名实体识别。具体代码如下：

```
from pyhanlp import *
```

```
CRFnewSegment = HanLP.newSegment("crf")
file = open("财经点评.txt", encoding = "utf_8")
text = file.read()
words = CRFnewSegment.seg(text)
print(words)
```

财经点评.txt 文件的部分内容如下，详见随书电子文件。

  消费乏力制约国内经济复苏逐渐成为市场共识。此前我们借鉴杜邦分析思路将居民消费拆解为人均 GDP、人均可支配收入/人均 GDP、人均消费支出/人均可支配收入（即消费倾向）三个分项，以此观察居民消费驱动因素的变化。在该框架下，截至今年二季度，我国居民可支配收入增长水平和消费倾向均未恢复至新冠疫情前水平，从而导致居民消费难见起色。尤其是 7 月在疫情和极端天气影响下，我国社零两年复合增速回落至去年 10 月以来的次低水平，消费增长动能令人担忧。

  ……

部分输出结果如图 8-16 所示。

[消费/vn, 乏力/a, 制约/v, 国内/s, 经济/n, 复苏/vn, 逐渐/d, 成 GDP/nx, 、/w, 人均/j, 可/v, 支配/v, 收入/n, //w, 人均/j, G 项/n, ,/w, 以此/d, 观察/v, 居民消费/nz, 驱动/vn, 因素/n, 的 增长/vn, 水平/n, 和/c, 消费/vn, 倾向/n, 均/d, 未/d, 恢复/v, /n, 和/c, 极端/n, 天气/n, 影响/vn, 下/f, ,/w, 我国/n, 社零 /v, 令人担忧/l, 。/w,

图 8-16 命名实体识别部分输出结果

8.4 信息提取

8.4.1 关键词提取

  关键词提取，即从文本中提取重要的词语，能够帮助我们快速掌握文本的主要内容，有效地提取文本关键性信息。

  关键词的判定具有一定的主观色彩，选取结果正确与否也很难准确界定，这里提供几种常见的关键词评定方法以作参考。提到关键词，首先想到的便是出现次数较多的词语，词语在文本中的出现次数在一定程度上能够反映其重要程度，因此可以通过词频统计来初步实现关键词提取，这里调用 TermFrequencyCounter( ) 函数实现对文本词频的统计，并从中提取出现次数最多的词语。代码如下：

```
from pyhanlp import *

TermFrequency = JClass('com.hankcs.hanlp.corpus.occurrence.TermFrequency')
TermFrequencyCounter = JClass('com.hankcs.hanlp.mining.word.TermFrequencyCounter')
print(TermFrequencyCounter.getKeywordList("在限额以上消费中，我们认为年内必选消费增速快于可选消费的趋势将延续。", 1))
```

输出结果为：

```
[消费]
```

但是，仅凭词语的出现次数来判断其关键程度未免过于片面，一些助词、副词虽出现次数较多却绝算不上关键词，而有些词语虽在文章中出现次数较少却发挥着不可或缺的作用，这种情况下若仅借助于词频统计就会有较大疏漏，因此，我们还要借助其他方法来实现更加准确有效的关键词提取。

TF-IDF（Term Frequency–Inverse Document Frequency）是一种用于评估字词在文本中的重要程度的方法，它通过衡量字词在文本中的出现次数与在语料库中的出现频率，结合加权的方法，最终得出字词在文本中的重要程度，从而提取出文本的关键词。TF（Term Frequency）即词频，表示词语在文本中出现的频率；IDF（Inverse Document Frequency）即逆向文件频率，由总文件数目除以包含该词语的文件的数目，再将得到的商取对数得到。字词的重要性随它在文件中出现的次数成正比增加，但同时会随它在语料库中出现的频率成反比下降。这样，便能在一定程度上排除诸如助词、副词等在大多数文本中都出现较多却并无太大意义的词语，提高关键词提取的准确率。演示代码如下：

```
from pyhanlp import *
import re

def remove_punctuation(text):
    return re.sub(r'[^\w\s]', '', text)

TfIdfCounter = JClass('com.hankcs.hanlp.mining.word.TfIdfCounter')
count = TfIdfCounter ()
file_a = open("财经点评a.txt", encoding = "utf_8")
file_b = open("财经点评b.txt", encoding = "utf_8")
file_c = open("财经点评c.txt", encoding = "utf_8")
text_a = remove_punctuatlon(file_a.read())
text_b = remove_punctuatlon(file_b.read())
text_c = remove_punctuatlon(file_c.read())
count.add(text_a)
count.add(text_b)
count.add(text_c)
print(count.getKeywords(text_a, 2))
```

输出结果为：

```
[消费，的]
```

在 HanLP 中，可直接使用 extractKeyword()函数实现关键词的提取，代码如下：

```
from pyhanlp import *

file = open("财经点评.txt", encoding = "utf_8")
text = file.read()
print(HanLP.extractKeyword(text, 1))
```

首先需要加载文件，然后通过 extractKeyword()函数提取文本中的关键词。

extractKeyword()函数存在两个参数，分别为文本和关键词提取数，添加需提取关键词的文本并根据需求确定关键词数量，最终输出结果。

输出结果为：

[消费]

8.4.2 关键句提取

关键词能够帮助了解文本的主体，但在有些特定的应用情形下显得较为碎片化，无法满足提取文本中心思想及内容的需求，此时就需要提取相较而言内容更加丰富的句子来满足相应需求。

句子的构成千变万化，绝大多数时候很难在同一篇文章中找出两个完全一致的句子，因此若通过句子颗粒度来评判句子的关键程度是难以实现的。关键句相较于其他句子而言与相邻句子有更密切的联系，因而具有更高的相似度，句子相似度的衡量常借助 BM25 算法来实现。

BM25 算法是一种计算句子与文本相关性的算法，其原理为：通过对输入的句子进行分词，分别计算每个词语与文本的相关度，然后进行加权求和，得到句子与文本的相关度评分。对于关键句提取任务的具体实现，本节使用 HanLP 提供的 extractSummary()函数，使用该函数时需设定文本内容与关键句提取数两个参数，可以根据需要自行设置，具体代码如下：

```
from pyhanlp import *

file = open("财经点评.txt", encoding = "utf_8")
text = file.read()
print(HanLP.extractSummary(text, 5))
```

输出结果如图 8-17 所示。

[我国居民可支配收入增长水平和消费倾向均未恢复至新冠疫情前水平，当前我国消费恢复程度与其他国家（或地区）相比处于什么水平，7月仅限额以上消费增速超过趋势水平，结构上限额以上零售将继续拉动消费复苏，而服装、家具、化妆品销售增速尚未恢复至新冠疫情前水平]

图 8-17　关键句提取输出结果

8.4.3 情感分析

情感分析是指，通过对文本进行处理与分析，提取文本中含有的主观情感倾向。当下网络成为人们获取信息、发表看法的重要途径，网络上有大量的评论性文章及评价，获取大量文章并进行情感分析有助于获取当下舆论方向，为后续研究奠定基础。这里主要针对基于词典的情感分析进行讲解。

前面介绍了情感分析词典的构成，下面就 HowNet 情感词典与 BosonNLP 情感词典分别了解其情感分析过程。

利用 HowNet 情感词典进行情感分析时，首先需要对文本进行分词，排除停用词后得到分词后的文本语料，将分词后的语料与情感词典进行匹配得到每个词语所对应的情感倾向，分别得到含有积极倾向与消极倾向的词语的个数，同时若情感词前含有程度副词，则需要根据程度副词的种类对情感词赋予不同的权重。若句尾存在"？""！"等含有一定情感倾向的标点符号，也需在前面的基础上对句子的情感倾向进行相应的调整，最后整合得到整个文本的情感倾向。

利用 BosonNLP 情感词典进行情感分析，首先也需要对文本进行分词，排除停用词后将分词列表与 BosonNLP 情感词典中的词语进行匹配，得到每个词语所对应的情感分值；最后，将所有词语的情感分值相加得到整个文本的分数，若分数大于 0，表示情感倾向为积极，若分数小于 0，则表示情感倾向为消极。

基于词典的情感分析方法较为简单，应用范围较为广泛，但文本的情感倾向并不能简单地理解为情感词的叠加，一些新词也很难被及时涵盖，因而基于词典的情感分析方法准确率相对较低，并不能精确地反映文本的情感倾向。此外，情感分析词典需要由具有语法敏感性的专业人员构建，对情感把握的精准度有较高的要求，同时需要大量的人力物力的投入，成本相对较高。利用情感分析词典能够对文本的情感倾向进行简单、初步的判断，但想要更加精确的情感分析还需要通过深度学习的方法来实现。

8.5 综合训练

前面介绍了自然语言处理及机器学习的有关概念，以及中文分词、命名实体识别、信息提取等内容在财经文本中的具体应用。本节将仍以"财经文本.txt"文件为例，使用 HanLP 中封装的函数演示文本处理的具体过程。

第一步，中文分词，该过程同时包括命名实体识别的过程。演示代码如下：

```
from pyhanlp import *

CRFnewSegment = HanLP.newSegment("crf")
file = open("财经点评.txt", encoding="utf_8")
text = file.read()
words = CRFnewSegment.seg(text)
print(words)
```

部分输出结果见图8-16。

第二步,关键词提取。演示代码如下:

```
from pyhanlp import *

file = open("财经点评.txt", encoding="utf_8")
text = file.read()
print(HanLP.extractKeyword(text,5))
```

输出结果如图8-18所示。

[消费, 疫情, 水平, 增速, 零售]

图8-18 关键词提取输出结果

第三步,关键句提取。演示代码如下:

```
from pyhanlp import *

file = open("财经点评.txt", encoding="utf_8")
text = file.read()
print(HanLP.extractSummary(text, 5))
```

输出结果见图8-17。

第四步,依存句法分析。演示代码如下:

```
from pyhanlp import *

file = open("财经点评.txt", encoding="utf_8")
text = file.read()
print(HanLP.parseDependency(text))
```

部分输出结果如图8-19所示。

1	消费 消费 v	v	_	3	定中关系	_	_
2	乏力 乏力 a	ad	_	3	定中关系	_	_
3	制约 制约 v	v	_	8	主谓关系	_	_
4	国内 国内 nd	f	_	5	定中关系	_	_
5	经济 经济 n	n	_	6	主谓关系	_	_
6	复苏 复苏 v	vn	_	3	动宾关系	_	_
7	逐渐 逐渐 d	d	_	8	状中结构	_	_
8	成为 成为 v	v	_	0	核心关系	_	_
9	市场 市场 n	n	_	10	定中关系	_	_
10	共识 共识 n	n	_	8	动宾关系	_	_

图8-19 依存句法分析部分结果

图 8-20 展示的为依存句法分析的部分可视化结果。

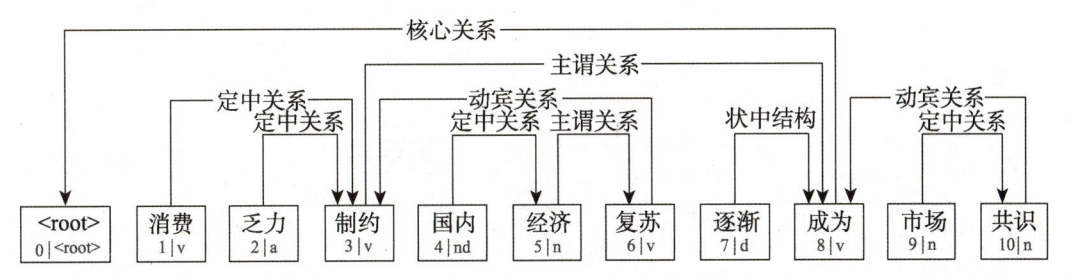

图 8-20　依存句法分析的部分可视化结果

参考文献

[1] 何晗. 自然语言处理入门[M]. 北京：人民邮电出版社，2019.

[2] BIRD S, et al.. Python 自然语言处理[M]. 张旭，崔阳，刘海平，译. 北京：人民邮电出版社，2014.

[3] 克里希纳·巴夫萨，等. 自然语言处理 Python 进阶[M]. 陈钰枫，译. 北京：机械工业出版社，2019.

[4] 卡蒂克·雷迪·博卡，等. 基于深度学习的自然语言处理[M]. 赵鸣，曾小健，詹炜，译. 北京：机械工业出版社，2020.

[5] 雅兰·萨纳卡. Python 自然语言处理[M]. 张金超，刘舒曼，译. 北京：机械工业出版社，2018.

[6] 斋藤康毅. 深度学习进阶：自然语言处理[M]. 陆宇杰，译. 北京：人民邮电出版社，2020.

第 9 章

自然语言处理：金融文本的摘要

9.1 文本摘要自动生成概述

9.1.1 研究背景和问题定义

在互联网技术蓬勃发展的背景下，金融文本数据呈指数增长，对目前行业工作者来说，如何快速有效地获取满足不同需求的信息是一个亟待解决的问题。文本摘要自动生成技术自动地将大量文本转化为简单摘要，可以高效挖掘不同信息之间的内在联系，大幅提高工作的效率，在自然语言处理领域占有重要地位。

本章介绍一种基于偏好的金融文本摘要自动生成技术。该方法利用上交所、深交所等官方平台的金融文本构建偏好语料库，通过互信息与 TF-IDF 算法的结合抽取出携带偏好的段落中心句，最后经由一系列处理生成携带偏好的摘要，使其更贴合不同群体的需要，从而打造个性化文本摘要自动生成体系。

9.1.2 技术分类和实现方法

文本摘要自动生成技术自 20 世纪 50 年代末被提出至今已发展出许多卓越的技术方法，并且出现了众多分类标准。按照产生方法可以将其分为抽取式方法和生成式方法。

抽取式方法是从原始文本中提取关键文本单元来组成摘要，通常会保留原始文本的显著信息，虽然有着正确的语法，但也面临大量冗余信息的问题。

生成式方法是试图分析理解原始文本，可以生成原始文本中没有的内容，具有生成高质量摘要的潜力，但语法语义方面有所欠缺。

目前主流的技术分类如表 9-1 所示。

表 9-1 文本摘要自动生成技术分类

方法	技术	类型	方法	技术	类型
抽取式方法	主题模型	无监督学习	抽取式方法	次模函数	其他
	基于图	无监督学习		深度学习	监督学习
	特征评分	无监督学习	生成式方法	基于图	无监督学习
	序列标注	监督学习		线性规划	其他
	分类算法	监督学习		语义表示	无监督学习
	启发式算法	强化学习		模板	无监督学习
	线性规划	其他		深度学习	监督学习

9.1.3 评价指标和数据集

文本摘要自动生成技术应用领域广阔,模型的评价方法对检验和提升自动生成文本摘要的性能具有重要意义。其评价方法大致分为两类:

- ❖ 内部评价方法(Intrinsic Methods):提供参考摘要,以参考摘要为基准评价生成摘要的质量。生成摘要与参考摘要越吻合,质量越高。
- ❖ 外部评价方法(Extrinsic Methods):不提供参考摘要,利用文档摘要代替原文档执行某个文档相关的应用。例如:文档检索、文档聚类、文档分类等,能够提高应用性能的摘要被认为是参考价值高的摘要。

其中,内部评价方法是比较直接纯粹的,是学术界最常使用的评价方法。将系统生成的自动摘要与专家摘要进行比较也是目前较为常见的评价模式。本章涉及的评价方法是在相关国际评测中经常会用到的两个内部评价方法:重合率(Edmundson)和召回率(ROUGE)。

1. 重合率

重合率评价方法,是指通过系统生成的自动摘要与专家摘要的句子重合率的高低来对自动摘要进行评价。也可以进行主观评估,即由专家比较二者所含的信息,然后对自动摘要进行等级评分。等级可以分为完全不相似、基本相似、很相似、完全相似等。

相关计算公式为

$$重合率 P = \frac{匹配句子数}{专家摘要句子数} \times 100\%$$

$$平均重合率 = \sum_{i=1}^{n} \frac{P_i}{n} \times 100\%$$

平均重合率即对所有重合率取平均值,P_i 为相对于第 i 个专家的重合率,n 为专家的数目。

2. 召回率

本章涉及的评价指标有 ROUGE-1、ROUGE-2 和 ROUGE-L。前两者分别计算了 uni-gram(一元语法模型)和 bi-gram(二元语法模型)的覆盖度,代表了自动摘要涵盖的信息量;后者计算了最长公共子序列的覆盖度,代表了自动摘要上下文的流畅程度。

常用的评价数据集如表 9-2 所示。

由于国内文本摘要自动生成技术起步较晚,以上三种中文数据集仅由数据标题或单句摘要构成,即均为短文本数据集。短文本数据集更加适合生成式方法的自动摘要任务评价,对抽取式方法的参考价值不大。

表 9-2　常用的评价数据集

分　类	名　　称	分　类	名　　称
中文数据集	LCSTS	英文数据集	New York Times
	NLPCC		Newsroom
	搜狐新闻数据集		Bytecup
英文数据集	CNN / Daily Mail		会议摘要数据集 AMI
	Gigaword		雅思摘要数据集 LELTS
	DUC / TAC		/

9.2　偏好构建模块

9.2.1　偏好文本获取

可以采用分布式爬虫作为数据采集的手段，采集各大财经网站及上交所、深交所等官方平台上的金融文本。首先按规则启动一个采集工程，再通过数据归类、转换，得出可以被机器识别使用的数据。

分布式爬虫，指的是多台机器多个爬虫对多个 URL 同时抓取网络信息的程序或脚本。这种联合采集的方式使得抓取的效率和广度得到了提升。通过主从分布式爬虫技术，可以获取评价文本与目标文本，构成语料库。

9.2.2　文本预处理

语料库指经科学取样和加工的大规模电子文本库，是模型训练的一个必不可少的组成部分。质量高的语料库有助于降低模型训练时间，提高自动摘要的准确性。本节通过 jieba 分词和清洗脏数据的方式来对金融文本进行预处理，从而助力语料库的构建。

文本预处理流程如图 9-1 所示。在这个过程中调用 Python 中的 jieba 库对给定中文文本进行分词，即将长句子中的词语一个一个地切分出来。

由于 jieba 库存在一定局限性，因此尝试扩展 jieba 库。演示代码一如下：

```
#原始分词效果
import jieba.posseg as pseg

sentence = pseg.cut("真武七截阵和天罡北斗阵哪个更厉害呢？")
for w in sentence:
    print(w.word, w.flag)
```

图 9-1 文本预处理流程

输出结果为

```
真武 nr
七截阵 m
和 c
天罡 nr
北斗 nr
阵 n
哪个 r
更 d
厉害 a
呢 y
? x
```

演示代码二如下:

```
#扩展后的分词效果
import jieba
import jieba.posseg as pseg

jieba.add_word("真武七截阵")
jieba.add_word("天罡北斗阵")
sentence = pseg.cut("真武七截阵和天罡北斗阵哪个更厉害呢？")
for w in sentence:
    print(w.word, w.flag)
```

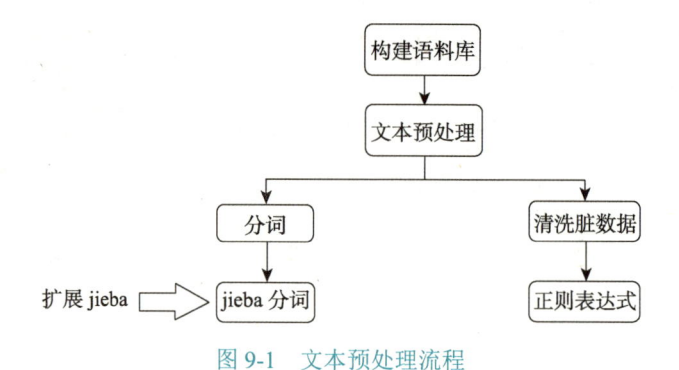

输出结果为

```
真武七截阵 x
和 c
天罡北斗阵 x
哪个 r
更 d
厉害 a
呢 y
? x
```

此外，对于一份完整的文本而言，不可避免地会出现脏数据，如特殊字符、括号内的内容、日期、超链接 URL、全角英文、数字等。这些数据会显著增加模型训练的时间，甚至对结果造成干扰,因此,文本数据清洗十分必要。

依据数据特征,将不同类型的数据分组,不同组类的数据有相应的检测处理方法。对于关键变量,主要分析其缺失性与唯一性;对于数值型变量,主要分析其缺失率、平均值、中值、最大值、最小值等;对于字符型和日期型变量,主要分析其频数,括号内的内容一般为正文文本的补充,通过去除特殊字符,可以将括号内的内容与正文合并处理。

分组及处理方法如表 9-3 所示。

表 9-3 分组及处理方法

分 组	处 理	分 组	处 理
特殊字符	去除特殊字符	全角英文	替换为标签 TAG_NAME_EN
日期	替换为标签 TAG_DATE	数字	替换为标签 TAG_NUMBER
超链接 URL	替换为标签 TAG_URL		

9.2.3 LDA 主题模型

LDA 有两种含义,一种是线性判别分析,一种是概率主题模型(隐含狄利克雷分布)。本节的 LDA 含义为后者。作为一种主题模型,LDA 可以将偏好文本集中每篇偏好文本的偏好标签以概率分布的形式给出,通过分析偏好文本抽取出它们的偏好标签分布后,便可以根据偏好标签分布进行聚类和文本分类,从而获得不同偏好的偏好语料库。

具体来说,输入端是偏好文本的集合,记为 $D = \{d_1, d_2, d_3, \cdots, d_n\}$,需要聚类的类别数量为 m。假定偏好标签为 5 类:交易、投资、股票、基本面、宏观经济,此时 $m = 5$。然后通过 LDA 主题模型计算每篇文档 d_i 在所有偏好标签上的概率值 p_j($j = 1, 2, 3, 4, 5$)。于是获得每篇偏好文本的概率集合为

$$d_i = (d_{p_1}, d_{p_2}, \cdots, d_{p_5})$$

同样,求出文本中的所有词对应每个偏好标签的概率为

$$w_i = (w_{p_1}, w_{p_2}, \cdots, w_{p_5})$$

这样就得到了两个矩阵,一个是偏好文本到偏好标签,另一个是词到偏好标签。

通过上述过程,将偏好文本和词投射到了一组偏好标签上,通过偏好标签,可以找出偏好文本和词、文本和文本、词和词之间潜在的关系。

9.2.4 构建偏好语料库

通过 jieba 分词,将句子切分成词组,并将这些词组转换成向量的形式,接着通过 LDA 主题模型获取每篇文本的偏好标签分布,从而将获取的偏好标签分布构建成偏好语料库。

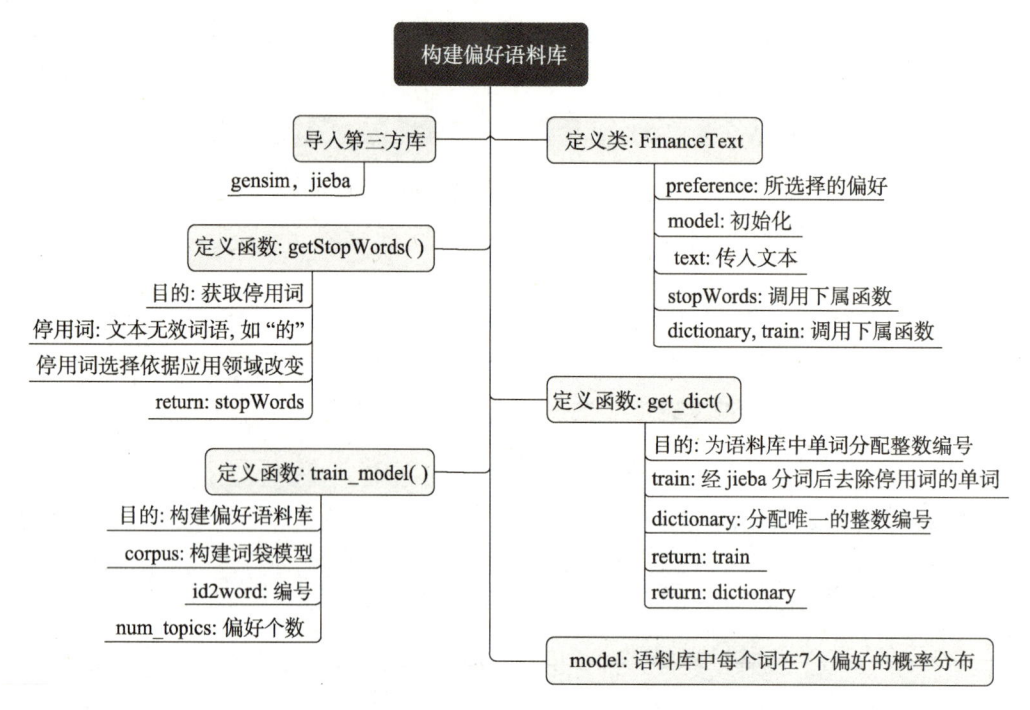

该部分代码实现思路如图 9-2 所示。

图 9-2　偏好语料库代码实现思路

构建偏好语料库的具体代码如下：

```
from genism.models import LdaModel
from gesim.corpora import Dictionary
import jieba

#定义类 FinanceText
class FinanceText:
    def __init__(self,text,preference):
        """
        本类提供对金融文本抽取摘要的功能
        param preference:偏好选择
        """
        self.preference = preference
        self.model = None
        self.text = text
        self.stopWords = self.getStopWords()
        self.dictionary, self.train = self.get_dict()

    def getStopWords(self):
        """
        获取停用词
        return stopWords: 返回停用词
        """
        with open('stopwords.txt',encoding='utf8',mode='r') as file:
```

```
        for line in files:
            stopWords.add(line.rstrip())
    return stopWords

def get_dict(self):
    train = []
    for line in self.text:
        line = list(jieba.cut(line))
        train.append([w for w in line if w not in self.stopWords])
    #为出现在语料库中的单词分配唯一的整数编号
    dictionary = Dictionary(train)
    return dictionary, train

def train_model(self):
    corpus = [self.dictionary.doc2bow(text) for text in self.train]
    #构建偏好个数为 7 的语料库
    self.model = LdaModel(corpus=corpus, id2word=self.dictionary, num_topics=7)
```

9.3 锁定段落中心句

9.3.1 获取偏好文本关键词

本节利用 TF-IDF 算法抽取关键词。

TF（词频）表示词语（关键字）在文本中出现的频率。

$$\text{TF}_{ij} = \frac{n_{i,j}}{\sum_k n_{k,j}}$$

其中，$n_{i,j}$ 是该词语在文件 中出现的次数，分母则是文件 d_j 中所有词语出现的次数总和。更简洁的表述方式为

$$\text{TF}_w = \frac{\text{在某类中词语 } w \text{ 出现的次数}}{\text{该类中所有的词语数目}}$$

某特定词语的 IDF（逆向文件频率）可以由总文件数目除以包含该词语的文件的数目，再将得到的商进行对数运算得到。包含词语 t_i 的文件越少，IDF 越大，说明词语具有很好的类别区分能力。

$$\text{IDF}_i = \log \frac{|D|}{|\{j : t_i \in d_j\}|}$$

其中，$|D|$ 是语料库中的文件总数；$|\{j : t_i \in d_j\}|$ 表示包含词语 t_i 的文件数目（即 $n_{i,j} \neq 0$ 的文件数目）。如果该词语不在语料库中，就会导致分母为 0，因此一般情况下使用 $1 + |\{j : t_i \in d_j\}|$ 作

为分母。

IDF 可以表示为

$$\text{IDF}_w = \log\left(\frac{\text{语料库中的文件总数}}{\text{包含词语 } w \text{ 的文件数} + 1}\right)$$

TF-IDF 的实际含义是 TF×IDF。某词语在某特定文件内的高词频，以及该词语在整个文件集合中的低文件频率，可以产生高权重的 TF-IDF。因此，TF-IDF 倾向于过滤掉常见的词语，保留重要的词语。

9.3.2 相似度计算

余弦相似度是将向量空间中两个向量夹角的余弦值作为衡量两个个体间差异大小的度量，其值越大，差异越小，用公式表示为

$$\cos\theta = \frac{\boldsymbol{A} \cdot \boldsymbol{B}}{|\boldsymbol{A}| \times |\boldsymbol{B}|} = \frac{\sum_{i=1}^{n}(A_i \times B_i)}{\sqrt{\sum_{i=1}^{n}(A_i)^2} \times \sqrt{\sum_{i=1}^{n}(B_i)^2}}$$

其中，$\boldsymbol{A}$ 和 $\boldsymbol{B}$ 分别表示两个句子对应的 n 维向量。

例如，计算两个句子"一个雨伞"和"下雨了开雨伞"的余弦相似度。

并集：{一, 个, 雨, 伞, 下, 了, 开}，共 7 个字，则 $n = 7$。

若并集中的第 1 个字符在第 1 个句子中出现了 n 次，则 $A_1 = n$（$n = 0, 1, 2, \cdots$）；若并集中的第 2 个字符在第 1 个句子中出现了 n 次，则 $A_2 = n$（$n = 0, 1, 2, \cdots$）；以此类推，计算 A_3，$A_4, \cdots, A_7$，$B_1, B_2, \cdots, B_7$，最终得到：

$$\boldsymbol{A} = [1, 1, 1, 1, 0, 0, 0]$$
$$\boldsymbol{B} = [0, 0, 2, 1, 1, 1, 1]$$

将 $\boldsymbol{A}$ 和 $\boldsymbol{B}$ 代入计算公式，于是

$$\cos\theta = \frac{0+0+2+1+0+0+0}{\sqrt{1+1+1+1+0+0+0} \times \sqrt{0+0+2^2+1+1+1+1}} \approx 53\%$$

9.3.3 携带偏好的段落中心句的提取

假定一个段落有十句话，想要抽取其中三句作为中心句的候选句。首先通过 TF-IDF 算法获得这十个句子的权重，并按句子顺序输出，过程如下：

金融文本 = "没有金融科技，难有普惠金融。\
　　黄金老认为，要想真正实现普惠金融这一使命，必须依赖金融科技。\
　　在他看来，普惠金融首先拥有海量的客户。\
　　这需要依靠 AI，利用精准营销、智能客服、智能投顾、智能催收等技术，才能超越人工的局限，服务海量用户。\
　　其次，信用贷款双方互相不见面。\
　　这需要借助生物特征识别，如人脸、指纹、声纹、虹膜、静脉等识别技术，解决远程核实身份的难题，延伸金融服务的半径。\
　　再次，客户弱资信，尤其是很多小微企业主由于财务数据不全，信用评级相对比较低。\
　　这需要大数据风控，通过行为数据风控、海量风控变量、弱征信数据等技术，进行综合评估。\
　　普惠金融最后一个特点是跨地域，客户可以遍布全球各地。\
　　这需要"云"，利用全线上、远程、云服务等技术，突破跨越时空的局限。"

句子权重计算结果如图 9-3 所示。

```
{0: 2.2222222222222223, 1: 1.4736842105263157, 2: 1.5, 3: 1.2, 4: 0.5, 5: 0.8787878787878788, 6: 0.8571428571428571, 7: 1.48, 8: 1.4, 9: 1.0434782
608695652}
```

图 9-3　句子权重计算结果

为了加入偏好，引入公式：

$$句子总分 = 句子权重 \times 该句子与偏好标签的相似度$$

再根据句子总分重新降序排列，将前三句抽出，作为候选句。此时的前三句即可作为携带偏好的段落中心句。

图 9-4、图 9-5 是针对同一金融文本的偏好测试结果。

该部分代码实现思路如图 9-6 所示。

提取携带偏好的段落中心句的具体代码分为两部分，第一部分为补充类中的函数定义，第二部分为调用类进行文本处理。

```
11月3日，中证新华社民族品牌工程指数简称民族品牌指数收报1921.91点，上涨1.29%，站稳1900点。
民族品牌指数以新华社民族品牌工程所服务的企业集团旗下上市公司为样本空间，根据中证指数公司指数编制方案构建而成。
据数据统计，自今年3月23日A股市场受外国因素扰动触底回升以来，民族品牌指数已累计上涨约68%，区间涨幅超越了近九成的A股股票。
个股方面，今年以来累计涨幅在20%以上的民族品牌指数成分股有20只，占比62.5%，而就A股整体来者，该比例约为41%。
当前，20%的知名品牌拥有80%的市场份额，品牌创造价值已是市场共识。
从成长指标看，前三季度净利润同比增速在10%以上的指数成分股有16只，占比50%，该比例较全市场的43%高出7个百分点。
同时，作为A股。
尹航则进一步表示，基于鲜明的表征性、稳健的盈利性，民族品牌指数具有持续的生命力。
```

图 9-4　"投资"偏好

> 11月3日,中证新华社民族品牌工程指数简称民族品牌指数收报1921.91点,上涨1.29%,站稳1900点。
> 民族品牌指数以新华社民族品牌工程所服务的企业集团旗下上市公司为样本空间,根据中证指数公司指数编制方案构建而成。
> 与沪深300指数、创业板指数等主要宽基指数相比,民族品牌指数的涨幅领先约20到30个百分点。
> 个股方面,今年以来累计涨幅在20%以上的民族品牌指数成分股有20只,占比达62.5%,而就A股整体来看,该比例约为41%。
> 同时,板块中的品牌龙头又以其显著的竞争优势在资本市场享有溢价。
> 从成长指标看,前三季度净利润同比增速在10%以上的指数成分股有16只,占比50%,该比例全市场的43%高出7个百分点。
> 同时,作为A股。
> 同时,随着市场的进一步开放,作为一张代表中国品牌的名片,民族品牌指数将深受中国人民认可的品牌、公司展现给了全球资本,为他们与对中国民族品牌的投资指明了方向。

图 9-5 "股票"偏好

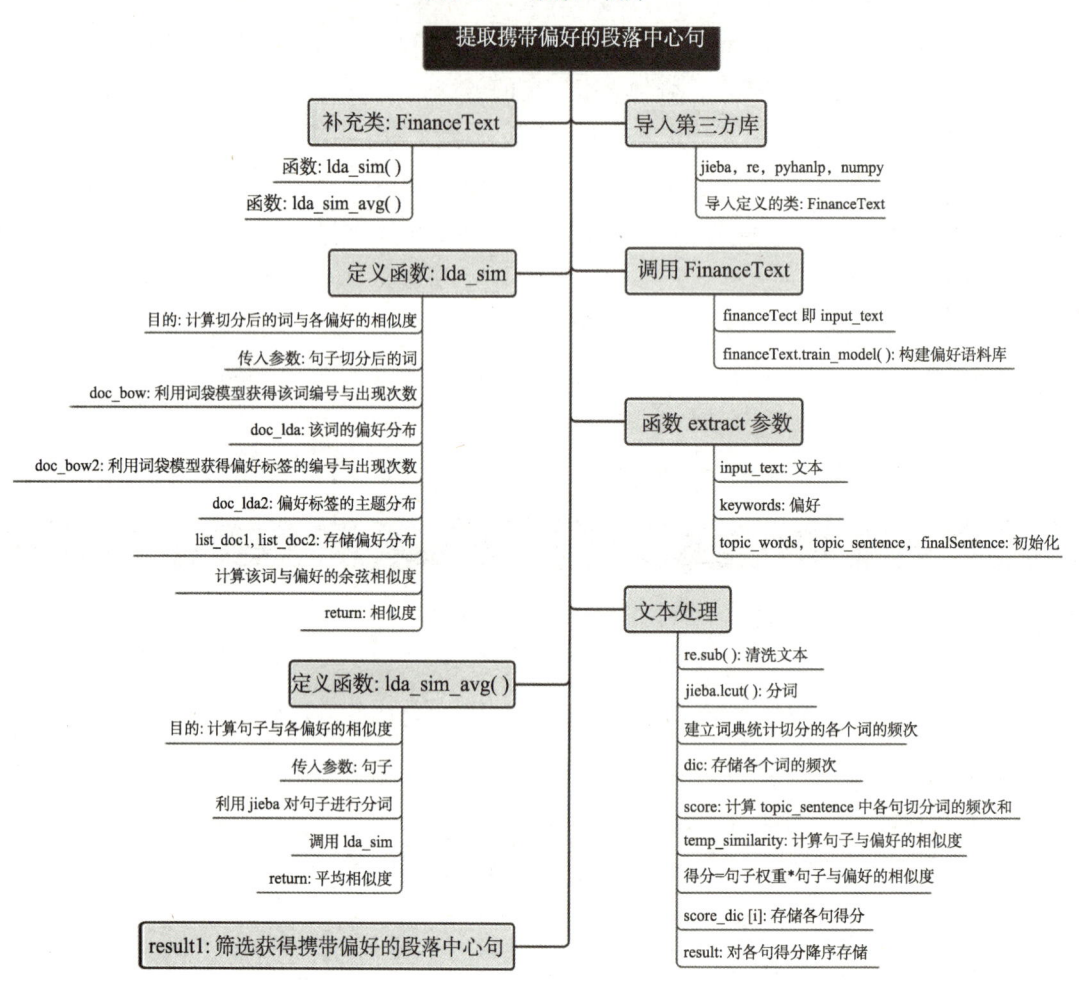

图 9-6 代码实现思路

```
#在导入numpy的前提下,补充9.2.4节中FinanceText类中的函数定义
def lda_sim(self, s1):
    test_doc = list(jieba.cut(s1))
    doc_bow = self.dictionary.doc2bow(test_doc)
    doc_lda = self.model[doc_bow]     #该词的偏好分布
    list_doc1 = [i[1] for i in doc_lda]
    test_doc2 = list(jieba.cut(self.preference))
    doc_bow2 = self.dictionary.doc2bow(test_doc2)
    doc_lda2 = self.model[doc_bow2]                    #偏好标签的主题分布
```

```python
        list_doc2 = [i[1] for i in doc_lda2]
        try:
            #计算余弦相似度，级别：词
            sim = np.dot(list_doc1,list_doc2)/(np.linalg.norm(list_doc1)*np.linalg.norm(list_doc2))
        except ValueError:
            sim = 0
        return sim

    def lda_sim_avg(self, s2):
        #计算平均相似度，级别：句子
        test_doc = list(jieba.cut(s2))
        sim_avg = 0
        sim_mid = 0
        for word in test_doc:
            sim_mid = self.lda_sim(word)
            sim_avg += sim_mid
        return sim_avg /(len(test_doc))
```

```python
#新建一个Python文件，命名为Extraction，提取携带偏好的段落中心句
from FinanceText import FinanceText
import jieba
import re

def extract(input_text, keywords):
    topic_sentence = []
    topic_words = []
    dic = {}
    res = []
    finalSentence = ''
    financeText = FinanceText(input_text, keywords)
    financeText.train_model()

    for line in financeText.text:
        #清洗文本
        line = re.sub(" ", "", line)
        line = re.sub("[[].\\/_,$%^*(+\"\')]+|[+—()【、~@#¥%……&*（）""《》]+", "", line)
        topic_words = jieba.lcut(line)
        #建立词典统计切分的各词的频次
        for word in topic_words:
            if word not in dic:
                dic[word] = 1
            else:
                dic[word] += 1
        pattern = r"""\.|/|;|\'|`|\[|\]|<|>|\?|:|""|\{|\}\ ~ |!|@|#|\$|%|\^|&|\(|\)|-|=|\_|\+|.
|;|`|'|【|】|·|!| |…|（|）"""
        #分句
        result_list = re.split(pattern, line)
        topic_sentence.extend(result_list)
```

```python
#以分句为单位统计切分的各个词的频次和
for i in range(len(topic_sentence)):
    score = 0
    for word in jieba.lcut(topic_sentence[i]):
        score += dic.get(word, 0)
    res.append(score)
score_dic = {}
for i in range(len(topic_sentence) - 1):
    #计算句子与偏好的相似度
    temp_similarity = financeText.lda_sim_avg(topic_sentence[i])
    #计算句子得分
    score_dic[i] = (res[i] /(len(jieba.lcut(topic_sentence[i])) + 1)) * abs(temp_similarity)
#降序排列，输出前三句
result = sorted(score_dic.items(), key=lambda kv: (kv[1], kv[0]), reverse=True)
result1 = result[:2]
```

9.4 摘要生成模块

9.4.1 依存句法分析

依存句法分析可以用来识别句子中的"主谓宾""定状补"这些语法成分，并分析各成分之间的关系；同时，将"谓语"视为句子的中心，其他成分与该词直接或间接地产生联系。本节通过依存句法分析，挖掘语句层次关系，助力有相同主语的句子的合并操作。

输入文本：在企业不断运转过程中，投资和再投资是企业生产和扩大再生产所必须经历的阶段。

表 9-4 所示为依存句法分析输出结果。

表 9-4 依存句法分析输出结果

分词代号	分词	词性	父节点词性	父节点代号	依存关系
1	在	p	p	12	状中结构
2	企业	n	n	4	主谓关系
3	不断	d	D	4	状中结构
4	运转	v	V	5	定中关系
5	过程	n	n	6	定中关系
6	中	nd	f	1	介宾关系
7	，	wp	w	1	标点符号
8	投资	v	v	12	主谓关系
9	和	c	c	11	左附加关系

（续）

分词代号	分词	词性	父节点词性	父节点代号	依存关系
10	再	d	d	11	状中结构
11	投资	v	v	8	并列关系
12	是	v	v	0	核心关系
13	企业	n	n	21	主谓关系
14	生产	v	vn	21	主谓关系
15	和	c	c	16	左附加关系
16	扩大	v	v	14	并列关系
17	再	d	d	18	状中结构
18	生产	v	v	14	并列关系
19	所	u	u	21	左附加关系
20	必须	d	d	21	状中结构
21	经历	v	v	23	定中关系
22	的	u	u	21	右附加关系
23	阶段	n	n	12	动宾关系
24	。	wp	w	12	标点符号

该部分代码实现思路如图 9-7 所示。

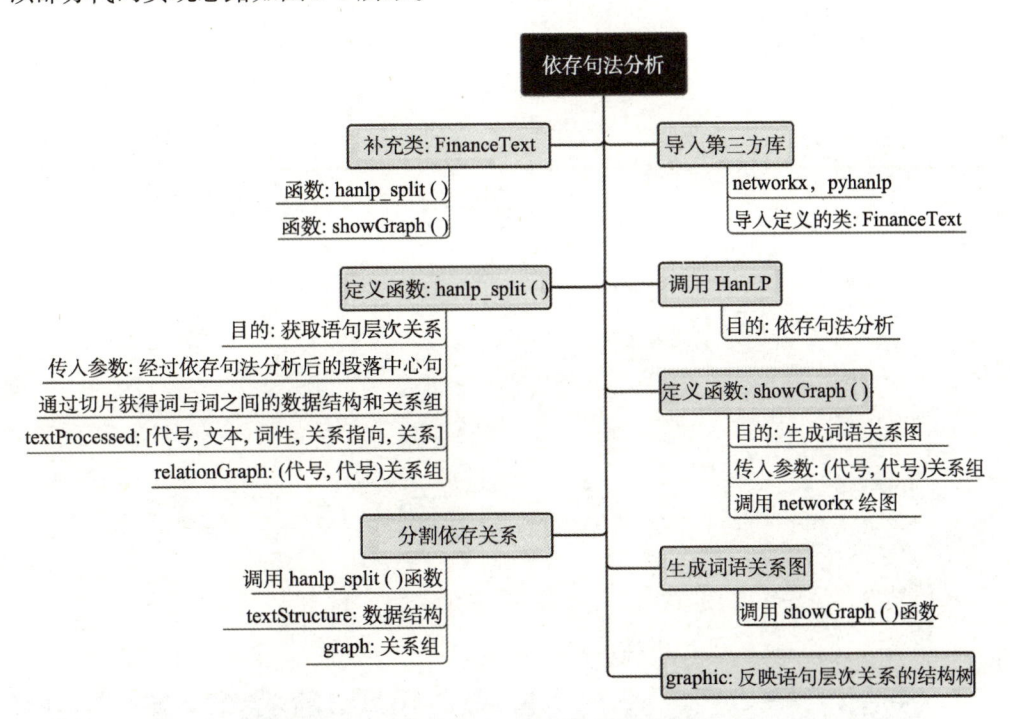

图 9-7 依存句法分析代码实现思路

依存句法分析的具体代码分为两部分，第一部分为补充类中的函数定义，第二部分为调用类进行依存句法分析，并生成词语关系图。

```python
#在导入networkx的前提下，补充9.2.4中FinanceText类中的函数定义
def hanlp_split(self, text):
    """
    分隔HanLP导出的信息
    param text: HanLP导出的信息
    return:返回[代号，文本，词性，关系指向，关系]的数据结构
    return:返回(代号，代号)关系组
    """
    textSplit = text.split('\n')
    textSplit.pop(-1)
    textProcessed = []
    relationGraph = []
    for t in textSplit:
        tmp = t.split('\t')
        wordArray = [tmp[0], tmp[1], tmp[3], tmp[6], tmp[7]]
        relation = (tmp[0], tmp[6])
        textProcessed.append(wordArray)
        relationGraph.append(relation)
    return textProcessed, relationGraph

def showGraph(self, graph):
    """
    生成词语关系图
    param graph: 传入图
    return graphic:返回经过networkx处理的关系图
    """
    graphic = nx.DiGraph()
    for node in range(0, len(graph) + 1):
        graphic.add_node(str(node))
    graphic.add_edges_from(graph)
    return graphic
```

```python
#在9.3.3节的Extraction文件中继续FinanceText的调用
#导入networkx, pyhanlp
#result1:携带偏好的段落中心句
for key in result1:
    #用HanLP进行分隔
    ans = HanLP.parseDependency(topic_sentence[key[0]].strip())
    #对分隔数据进行处理
    textStructure, graph = financeText.hanlp_split(ans.toString())
    #生成词语关系图
    graphic = financeText.showGraph(graph)
```

9.4.2 结构树剪枝

通过上述依存句法分析，可以得到语句层次关系，下一步对语句层次关系进行剪枝处理，

即将出度与入度低的词删除,留下出度与入度高的词,将这些词合并成句子,作为输出。

输入文本:货币政策方面强调"精准",明确要处理好恢复经济和防范风险的关系。"外需强内需弱"特征下的经济复苏全年宏观政策基调无疑是以当前基本经济形势为考量制定的,而当前经济运行情况的最大特征即为"外需强内需弱"。语句层次关系如图 9-8 所示。

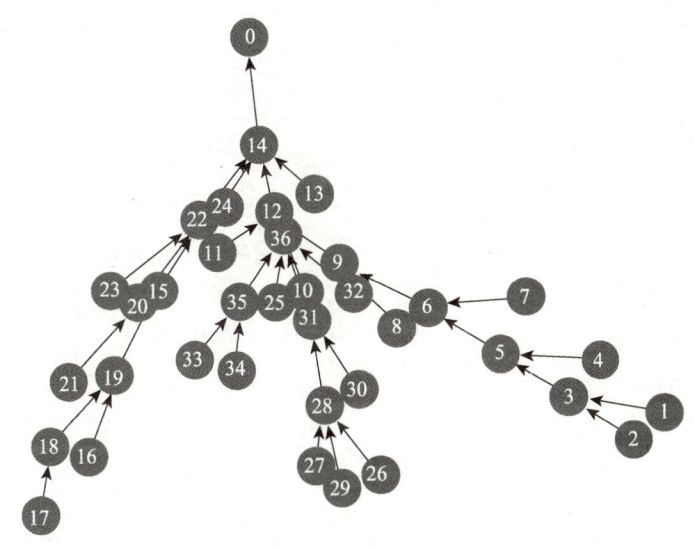

图 9-8 语句层次关系

剪枝后效果如图 9-9 所示。

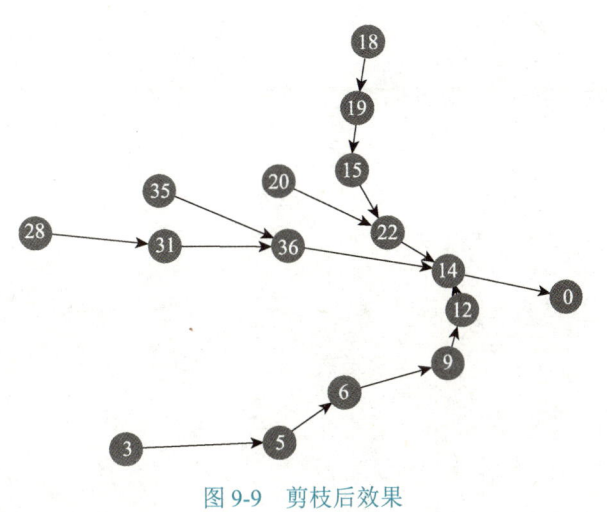

图 9-9 剪枝后效果

该部分代码实现思路如图 9-10 所示。

结构树剪枝的具体代码分为两部分,第一部分为补充类中的函数定义,第二部分为调用类进行剪枝,并生成摘要。

```
#在导入 networkx 的前提下,补充 9.2.4 中 FinanceText 类中的函数定义
def removeGraphNode(self, graphic):
    """
```

```
结构树剪枝
├── 补充类: FinanceText
│   ├── 函数: removeGraphNode ( )
│   └── 函数: completeSentence ( )
├── 定义函数: removeGraphNode ( )
│   └── 目的: 对语句层次关系图进行剪枝
│       删除出度为1、入度为0的节点
│       return: gCopy (剪枝后的图)
├── 定义函数: completeSentence ( )
│   ├── 目的: 拼接关系生成新句子
│   ├── 传入参数: textStructrue (数据结构)
│   ├── 传入参数: 剪枝后的图
│   └── return: sentence (生成的句子)
├── 结构树剪枝
│   └── 调用 removeGraphNode ( )函数
├── 拼接
│   └── 调用 completeSentence ( )函数
└── finalSentence: 经过剪枝后拼接获得的摘要
```

图 9-10　结构树剪枝代码实现思路

```
对图进行剪枝 (删除出度为1, 入度为0的节点)
param graphic: 传入经过networkx 处理的图
return gCopy: 返回经过剪枝后的图
"""
#出度
outDegree = 1
#入度
inDegree = 0
gCopy = graphic.copy()
gIn = gCopy.in_degree(gCopy)
gOut = gCopy.out_degree(gCopy)
nodeRemove = []
for n in gCopy.nodes():
    if gIn[n] == inDegree and gOut[n] == outDegree:
        nodeRemove.append(n)
    if gIn[n] == 0 and gOut[n] == 0:
        nodeRemove.append(n)
for node in nodeRemove:
    gCopy.remove_node(node)
return gCopy

def completeSentence(self, textStructure, nodes):
    """
    #拼接关系生成新句子
    param textStructure:传入如[代号, 文本, 词性, 关系指向, 关系]的数据结构
    param nodes: 传入经过剪枝后的图
    return sentence: 返回生成的句子
    """
    sentence = ''
    for text in textStructure:
        if str(text[0]) in nodes:
```

```
            sentence += text[1]
    return sentence
```

```
#在 9.3.3 节的 Extraction 文件中继续 FinanceText 的调用
#生成 graphic（结构树，即语句层次关系图）
#对结构树进行剪枝
graphCut = financeText.removeGraphNode(graphic)
#拼接生成新句子
sentence = financeText.completeSentence(textStructure, graphCut)
finalSentence += sentence + '。'
```

经过上述步骤，可以获得初步摘要。

在剪枝过程中，出度和入度的定义依照不同需求、不同应用领域会有不同的策略或方法。并且，在中文语境中，句子与句子之间存在着因果、转折、并列、递进等关系，因此可以对上述拼接好的句子做相关性处理，如给存在关系的句子加入对应的连词，使其更符合中文的逻辑。另外，可以通过语义依存分析使合并的句子能够满足上下文语义的要求。这里只做启发性思考，有兴趣的读者可以进行深入研究，进而提升文本摘要自动生成性能。

参考文献

[1] 唐晓波，刘志源. 金融领域文本序列标注与实体关系联合抽取研究[J]. 情报科学，2021, 39(5):3-11.

[2] 谭金源，刁宇峰，祁瑞华，林鸿飞. 基于 BERT-PGN 模型的中文新闻文本自动摘要生成[J]. 计算机应用，2021, 41(1): 127-132.

[3] 王玮. 基于 C-R 神经网络的生成式自动摘要方法[J]. 计算机与数字工程，2020, 48(1): 112-118.

[4] 高阳，闫仁武，袁双双. 基于 M-C-G 神经网络的多文档自动摘要方法[J]. 软件导刊，2020, 19(10): 39-45.

[5] 张世琨，谢睿，叶蔚，陈龙. 基于关键词的代码自动摘要[J]. 计算机研究与发展，2020, 57(9): 1987-2000.

[6] 贾晓婷，王名扬，曹宇. 基于加权主题分布表达的微博文本摘要生成研究[J]. 东北师大学报（自然科学版），2020, 52(1): 69-74.

[7] 肖元君，吴国文. 基于 Gensim 的摘要自动生成算法研究与实现[J]. 计算机应用与软件，2019, 36(12): 131-136.

[8] 李金鹏，张闯，陈小军，等. 自动文本摘要研究综述[J]. 计算机研究与发展，2021, 58(1): 1-21.

[9] 徐小龙，杨春春．一种基于主题聚类的多文本自动摘要算法[J]．南京邮电大学学报（自然科学版），2018, 38(5): 70-78.

[10] HUANG H, LEI M, FENG C．Hypergraph network model for nested entity mention recognition[J]．Neurocomputing, 2021, 423(8): 200-206.

[11] HAN X, WANG L．A Novel Document-Level Relation Extraction Method Based on BERT and Entity Information[J]．IEEE Access, 2020, 8: 96912-96919.

[12] CHEN Y, WANG K, YANG W, et al．．A Multi-Channel Deep Neural Network for Relation Extraction[J]．IEEE Access, 2020, 8: 13195-13203.

第 10 章

自然语言处理：实体关系抽取

BD

本章 Python 工程文件环境配置：Python 3.7，Pycharm 2020.2.3，Neo4j-community 3.5.5，TensorFlow 1.14.0。

10.1 知识抽取

10.1.1 知识抽取任务定义

作为构建多数据源、大规模的知识图谱的基础，知识抽取是最为关键的环节。知识抽取的概念源于 20 世纪 70 年代后期的自然语言处理领域，所指的"知识"通常是清楚的、客观的、事实性的信息，目的是将多个碎片化的文本信息进行合并，将非结构化的数据转化为结构化数据，具体包括某一特定应用领域的实体、关系等三元组。下面针对一段关于云南城投的文字描述，给出一个知识抽取任务的例子。

云南城投置业股份有限公司的前身为云南光明啤酒股份有限公司，于 1992 年 12 月以定向募集方式成立，1998 年 10 月 23 日在云南省工商行政管理局变更名称为云南红河光明股份有限公司，企业法人营业执照注册号为 5300001002428，公司股本为 177 338 160.00 元。2007 年 10 月 24 日在云南省工商行政管理局变更名称为云南城投置业股份有限公司，企业法人营业执照注册号为 530000000004673，公司注册地址为云南省昆明市民航路 400 号，法定代表人为许雷。

知识抽取方法可以自动获取关于该公司的结构化信息，包括公司成立时间、注册地址、法定代表人等。抽取结果如表 10-1 所示。

表 10-1 非结构化数据抽取结果

云南城投置业股份有限公司	前身公司	云南光明啤酒股份有限公司
云南城投置业股份有限公司	成立时间	1992 年 12 月
云南城投置业股份有限公司	注册地址	云南省昆明市民航路 400 号
云南城投置业股份有限公司	法定代表人	许雷

10.1.2 知识抽取任务分类

具体来看，知识抽取包括下列子任务。

1. 实体抽取（命名实体识别）

概念详见第 8 章。

2. 关系抽取

从文本中抽取实体与实体之间的关系。例如，从句子"云南城投置业股份有限公司的前身为云南光明啤酒股份有限公司"识别出实体"云南城投置业股份有限公司"和"云南光明啤酒股份有限公司"之间具有"前身公司"的关系，见表 10-1。

3. 事件抽取

从文本中抽取关于事件的信息，并以结构化的形式呈现。例如，从一篇新闻报道中抽取出事件发生的触发词、时间、地点等内容。

4. 实体消歧

经由命名实体识别或词典匹配技术进行实体的指称识别，生成的实体可能有多个候选项，因此需要对候选实体消歧，得到唯一实体，链接到知识库中。

10.1.3 审计领域知识抽取任务

作为一种大数据技术，知识图谱能够通过数据化、系统化的手段梳理知识间的内在关系并进行可视化呈现。对于审计机构而言，审计人员流动频繁、专业胜任能力各有高低，一张被审计单位的知识图谱的意义不仅在于存储信息，更重要的是评价被审计单位碎片化的信息，识别其中的潜在风险。构建审计知识图谱的基础是获取实体和关系，对于审计而言，关键点在于特定领域实体关系抽取的精确度。

大数据时代下审计线索的收集渠道更加广泛，除了被审计单位提供的业务数据及支持证据，还包括政府文书、新闻媒体稿件、社交网站等。这些非结构化数据的数据量远远超过业务数据这类结构化数据，其中隐含着的审计线索更需要审计人员进行挖掘。

10.2 面向结构化数据的知识抽取

财经文本中蕴含着大量以表格形式出现的信息，第 4 章已经对 PDF 格式的文本内容进行了处理。作为一类结构化形式的数据，表格数据有别于非结构化数据的抽取难度高、精确度无法保证的问题，可以非常直观地反映实体关系信息，其关键技术在于从 PDF 文件中准确提取表格信息。

Python 中有多个用于解析 PDF 文件的库，其中 pdfplumber 库除了解析文本，还能对表格数据进行有效提取。演示代码如下。

```
import pdfplumber
```

```
pdf = pdfplumber.open("pdf 文件路径")
pages = pdf.pages
page = pages[0]
tables = page.extract_tables()
table = tables[0]
print(table)
```

其中，如果表格在第 1 页，就使用 page[0] 表示；extract_tables() 函数返回的 tables 是一个列表，若要进行美化，可以结合 pandas 库进行。其最常用的使用方法是将表格数据以 Excel 表格或者 MySQL 数据库等方式进行保存。例如，借助 xlwt 库，将财经文本表格数据保存到 Excel 表格中，原表格内容及抽取结果如图 10-1、图 10-2 所示。

三、 基本情况简介	
公司注册地址	云南省昆明市民航路869号融城金阶广场A座
公司注册地址的邮政编码	650200
公司办公地址	云南省昆明市民航路869号融城金阶广场A座
公司办公地址的邮政编码	650200
电子信箱	ynctzy@163.com

四、 信息披露及备置地点	
公司选定的信息披露媒体名称	《上海证券报》、《中国证券报》、《证券时报》、《证券日报》
公司年度报告备置地点	公司董事会办公室

图 10-1　PDF 文件中以结构化形式出现的文本

公司注册地址	云南省昆明市民航路869号融城金阶广场A座
公司注册地址的邮政编码	650200
公司办公地址	云南省昆明市民航路869号融城金阶广场A座
公司办公地址的邮政编码	650200
电子信箱	ynctzy@163.com
公司选定的信息披露媒体名称	《上海证券报》、《中国证券报》、《证券时报》、《证券日报》
公司年度报告备置地点	公司董事会办公室

图 10-2　结构化数据抽取结果

10.3　面向非结构化数据的知识抽取

除结构化数据之外，大量的数据是以非结构化形式存在的，如新闻报道、政府文件、财经公告等，本节将对这一类数据的知识抽取技术和方法进行介绍。

10.3.1　深度学习和神经网络

深度学习的概念源于人工神经网络的研究，是机器学习研究中的一个重要领域，其动机在于建立模拟人脑进行分析学习的神经网络,模仿人脑的机制来解释数据,如图像、声音和文本。

经典的神经网络包含三个层次:输入层、中间层、输出层。其中的节点称为神经元,神经元间的连线称为连接线,每个连接线都对应一个不同的权重,神经网络训练的目标就是将权重的值调整到最佳,以使得整个网络的预测效果最好。神经网络架构如图 10-3 所示。

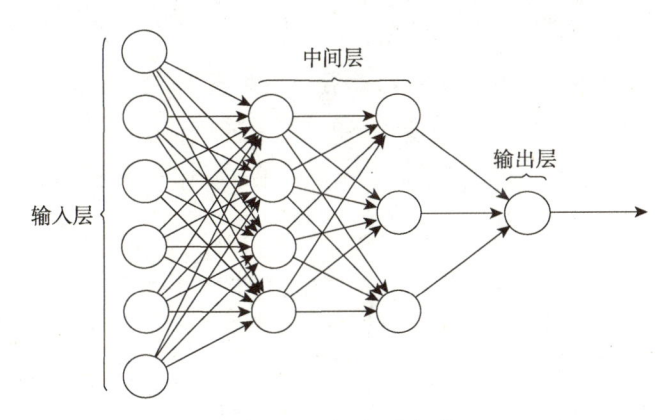

图 10-3　神经网络架构

深度神经网络实际上就是将神经网络进行叠加,中间层也叫隐藏层,能够分辨出浅层神经网络无法分辨的细节。具体来说,随着网络的层数增加,每层对前一层的抽象表示都更为深入,如第一个中间层学习到的是"边缘"的特征,第二个中间层学习到的是由"边缘"组成的"形状"的特征,第三个中间层学习到的是由"形状"组成的"图案"的特征,最后的中间层学习到的是由"图案"组成的"目标"的特征。通过抽取更抽象的特征来对事物进行区分,从而获得更好的区分与分类的能力。

目前,深度神经网络在人工智能领域占据统治地位。但凡有关人工智能的产业报道,必然离不开深度学习。深度神经网络的研究仍在进行中,现在最为火热的技术研究包括 RNN(Recurrent Neural Network,循环神经网络)、LSTM(Long Short-Term Memory,长短期记忆)神经网络等,研究方向则是图像理解方面。

10.3.2　基于 BERT 模型的实体抽取方法

第 8 章介绍了命名实体识别的含义,以及基于预训练模型的实体关系抽取方法。然而随着深度学习方法在自然语言处理领域的广泛应用,神经网络、注意力机制等一系列新技术被运用于实体抽取问题之中,并取得了很好的效果,下面将通过介绍 BERT 模型的下载、配置、使用、微调等一系列内容,带领大家学习基于 BERT 模型的中文命名实体识别。

1. Transformer 简介

在自然语言处理任务中可供使用的模型众多,推动其不断演化进步的目标就是提高准确率和召回率。在 Stanford 阅读理解数据集（SQuAD2.0）2020 年的榜单中，机器的成绩已经超出人类表现，且位居前列的模型中都出现了 Transformer 的 BERT 模型的身影。Transformer 是谷歌大脑在 2010 年底发表的论文 Attention is All You Need 中提出的 seq2seq 模型，这也正是 BERT 模型学习的基础。

在此之前，进行自然语言处理任务使用更多的是 RNN 和卷积神经网络（CNN）方法，之后出现了对传统神经网络进行优化的 LSTM 等模型。由于 LSTM 的训练过程是迭代的，只有当前数据在模型中训练完后，下一个数据才会进入，因此 Transformer 的并行训练相比 LSTM 能够大幅提高学习效率。Transformer 的流程结构如图 10-4 所示，主要由编码器和解码器两部分构成。

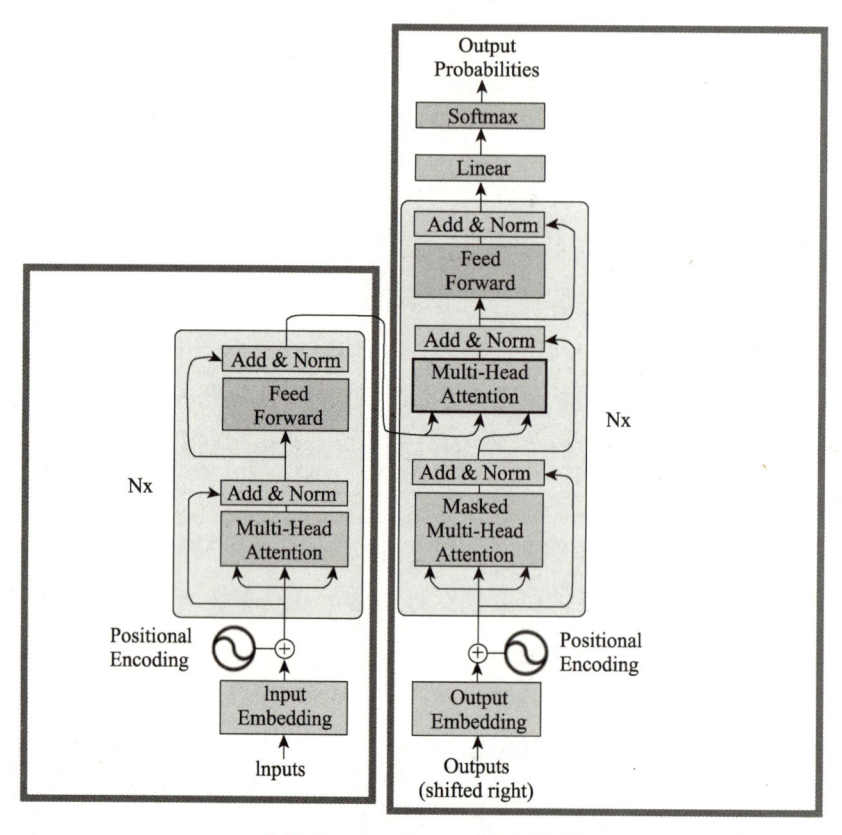

图 10-4　Transformer 的流程结构

假设以 X 代表一个自然语言序列，X 的维度为[batch_size, sequence_length, embedding_dimension]。其中，batch_size 代表句子的个数，sequence_length 代表句子的长度，embedding_dimension 代表嵌入维度。

Transformer 提供的关键点如下：① 规格化点乘内积注意力；② 多头注意力，即把 Query、Key 和 Value 分别线性变换到不同维度空间，然后把得到的多个头级联起来成为多头注意力；③ Transformer 中没有类似于 LSTM 的迭代操作，所以必须通过位置编码（Positional Encoding）

提供每个字的位置信息才能识别出顺序关系，同时便于后续注意力模型分辨词的位置。

Transformer 编码器部分公式化表述如下。

（1）字向量与位置编码：

```
X = EmbeddingLookup(X) + Positional Encoding
X∈Rbatch size * seq. len. * embed. dim.
```

（2）自注意力机制：

```
Q= Linear(X)= XWQ
K = Linear(X)= XWK
V = Linear(X)= XWV
Xatention = SelfAttention(Q, K, V)
```

（3）残差链接与 Layer Normalization：

```
Xatention= X+ Xattention
Xattention = LayerNorm (Xattention)
```

（4）FeedForward，即两层线性映射并用激活函数激活：

```
Xhidden = Activate(Linear(Linear(Xattention)))
```

（5）重复（3）：

```
Xhidden= Xattention + Xhidden
Xhidden = LayerNorm(Xhidden)
Xhidden∈R^(batch size * seq. len. # embed. dim.)
```

2．语言模型与 BERT 模型简介

语言模型（Language Model）公式化的表述为 $P(C_1, C_2, \cdots, C_m)$，即一串词序列的概率分布，作用是为一个长度为 m 的文本确定一个概率 P，表示这段文本存在的可能性。BERT 的全称为 Bidirectional Encoder Representations from Transformers，即 Transformer 的双向编码器表征，为 Transformer 中编码器的部分。在 BERT 模型中，主要以两种方式建立语言模型。

1）掩码语言模型（Masked Language Model）

这个任务将随机遮盖或替换一句话里的任意字或词，然后让模型通过上下文的理解预测该部分内容，之后计算损失时只计算被遮盖部分[mask]的损失。实际操作方式为，随机把一句话中 15%的表示词替换为以下内容：80%的概率被替换成[mask]，10%的概率被替换成任意一个表示词，10%的概率不变。

2）下一句预测（Next Sentence Prediction）

这个任务简单而言就是上下句预测，实际操作方式为，在句子开头加一个[CLS]，在两句话的中间和句末各加一个[SEP]，来判断前后两句话的关联性，即"[CLS]上句, [SEP]下句。[SEP]"。

模型输入如图 10-5 所示。

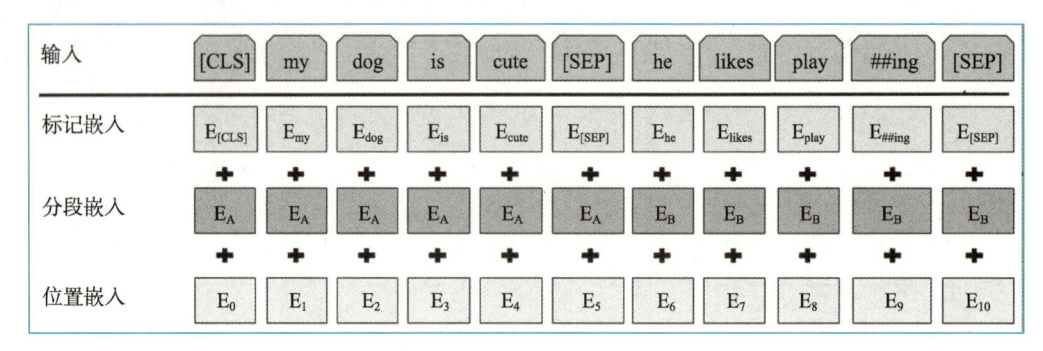

图 10-5　模型输入

3．BERT 开源项目简介

谷歌的 BERT 模型基于 TensorFlow 框架，目前已经开源，学习本节前可以通过 GitHub 网站进行了解。

首先，在 GitHub 网站下载核心代码，如图 10-6 所示；单击 "Code" 按钮后，选择 "Download ZIP"，并将其解压到项目文件夹中，建议新建的项目文件夹取名为 bert。

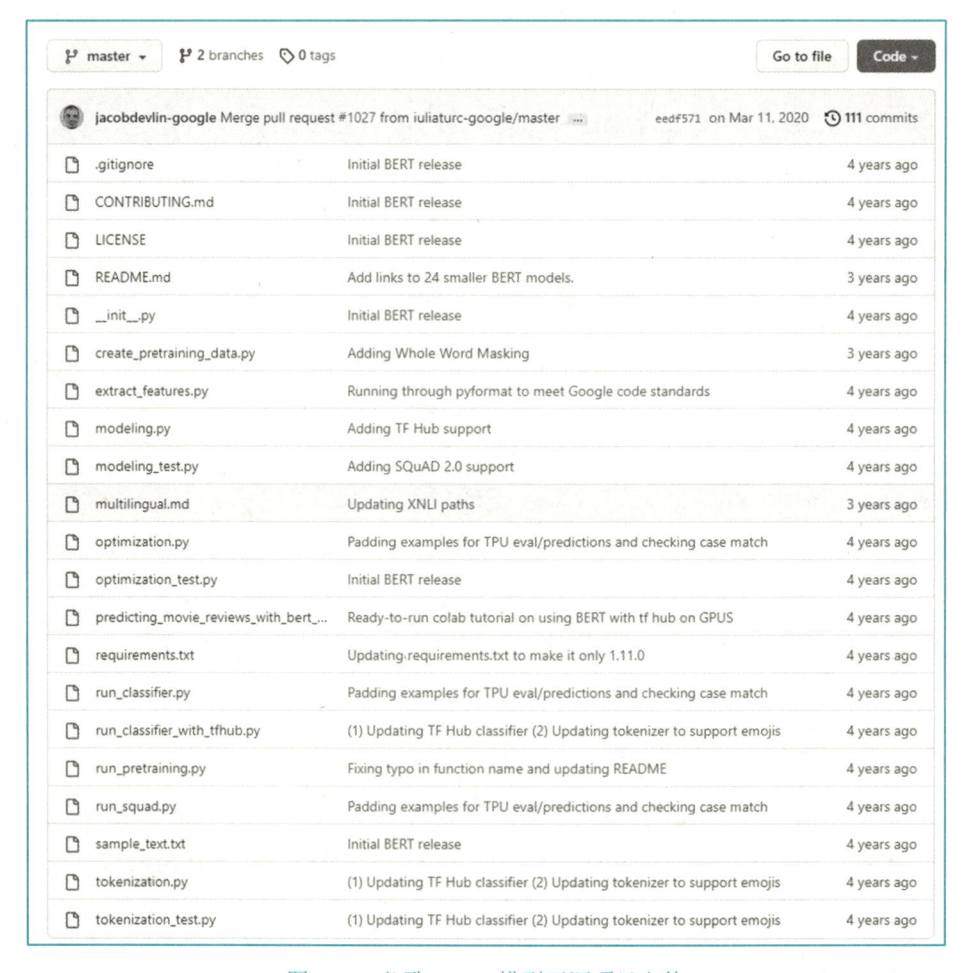

图 10-6　谷歌 BERT 模型开源项目文件

谷歌提供了多个已经训练好的 BERT 模型及对应的实例任务，可以直接进行下载，之后在使用 BERT 模型时就可以基于这些训练好的模型添加自己的子任务进行学习。部分实例任务如图 10-7 所示，其中“Cased”表示需要进行英文的大小写转换。

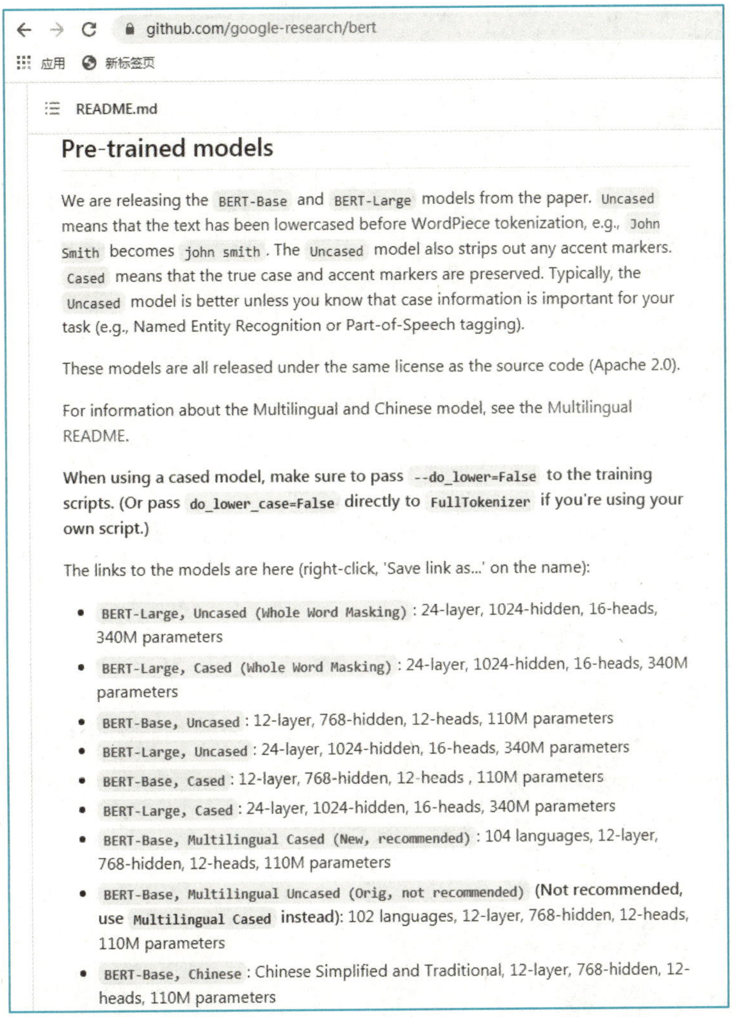
github.com/google-research/bert

应用 新标签页

README.md

Pre-trained models

We are releasing the `BERT-Base` and `BERT-Large` models from the paper. `Uncased` means that the text has been lowercased before WordPiece tokenization, e.g., `John Smith` becomes `john smith`. The `Uncased` model also strips out any accent markers. `Cased` means that the true case and accent markers are preserved. Typically, the `Uncased` model is better unless you know that case information is important for your task (e.g., Named Entity Recognition or Part-of-Speech tagging).

These models are all released under the same license as the source code (Apache 2.0).

For information about the Multilingual and Chinese model, see the Multilingual README.

When using a cased model, make sure to pass `--do_lower=False` to the training scripts. (Or pass `do_lower_case=False` directly to `FullTokenizer` if you're using your own script.)

The links to the models are here (right-click, 'Save link as...' on the name):

- `BERT-Large, Uncased (Whole Word Masking)` : 24-layer, 1024-hidden, 16-heads, 340M parameters
- `BERT-Large, Cased (Whole Word Masking)` : 24-layer, 1024-hidden, 16-heads, 340M parameters
- `BERT-Base, Uncased` : 12-layer, 768-hidden, 12-heads, 110M parameters
- `BERT-Large, Uncased` : 24-layer, 1024-hidden, 16-heads, 340M parameters
- `BERT-Base, Cased` : 12-layer, 768-hidden, 12-heads , 110M parameters
- `BERT-Large, Cased` : 24-layer, 1024-hidden, 16-heads, 340M parameters
- `BERT-Base, Multilingual Cased (New, recommended)` : 104 languages, 12-layer, 768-hidden, 12-heads, 110M parameters
- `BERT-Base, Multilingual Uncased (Orig, not recommended)` (Not recommended, use `Multilingual Cased` instead): 102 languages, 12-layer, 768-hidden, 12-heads, 110M parameters
- `BERT-Base, Chinese` : Chinese Simplified and Traditional, 12-layer, 768-hidden, 12-heads, 110M parameters

图 10-7　谷歌 BERT 模型部分实例任务

例如，选择其中任意一项，下载后文件夹中包括 5 个文件，如图 10-8 所示，第 1 个文件中存储着模型参数，第 2～4 个文件为谷歌训练时保存下来的权重参数，第 5 个文件为语料库。

在进行第一个项目前，需要先下载数据集，对应页面如图 10-9 所示。

下载好 glue_data 数据集后，将其存放在项目文件夹中，如图 10-10 所示。

glue_data 文件夹中有一个名为 MRPC 的文件夹，因为 MRPC 模型的数据量较小，所以借此项目进行练习。这个任务主要针对文本分类，即判断两句话是否表达相同含义，训练集 train.tsv 中第 2 列 1 和 0 代表两句话的含义相同或不同，第 2、3 列代表两个 string 字符串对应的 ID。测试集 Test.tsv 中会少一列 0 或 1 的标签。

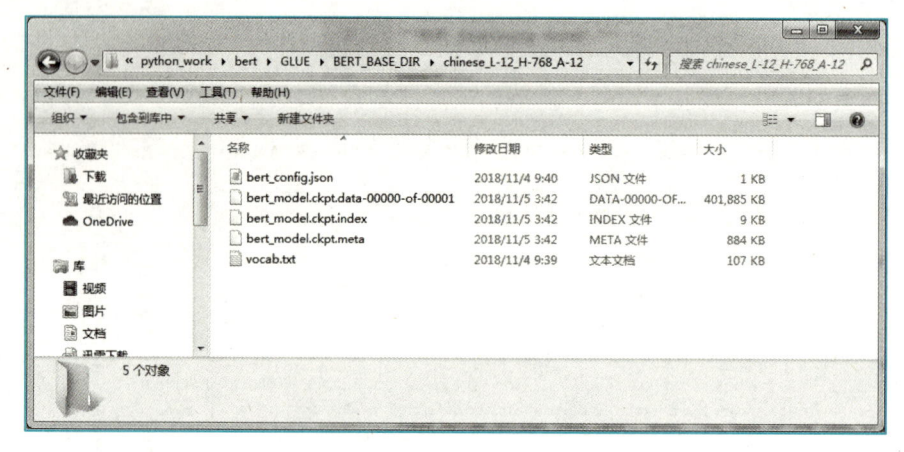

图 10-8　BERT 模型实例任务下载

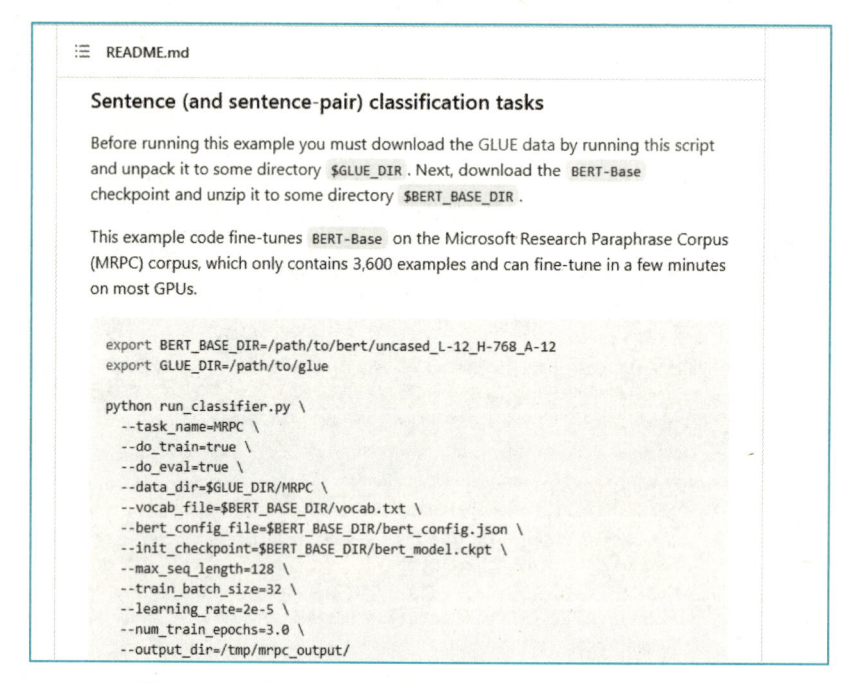

图 10-9　谷歌 BERT 模型提供的文本分类任务训练数据集

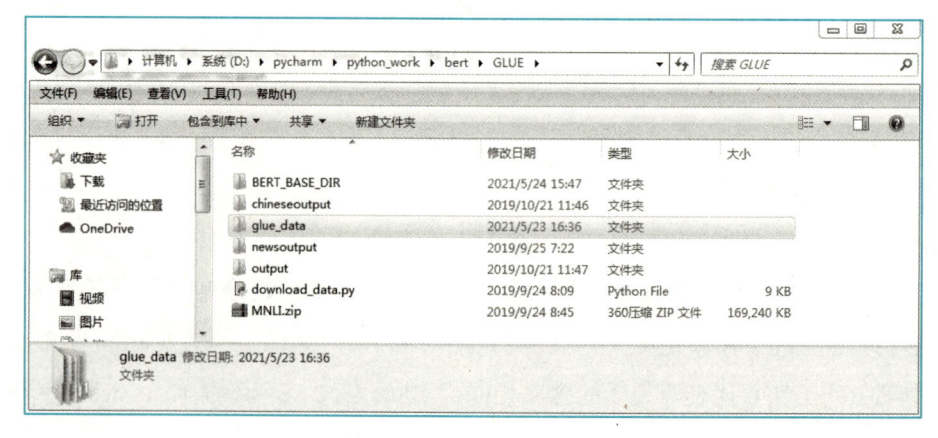

图 10-10　数据集下载完成

4．BERT 文本分类项目实战

所有所需材料下载完毕，如图 10-11 所示，可以看到其中包含多个代码文件。由于 BERT 模型是基于 TensorFlow 的预训练模型，因此还需安装 TensorFlow 库，注意不要使用 TensorFlow 2.0 以上版本，避免遇到与源代码不匹配而需要降版本的问题。

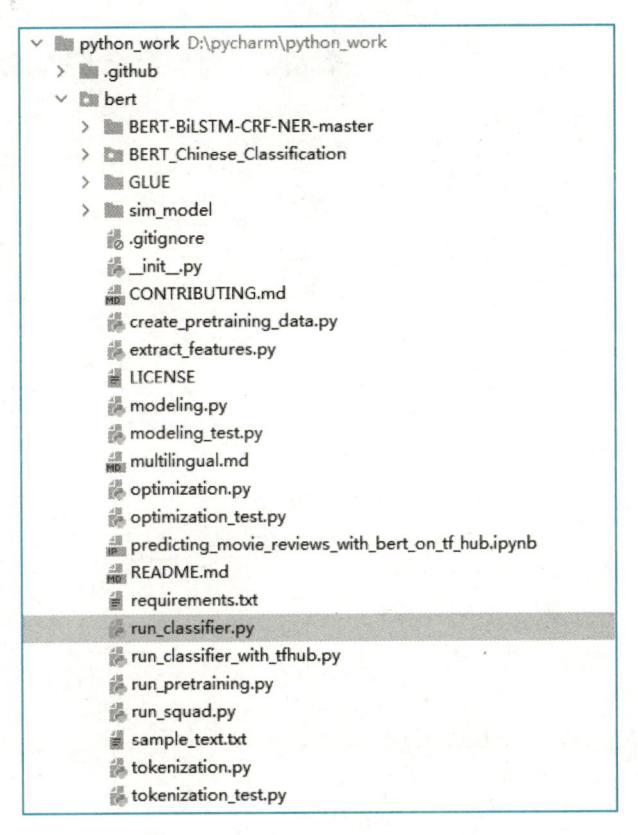

```
python_work  D:\pycharm\python_work
├── .github
└── bert
    ├── BERT-BiLSTM-CRF-NER-master
    ├── BERT_Chinese_Classification
    ├── GLUE
    ├── sim_model
    ├── .gitignore
    ├── __init__.py
    ├── CONTRIBUTING.md
    ├── create_pretraining_data.py
    ├── extract_features.py
    ├── LICENSE
    ├── modeling.py
    ├── modeling_test.py
    ├── multilingual.md
    ├── optimization.py
    ├── optimization_test.py
    ├── predicting_movie_reviews_with_bert_on_tf_hub.ipynb
    ├── README.md
    ├── requirements.txt
    ├── run_classifier.py
    ├── run_classifier_with_tfhub.py
    ├── run_pretraining.py
    ├── run_squad.py
    ├── sample_text.txt
    ├── tokenization.py
    └── tokenization_test.py
```

图 10-11　BERT 模型的代码文件

要运行其中的代码文件需要传入多个参数，为便于解释，这里不使用命令行输入，而是单击菜单栏"Run→Edit Configurations"命令，找到对应的文件名 run_classifier.py，将谷歌提供的参数集（见图 10-9）内容复制到"Parameters"栏中，具体操作如图 10-12、图 10-13 所示。

接下来对参数进行简单介绍。

① --task_name=MRPC \：对于不同的数据而言，预处理的方法也不相同。MRPC 模型为已经训练好的例子，无须进行预处理，如果要使用自己的任务，需要对其进行修改。

② --do_train=true \ --do_eval=true \：是否需要训练，是否需要验证结果。

③ --data_dir=$GLUE_DIR/MRPC \：数据集所在文件夹的位置，建议使用绝对路径表示，不要出现中文路径。

④ --vocab_file=$BERT_BASE_DIR/vocab.txt \：语料库所在位置。

⑤ --bert_config_file=$BERT_BASE_DIR/bert_config.json \：超参数所在位置。

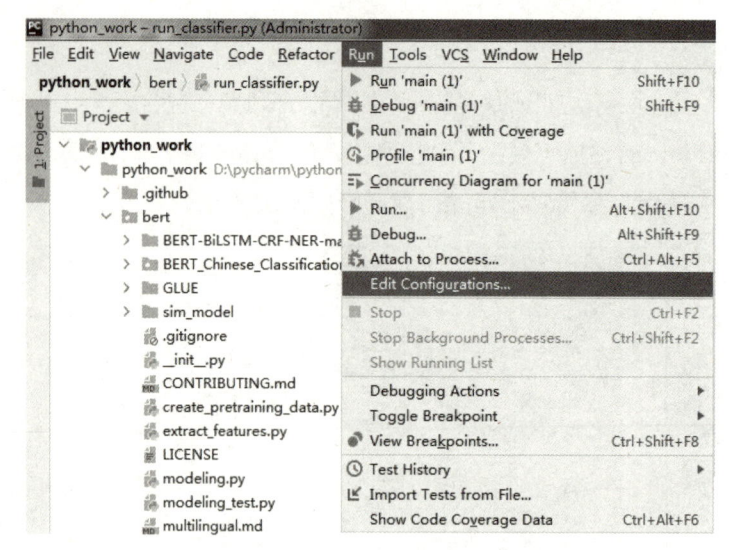

图 10-12　Pycharm 中的配置命令

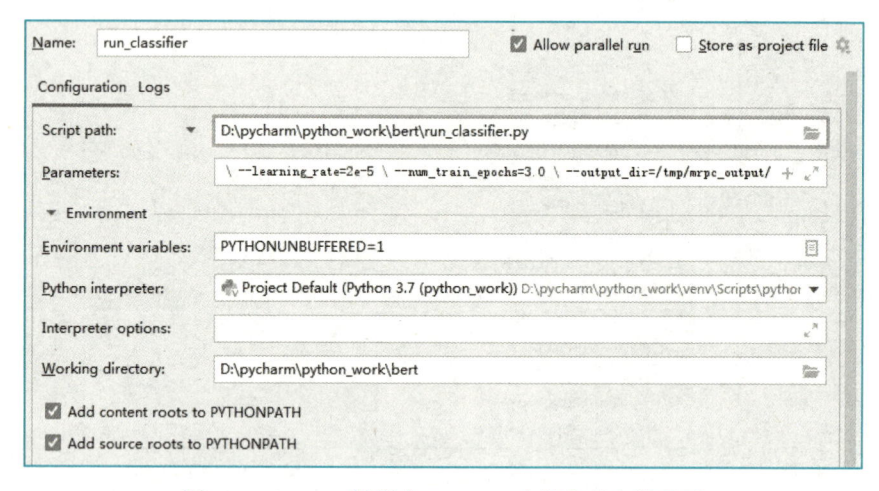

图 10-13　BERT 模型在 Pycharm 中传入的参数配置

⑥ --init_checkpoint=$BERT_BASE_DIR/bert_model.ckpt \：checkpoint 所在位置。

⑦ --train_batch_size=32 \：每次训练的样本数量，在初次尝试时不建议指定过大。

⑧ --output_dir=/tmp/mrpc_output/：保存的训练模型所在文件夹的位置，建议先创建 mrpc_output 文件夹以避免报错。

参数配置完成后，运行 run_classifier.py 文件。

5．BERT 模型部分核心代码介绍

BERT 模型代码量较大，其中包含多个模块的结构和功能。例如，modeling.py 模块主要定义了 BERT 模型的主体结构，即从 input_ids 到 sequence_output 及 pooled_output 的计算过程，是其他后续任务的基础。

这里主要介绍 run.classifier.py 模块，模块功能为配置和启动基于 BERT 模型的文本分类任务。其中，get_train_examples( )函数用于加载训练样本，通过 read_csv( )或者 read_tsv( )函数读取数据；num_train_steps 表示训练中需要迭代的次数；warmup_proportion 用以优化学习率，即在开始训练时选用较小的学习率，后续重新还原，部分代码如下。

```
train_examples = None                              #训练样本
num_train_steps = None                             #训练步数（每更新一次参数对应一步）
num_warmup_steps = None                            #预热步数

if FLAGS.do_train:
    train_examples = processor.get_train_examples(FLAGS.data_dir)    #加载训练样本
    #训练步数 = 样本长度 / 训练总批次 * 训练总次数
    num_train_steps = int(len(train_examples) / FLAGS.train_batch_size * FLAGS.num_train_epochs)
    #根据 warmup 比例计算预热步数
    num_warmup_steps = int(num_train_steps * FLAGS.warmup_proportion)
    model_fn = model_fn_builder(bert_config = bert_config,
                                num_labels = len(label_list),
                                nit_checkpoint = FLAGS.init_checkpoint,
                                learning_rate = FLAGS.learning_rate,
                                num_train_steps = num_train_steps,
                                num_warmup_steps = num_warmup_steps,
                                use_tpu = FLAGS.use_tpu,
                                use_one_hot_embeddings=FLAGS.use_tpu)
```

构造模型的整个过程，返回的 model_fn( )是一个函数，其定义了模型训练、评测方法，并且加载了 BERT 模型的参数进行了模型的参数初始化过程。model_fn( )函数的默认参数只有 features、labels、mode、params 四个，所以在 model_fn 上包裹了一层 model_fn_builder( )，便于融入其他参数。

BERT 模型读取数据时，需要将其转换成 TFRecord 的格式。Convert_single_example( )函数首先构建数据标签，并判断其中包含了几句话，使用单词拆分算法及贪婪匹配方式将词进行切分。部分代码如下：

```
def file_based_convert_examples_to_features(
    examples, label_list, max_seq_length, tokenizer, output_file):
    #将数据处理模块得到的数据转换成特征并写到 TFRecord 文件中
    writer = tf.python_io.TFRecordWriter(output_file)
    for (ex_index, example) in enumerate(examples):         #遍历所有训练样本
        if ex_index % 10000 == 0:
            tf.logging.info("Writing example %d of %d" % (ex_index, len(examples)))
        feature = convert_single_example(ex_index, example, label_list, max_seq_length, tokenizer)
```

在遍历每个 example（InputExample 类对象）后，使用 convert_single_example( )函数把每个 InputExample 类对象都转换成 InputFeature 类，用于存放特征。

在输入一个句子的前后两句话后，额外添加[CLS]、[SEP]、[SEP]三个特殊字符，type_ids 中只包含 0 和 1 两个数，0 代表前一句话，1 代表后一句话，待分类特征[CLS]的 type_ids 等于

0。Input_ids 通过字查找 wocab.txt 中对应的索引，再通过索引查找向量，部分代码如下。

```
tokens = []
segment_ids = []
tokens.append("[CLS]")
segment_ids.append(0)                        #形成原始的 token 和 segment_ids
for token in tokens_a:
    tokens.append(token)
    segment_ids.append(0)
    tokens.append("[SEP]")
    segment_ids.append(0)                    #第一句话（包括[CLS]、第一句话的内容、第一句话的结束符[SEP]）
if tokens_b:
    for token in tokens_b:
        tokens.append(token)
        segment_ids.append(1)
    tokens.append("[SEP]")
    segment_ids.append(1)                    #第二句话（包括第二句话的内容和第二句话的结束符[SEP]）
```

在输入过程中，由于需要保证句子长度是一样的，因此对长度不同的句子需要进行截断或者补齐。max_seq_length 表示最大长度，若设置为128，则长度不到128的句子句末用 0 作为索引进行补充。补充部分的 Input_mask 为 0，便于之后的 self attention 操作，部分代码如下。

```
input_mask = [1] * len(input_ids)
    while len(input_ids) < max_seq_length:   #设置mask区域，掩码1表示实数标记，0表示填充标记
        input_ids.append(0)
        input_mask.append(0)
        segment_ids.append(0)                #长度不满时用 0 补充
```

这个模块运行后的示例结果如图 10-14 所示。

数据处理完毕，开始构建模型（谷歌开源模型为 create_model）。

其中，use_one_hot_embeddings 只在 TPU 训练时使用，默认为 False，初学者使用 CPU 训练时可以不必考虑，部分代码如下：

```
def create_model(bert_config, is_training, input_ids, input_mask, segment_ids,
                labels, num_labels, use_one_hot_embeddings):        #定义自己的工程模型
    model = modeling.BertModel(
        config = bert_config,
        is_training = is_training,
        input_ids = input_ids,
        input_mask = input_mask,
        token_type_ids = segment_ids,
        #BERT 模型的输入: input_ids, input_mask, segment_ids
        use_one_hot_embeddings = use_one_hot_embeddings)
        #首先调用 modeling.BertModel()得到 BERT 模型
```

embedding_lookup()函数的输入包括 input_ids、语料表、映射维度、初始化取值范围，这是 embedding 层的第一项任务，目的是将 input_ids 映射为向量，形状为[batch_size, seq_length, embedding_size]。部分代码如下。

```
INFO:tensorflow:*** Example ***
I0831 12:27:41.266600 11056 run_classifier.py:515] *** Example ***
INFO:tensorflow:guid: train-3
I0831 12:27:41.267600 11056 run_classifier.py:516] guid: train-3
INFO:tensorflow:tokens: [CLS] they had published an advertisement on the internet on june 10 , offering the
 cargo for sale , he added . [SEP] on june 10 , the ship ' s owners had published an advertisement on the
 internet , offering the explosives for sale . [SEP]
I0831 12:27:41.267600 11056 run_classifier.py:518] tokens: [CLS] they had published an advertisement on the
 internet on june 10 , offering the cargo for sale , he added . [SEP] on june 10 , the ship ' s owners had
 published an advertisement on the internet , offering the explosives for sale . [SEP]
INFO:tensorflow:input_ids: 101 2027 2018 2405 2019 15147 2006 1996 4274 2006 2238 2184 1010 5378 1996 6636
 2005 5096 1010 2002 2794 1012 102 2006 2238 2184 1010 1996 2911 1005 1055 5608 2018 2405 2019 15147 2006
 1996 4274 1010 5378 1996 14792 2005 5096 1012 102 0 0 0 0 0 0 0 0 0 0 0 0 0 0 0 0 0 0 0 0 0 0 0 0 0 0
 0 0 0 0 0 0 0 0 0 0 0 0 0 0 0 0 0 0 0 0 0 0 0 0 0 0 0 0 0 0 0 0 0 0 0 0 0 0
I0831 12:27:41.267600 11056 run_classifier.py:519] input_ids: 101 2027 2018 2405 2019 15147 2006 1996 4274
 2006 2238 2184 1010 5378 1996 6636 2005 5096 1010 2002 2794 1012 102 2006 2238 2184 1010 1996 2911 1005
 1055 5608 2018 2405 2019 15147 2006 1996 4274 1010 5378 1996 14792 2005 5096 1012 102 0 0 0 0 0 0 0 0 0 0
 0 0 0 0 0 0 0 0 0 0 0 0 0 0 0 0 0 0 0 0 0 0 0 0 0 0 0 0 0 0 0 0 0 0 0 0 0 0 0 0 0 0 0 0 0 0 0 0 0 0
 0 0 0 0 0 0 0 0 0 0 0 0 0 0
INFO:tensorflow:input_mask: 1 1 1 1 1 1 1 1 1 1 1 1 1 1 1 1 1 1 1 1 1 1 1 1 1 1 1 1 1 1 1 1 1 1 1 1 1 1 1 1
 1 1 1 1 1 1 1 1 0 0 0 0 0 0 0 0 0 0 0 0 0 0 0 0 0 0 0 0 0 0 0 0 0 0 0 0 0 0 0 0 0 0 0 0 0 0 0 0 0 0 0
 0 0 0 0 0 0 0 0 0 0 0 0 0 0 0 0 0 0 0 0 0 0 0 0 0 0 0 0 0 0 0 0 0 0 0 0 0
I0831 12:27:41.268600 11056 run_classifier.py:520] input_mask: 1 1 1 1 1 1 1 1 1 1 1 1 1 1 1 1 1 1 1 1 1 1 1
 1 1 1 1 1 1 1 1 1 1 1 1 1 1 1 1 1 1 1 1 1 1 1 1 1 0 0 0 0 0 0 0 0 0 0 0 0 0 0 0 0 0 0 0 0 0 0 0 0 0 0
 0 0 0 0 0 0 0 0 0 0 0 0 0 0 0 0 0 0 0 0 0 0 0 0 0 0 0 0 0 0 0 0 0 0 0 0 0 0 0 0 0 0 0 0 0 0 0 0 0 0
INFO:tensorflow:segment_ids: 0 0 0 0 0 0 0 0 0 0 0 0 0 0 0 0 0 0 0 0 0 0 0 1 1 1 1 1 1 1 1 1 1 1 1 1 1 1 1 1
 1 1 1 1 1 1 1 1 0 0 0 0 0 0 0 0 0 0 0 0 0 0 0 0 0 0 0 0 0 0 0 0 0 0 0 0 0 0 0 0 0 0 0 0 0 0 0 0 0 0 0
 0 0 0 0 0 0 0 0 0 0 0 0 0 0 0 0 0 0 0 0 0 0 0 0 0 0 0 0 0 0 0 0 0 0 0 0 0
I0831 12:27:41.268600 11056 run_classifier.py:521] segment_ids: 0 0 0 0 0 0 0 0 0 0 0 0 0 0 0 0 0 0 0 0 0 0
 0 1 1 1 1 1 1 1 1 1 1 1 1 1 1 1 1 1 1 1 1 1 1 1 1 1 0 0 0 0 0 0 0 0 0 0 0 0 0 0 0 0 0 0 0 0 0 0 0 0 0 0
 0 0 0 0 0 0 0 0 0 0 0 0 0 0 0 0 0 0 0 0 0 0 0 0 0 0 0 0 0 0 0 0 0 0 0 0 0 0 0 0 0 0 0 0 0 0 0 0 0 0
INFO:tensorflow:label: 1 (id = 1)
I0831 12:27:41.268600 11056 run_classifier.py:522] label: 1 (id = 1)
```

图 10-14　BERT 模型实体抽取运行示例

```
def embedding_lookup(input_ids,
                    vocab_size,                              #语料表
                    embedding_size=128,                      #映射维度
                    initializer_range=0.02,                  #初始化取值范围
                    word_embedding_name="word_embeddings",   #embeddding 表命名
                    #获取词向量,即输入的每句话中每个单词的 id,返回这句话的 embedding 表示
                    use_one_hot_embeddings=False):
```

embedding 层的第二项任务是添加位置编码,通过 embedding_postprocessor()函数实现,具体分为两个部分。首先按照 token_type_ids 查找词向量,加到各词语的向量表示中,如果 token_type_ids 不存在(不使用额外的 type 信息),就跳过这一步。然后,通过这个函数计算 position_embedding,再按照对应的位置加到句子的向量表示中。

随后,根据输入的 input_mask 计算形状为[batch_size, seq_length, embedding_size]的 mask,并将句子的向量表示和 mask 共同传给 transformer_model()函数,即 encoder 部分。部分代码如下:

```
#参数定义
def embedding_postprocessor(
    #形状为[batch_size, seq_length, embedding_size]
```

```
input_tensor,
#是否加入 token 类型，即是否添加"token_type_ids"的 embedding
use_token_type = False,
#形状为[batch_size, seq_length]，即不做 mask 时所有元素均为 1，仅在 use_token_type 为 True 情况下使用
token_type_ids = None,
# token 的词大小
token_type_vocab_size = 16,
#词嵌入名称
token_type_embedding_name = "token_type_embeddings",
#是否加入位置向量
use_position_embeddings = True,
#名称用于位置嵌入
position_embedding_name = "position_embeddings",
#向量的初始化范围
initializer_range=0.02,
#此模型可能曾经使用的最大序列长度，可能长于 input_tensor
max_position_embeddings = 512,
#弃置概率
dropout_prob = 0.1):
```

6．自定义数据集的微调

BERT 模型官方项目搭建了文本分类模型的 model_fn，因此只需定义自己的 DataProcessor 类，即可在自己的文本分类数据集上进行训练。

具体操作步骤如下。

（1）将数据集统一放到一个目录下，并将其划分成 train.txt、eval.txt 和 predict.txt 三个文件，每个文件中每行都为一个样本，格式为 simplistic、silly and tedious._label_0。（句子和标签用_label_划分，句子中的词语用空格划分。）

（2）修改 run_classifier.py 文件，新建一个名为 SimProcessor 的子类，并继承三个 get_examples 方法和一个 get_labels 方法。三个 get_examples 方法需要从数据集目录中获得各自对应的 InputExample 列表，如图 10-15 所示。

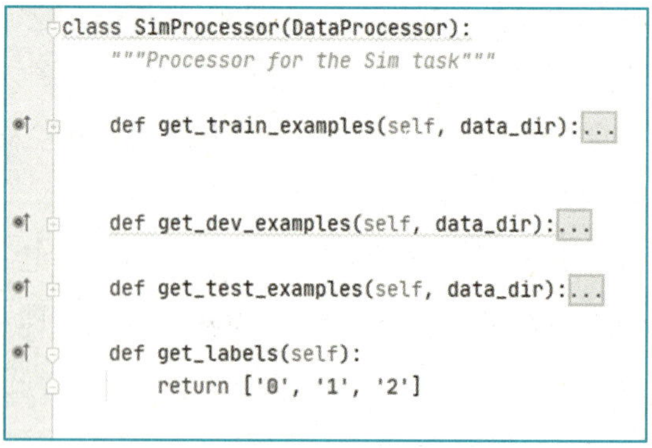

```
class SimProcessor(DataProcessor):
    """Processor for the Sim task"""

    def get_train_examples(self, data_dir):...

    def get_dev_examples(self, data_dir):...

    def get_test_examples(self, data_dir):...

    def get_labels(self):
        return ['0', '1', '2']
```

图 10-15　新建 SimProcessor 子类示例

（3）在 main() 函数中，向 processors 字典增加一项，key 为数据集的名称（如 Sim），value 为上一步中定义的 DataProcessor 类名（SimProcessor），如图 10-16 所示。

```
def main(_):
    tf.logging.set_verbosity(tf.logging.INFO)

    processors = {
        "cola": ColaProcessor,
        "mnli": MnliProcessor,
        "mrpc": MrpcProcessor,
        "xnli": XnliProcessor,
        "sim": SimProcessor,
    }
```

图 10-16　向字典添加 DataProcessor 类名示例

（4）通过"Run→Edit Configurations"修改参数后，运行 PY 文件。

完成训练后，最终会展现评估的结果，如准确率、迭代次数和损失值等内容，如图 10-17 所示。

```
***** Eval results *****
eval_accuracy = 0.891808
eval_loss = 0.30204344
global_step = 1605
loss = 0.30194587
```

图 10-17　BERT 模型训练评估结果示例

7．BERT 实体抽取任务实战

实体抽取任务源代码在 GitHub 上同样可以直接下载，对应 BERT-BiLSTM-CRF-NER-master 文件夹。配置完毕，运行 run.py 文件即可。

第 8 章介绍了自然语言处理与命名实体识别，使用 BERT 模型进行预训练需要先通过序列标注得到 train.txt、dev.txt、test.txt 三份训练数据集，其中包含每个字及对应的 B-PER、I-PER、B-ORG、I-ORG、B-LOC、I-LOC、O 标签（分别表示人名首字、人名非首字、组织机构首字、组织机构非首字、地名首字、地名非首字、其他字），示例如图 10-18 所示。

注意，在每句话之间都添加了一个换行符，目的是方便之后添加[CLS]和[SEP]。如果要使用自己的语料库，可以在下载的 txt 文件最后加入自己标注好的内容。

运行文件之前，参数的配置如图 10-19 所示。

数据处理、模型构建等部分的原理同前面章节一致，这里不再赘述。源文件在 BERT 模型的基础上，加入了 BiLSTM-CRF 层，以提高准确率，其框架如图 10-20 所示。

LSTM 是循环神经网络的一种，其原理为通过"遗忘门""输入门""输出门"这三个门来维持状态以实现长期记忆功能。已有文献证明，LSTM 比 RNN 能够更高效地获取关联信息。BiLSTM 在 BERT 模型及 LSTM 的基础上以句子为单位进行建模，解决了只能获取单向信息的问题。LSTM 层的单元结构如图 10-21 所示。

```
73 计 O              52 海 O
74 师 O              53 域 O
75 主 O              54 。 O
76 持 O              55
77 设 O              56 这 O
78 计 O              57 座 O
79 。 O              58 依 O
80 整 O              59 山 O
81 个 O              60 傍 O
82 建 O              61 水 O
83 筑 O              62 的 O
84 群 O              63 博 O
85 精 O              64 物 O
86 美 O              65 馆 O
87 而 O              66 由 O
88 恢 O              67 国 O
89 宏 O              68 内 O
90 。 O              69 一 O
91                   70 流 O
92 但 O              71 的 O
93 作 O              72 设 O
94 为 O
```

图 10-18　训练数据集标注格式示例

```
-data_dir=D:\pycharm\python_work\bert\BERT-BiLSTM-CRF-NER-master\data
-vocab_file=D:\pycharm\python_work\bert\GLUE\BERT_BASE_DIR\chinese_L-12_H-768_A-12\vocab.txt
-bert_config_file=D:\pycharm\python_work\bert\GLUE\BERT_BASE_DIR\chinese_L-12_H-768_A-12\bert_con
fig.json
-init_checkpoint=D:\pycharm\python_work\bert\GLUE\BERT_BASE_DIR\chinese_L-12_H-768_A-12\bert_mode
l.ckpt
-output_dir=result
```

图 10-19　BERT 模型实体抽取任务参数配置

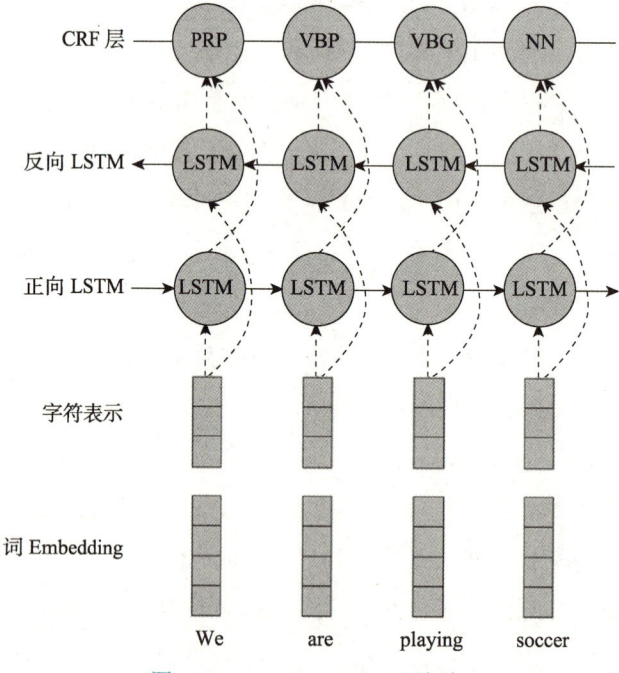

图 10-20　BiLSTM-CRF 层框架

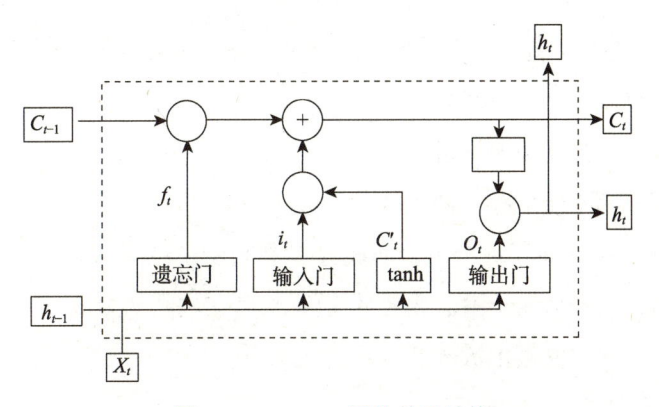

图 10-21　LSTM 层的单元结构

BiLSTM 层的使用使得模型包含了上下文的信息，但缺乏对标签序列间依赖信息的考虑。在以 BIO 格式进行词性标注后，要求句中首个词必须是以"B"或者"O"标签开头的，而不能是"I"；再如，"B-ORG I-ORG"是合规的序列组合，但是"B-ORG I-PER"是存在错误的。为了保证标签序列合规，条件随机场（CRF）可以为标签填写一些额外的约束。CRF 层标签序列得分的公式、计算 softmax 激活函数进行归一化操作后的概率公式如下。通过计算得出 y 的概率并获取最大概率的集合，就得到了符合要求的标签序列。

$$\text{score}(x, y) = \sum_{i=1}^{n} P_{i, y_i} + \sum_{i=1}^{n+1} A_{y_{i-1}, y_i}$$

$$P(y|x) = \frac{\exp(\text{score}(x, y))}{\sum y' \exp(\text{score}(x, y'))}$$

10.3.3　关系抽取方法

关系抽取与实体抽取相同，同样面向非结构化文本数据，通过抽取实体间的语义关系来组成结构化知识。传统方法主要通过人工设计特征进行抽取，工作量较大且对特征的质量要求较高。近些年，随着深度学习在语音、图像等领域的成功运用，关系抽取也获得了重大突破。本节首先介绍依存句法分析，然后借助浙江大学 DeepKE 工具，学习基于 PCNN（脉冲耦合神经网络）的关系抽取模型。

1. 依存句法分析

句法分析是自然语言处理中的关键技术之一，其基本任务是确定句子的句法结构或者句子中词语之间的依存关系。依存句法分析通过分析语言单位内成分之间的依存关系解释其句法结构，主张句子中核心动词是支配其他成分的中心成分，而它本身不受其他任何成分的支配，所有受支配成分都以某种关系从属于支配者。

进行依存句法分析需要满足 5 个条件：

❖ 一个句子中只有一个成分是独立的。

❖ 句子的其他成分都从属于某成分。

❖ 任何一个成分都不能依存于两个或两个以上成分。

❖ 如果成分 A 直接从属于成分 B，而成分 C 在句子中位于 A 和 B 之间，那么成分 C 或者从属于 A，或者从属于 B，或者从属于 A 和 B 之间的某成分。

❖ 中心成分左右两边的其他成分相互不发生关系。

句子标注关系如图 10-22 所示。

```
1 主谓关系 SBV subject-verb 我送她一束花 (我 <-- 送)
2 动宾关系 VOB 直接宾语，verb-object 我送她一束花 (送 --> 花)
3 间宾关系 IOB 间接宾语，indirect-object 我送她一束花 (送 --> 她)
4 前置宾语 FOB 前置宾语，fronting-object 他什么书都读 (书 <-- 读)
5 兼语 DBL double 他请我吃饭 (请 --> 我)
6 定中关系 ATT attribute 红苹果 (红 <-- 苹果)
7 状中结构 ADV adverbial 非常美丽 (非常 <-- 美丽)
8 动补结构 CMP complement 做完了作业 (做 --> 完)
9 并列关系 COO coordinate 大山和大海 (大山 --> 大海)
10 介宾关系 POB preposition-object 在贸易区内 (在 --> 内)
11 左附加关系 LAD left adjunct 大山和大海 (和 <-- 大海)
12 右附加关系 RAD right adjunct 孩子们 (孩子 --> 们)
13 独立结构 IS independent structure 两个单句在结构上彼此独立
14 核心关系 HED head 指整个句子的核心
```

图 10-22　依存句法分析的句子标注关系

第 8 章介绍了使用 HanLP 库进行词性标注的方法，在进行句法分析时同样可以直接使用 HanLP 库。演示代码如下：

```
from pyhanlp import *
setence = "徐先生还具体帮助他确定了把画雄鹰、松鼠和麻雀作为主攻目标。"
print(HanLP.parseDependency(setence))
```

句法分析结果如图 10-23 所示。

如有需要，可以下载可视化依存树的工具，使得句子的依存关系表现得更加直观。注意，保存句法关系的文本文档要使用 UTF-8 编码方式。可视化结果如图 10-24 所示。

得到句法分析结果后，就可以进行关系抽取的数据处理工作了。对其中的每一个词，首先需要了解其自带的标签。演示代码如下：

1	徐先生	徐先生	nh	nr	_	4	主谓关系	_	_
2	还	还	d	d	_	4	状中结构	_	_
3	具体	具体	a	ad	_	4	状中结构	_	_
4	帮助	帮助	v	v	_	0	核心关系	_	_
5	他	他	r	r	_	4	兼语	_	_
6	确定	确定	v	v	_	4	动宾关系	_	_
7	了	了	u	u	_	6	右附加关系	_	_
8	把	把	p	p	_	15	状中结构	_	_
9	画	画	v	v	_	8	介宾关系	_	_
10	雄鹰	雄鹰	n	n	_	9	动宾关系	_	_
11	、	、	wp	w	_	12	标点符号	_	_
12	松鼠	松鼠	n	n	_	10	并列关系	_	_
13	和	和	c	c	_	14	左附加关系	_	_
14	麻雀	麻雀	n	n	_	10	并列关系	_	_
15	作为	作为	v	v	_	6	动宾关系	_	_
16	主攻	主攻	v	vn	_	17	定中关系	_	_
17	目标	目标	n	n	_	15	动宾关系	_	_
18	。	。	wp	w	_	4	标点符号	_	_

图 10-23　句法分析结果

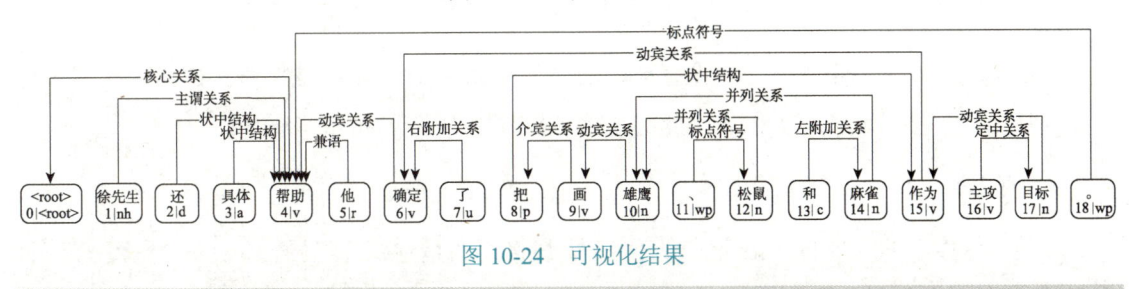

图 10-24　可视化结果

```
from pyhanlp import *

setence = "徐先生还具体帮助他确定了把画雄鹰、松鼠和麻雀作为主攻目标。"
list = HanLP.parseDependency(setence)
print(list)
for word in list.iterator():
    if word.POSTAG == "nr" and word.DEPREL == "主谓关系":
        print("%s" % word.LEMMA)
```

word.POSTAG 表示某个词（节点）的词性，word.DEPREL 表示某个词（节点）与其根节点的关系，word.LEMMA 表示词的内容。本例中，通过循环语句查找句子中的每个词，判断词性及与根节点的关系，来找到符合要求的词，结果为"徐先生"。本例要通过依存句法分析得到一个[实体, 关系, 实体]的三元组，通过遍历的方法查找到词后，可以使用同样的方法找到关系，只需要循环嵌套即可。

然而对每个句子而言，句法结构各不相同，因此需要在开始阶段构建尽量完整的提取规则，便于后续进行抽取。除了通过 iterator 查看 list 的方法，还可以直接利用数组进行遍历，也可以直接遍历字数，从某节点遍历根节点，这些方法在本节不再展开。

注意，第 8 章提到 HanLP 中只包含通用词典，因此对专业领域词汇通常无法准确切分，例如后续章节中会涉及的大量审计专业词汇，这就要求必须在词性标注阶段就及时对词典进行补充或修正。例如，随机挑选审计报告中的一句话：采用个别认定法计提坏账准备，单独进行减值测试。直接对其进行句法分析的结果如图 10-25 所示。

```
[采用/v, 个别/a, 认定/v, 法/n, 计提/nz, 坏账/n, 准备/v, ，/w, 单独/d, 进行/vn, 减值/nz, 测试/vn, 。/w]
1    采用  采用  v    v    0    核心关系   _   _
2    个别  个别  a    ad   3    状中结构   _   _
3    认定  认定  v    v    1    动宾关系   _   _
4    法    法    n    n    5    主谓关系   _   _
5    计提  计提  v    v    3    动宾关系   _   _
6    坏账  坏账  n    n    7    主谓关系   _   _
7    准备  准备  v    v    5    并列关系   _   _
8    ，    ，    wp   w    7    标点符号   _   _
9    单独  单独  d    d    10   状中结构   _   _
10   进行  进行  v    v    7    并列关系   _   _
11   减值  减值  v    vn   12   定中关系   _   _
12   测试  测试  v    vn   10   动宾关系   _   _
13   。    。    wp   w    1    标点符号   _   _
```

图 10-25　带有审计专业词汇的句法分析结果

可以发现，其中的审计术语都没有被识别，"个别认定法"的"法"字还被错误切分，与下文"计提"直接形成依存关系，因此必须手工修改以保证分词的准确性。

2. PCNN

在使用深度学习完成自然语言处理任务时，最常用的是卷积神经网络（CNN）模型。首先，模型通过预训练或者随机初始化的 embedding 将句子中的词向量化并根据上下文相对位置提供位置向量；然后，在赤化层中通过 CNN 抽取句子级别的特征，并得到压缩后的特征向量表示；最后，将特征向量输入一个全连接的神经网络层，对句子所表述的关系进行抽取。

PCNN 在 CNN 的基础上，对卷积层的输出进行优化，使用分段池化取代前面的最大值池化（max-pooling）操作，分段池化根据句子中两个实体的位置将句子分为三个片段，再分别进行池化操作，捕捉句子中的结构信息和更加细粒度的特征。

PCNN 模型的核心流程如图 10-26 所示。

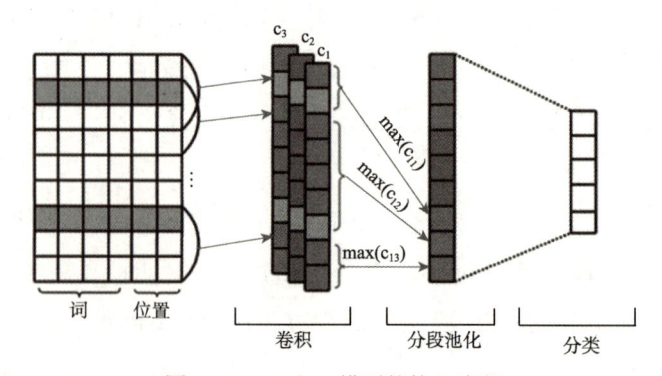

图 10-26　PCNN 模型的核心流程

卷积层部分的关键点在于 mask 机制。mask 与上一节 BERT 模型中训练词向量的 mask 不同，它只是一个计算时的小技巧。例如，一个句子中有 5 个词，某个核卷积后的结果可能是 [3 4 7 1 5]。正常方法是将其分割成 [3 4]、[7 1]、[5]，池化结果为 [4 7 5]。

mask 将该矩阵变成

$$\begin{bmatrix} 103 & 3 & 3 \\ 104 & 4 & 4 \\ 7 & 107 & 7 \\ 1 & 101 & 1 \\ 5 & 5 & 105 \end{bmatrix}$$

mask 矩阵为

$$\begin{bmatrix} 100 & 0 & 0 \\ 100 & 0 & 0 \\ 0 & 100 & 0 \\ 0 & 100 & 0 \\ 0 & 0 & 100 \end{bmatrix}$$

可以看到，第一个矩阵是 $[3\ 4\ 7\ 1\ 5]^T$ +mask 矩阵的结果，对其求最大值后获得 [104 110 105]，同时减去 100，结果为 [4 7 5]。这与普通的池化操作结果一致，空间占用为普通池化操作的 3 倍，但由于不用将句子逐个切割，所以池化速度大大加快。

```
if self.use_pcnn: self.fc_pcnn = nn.Linear(3 * len(cfg.kernel_sizes) *
    cfg.out_channels, len(cfg.kernel_sizes) * cfg.out_channels)
#文本位置映射
self.pcnn_mask_embedding = nn.Embedding(4, 3)
#分段池化，mask 相应位置被置为 1，如果两个实体之间被置为 2，第二个实体之后被置为 3
#用于补齐句子的 0 被置为 0，则得到 0、1、2、3 对应的四种映射结果
masks = torch.tensor([[0, 0, 0], [100, 0, 0], [0, 100, 0], [0, 0, 100]])
#向量读取
self.pcnn_mask_embedding.weight.data.copy_(masks)
self.pcnn_mask_embedding.weight.requires_grad = False
```

为降低数据标注错误的影响，主流方法是定义两个实体的所有句子为一个包，对包引入注意力机制，对噪声数据进行操作，采取一种称为 cross-sentence max-pooling 的方式解决远程监督的噪声问题，在浙江大学 DeepKE 和清华大学 OpenNRE 中都采用了注意力机制，核心在于 *xAr* 矩阵运算。其中，*x* 是每个句子的输出特征矩阵；*r* 是标签矩阵，因为一个句子只有一个关系，所以 *r* 为 01 矩阵；*A* 既作为转移矩阵，又能用以预测关系。

3. 基于 PCNN 的关系抽取实战

浙江大学基于深度学习的开源中文知识图谱抽取工具——DeepKE，以统一的接口实现了

目前主流的关系抽取模型，包括卷积神经网络、循环神经网络、注意力机制网络、图卷积神经网络、胶囊神经网络和使用语言预训练模型等在内的深度学习算法。DeepKE 模型已经在 GitHub 开源，在阅读前请先下载，下载界面如图 10-27 所示。

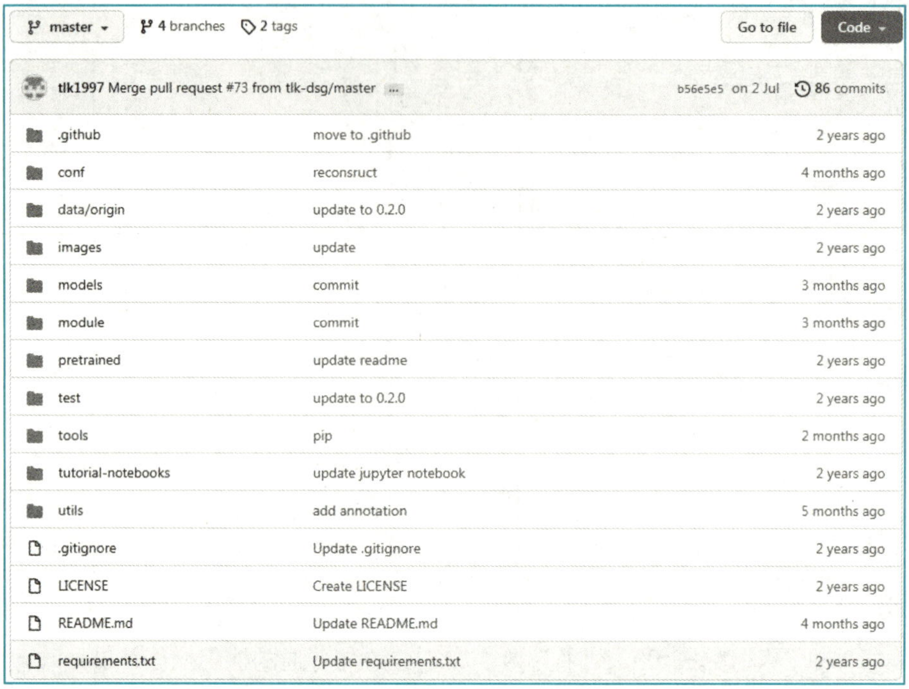
master
4 branches
2 tags
Go to file
Code
tlk1997 Merge pull request #73 from tlk-dsg/master
b56e5e5 on 2 Jul
86 commits
.github
move to .github
2 years ago
conf
reconsruct
4 months ago
data/origin
update to 0.2.0
2 years ago
images
update
2 years ago
models
commit
3 months ago
module
commit
3 months ago
pretrained
update readme
2 years ago
test
update to 0.2.0
2 years ago
tools
pip
2 months ago
tutorial-notebooks
update jupyter notebook
2 years ago
utils
add annotation
5 months ago
.gitignore
Update .gitignore
2 years ago
LICENSE
Create LICENSE
2 years ago
README.md
Update README.md
4 months ago
requirements.txt
Update requirements.txt
2 years ago

图 10-27　DeepKE 模型开源项目下载界面

下载并解压开源项目后，打开 Pycharm，按 Alt+F12 组合键，调出命令提示符窗口，输入 pip install-r requirements.txt 安装所需的库，注意安装前要将 requirements.txt 放到工程文件夹中，具体的库包括 pytorch 1.2、hydra-core 0.11、tensorboard 2.0、matplotlib 3.1、scikit-learn 0.22、transformers 2.2、jieba 0.39（均为最低版本）。Conf 文件对应项目参数配置，可以自由选择神经网络算法，注意在新构建实体关系时需要在 embedding.yaml 中更改种类数量。

```
vocab_size: ???                         #运行时填充
word_dim: 60                            #词向量维度
pos_size: ???                           #2 * pos_limit + 2
pos_dim: 10                             #当为 sum 时，此值无效，与 word_dim 强行相同
dim_strategy: sum                       #[cat, sum]
num_relations: 21                       #实体关系种类数量
```

如图 10-28 所示，data/origin 文件夹下存放着训练数据，其结构为：句子、关系、实体 1、实体 1 的位置、实体 2、实体 2 的位置。故在构建自己的数据集时，也需遵循此规则。

数据集中的实体基于前文的实体抽取，关系基于上一节的依存句法分析。尤其是使用图卷积算法时，由于其利用 GCN 对句子的依存句法分析结果进行编码，因此在自构建审计语料库时需要对句法关系识别重点关注。

```
----+----1----+----2----+----3----+----4----+----5----+----6----+----7----+----8----+----9----+----0----+----1----+----2----+----3---
  1  sentence,relation,head,head_offset,tail,tail_offset
  2  明朝末年抗清英雄黄得功,本姓王,安徽合肥人后改姓黄,出生地,黄得功,8,安徽合肥,16
  3  《逐风行》是百度文学旗下纵横中文网签约作家清水秋风创作的一部东方玄幻小说,小说已于2014-04-28正式发布,连载网站,逐风行,1,纵横中文网,12
  4  谢万松,字树人,湖北省武汉市人,武汉钢铁集团公司联合焦化公司退体职工,生于1940年,出生地,谢万松,0,湖北省武汉市,8
  5  《娘家的故事第二部》是张玲执导,林在培、何泰飞等主演的电视剧,导演,娘家的故事第二部,1,张玲,11
  6  九玄珠是在纵横中文网连载的一部小说,作者是龙马,连载网站,九玄珠,0,纵横中文网,5
  7  《下半生留住你一直相爱》是商人醉猫写的网络小说连载于17k小说网,连载网站,下半生留住你一直相爱,1,17k小说网,26
  8  个人简介梁信强,男,2010年广州亚运会中国澳门代表团成员,国籍,梁信强,4,中国,20
  9  李春英,女,汉族,1970年1月生,山东临清市人,大学,1992年7月参加工作,1999年6月加入中国共产党,国籍,李春英,0,中国,49
 10  《穿越之鸣人传说》是一部连载于17k小说网的网络小说,作者是玖血月,连载网站,穿越之鸣人传说,1,17k小说网,15
```

图 10-28 关系抽取数据集标注格式

在配置完成后，运行 deepke-master 文件夹下的 main.py 文件即可开始训练。训练过程如图 10-29 所示。

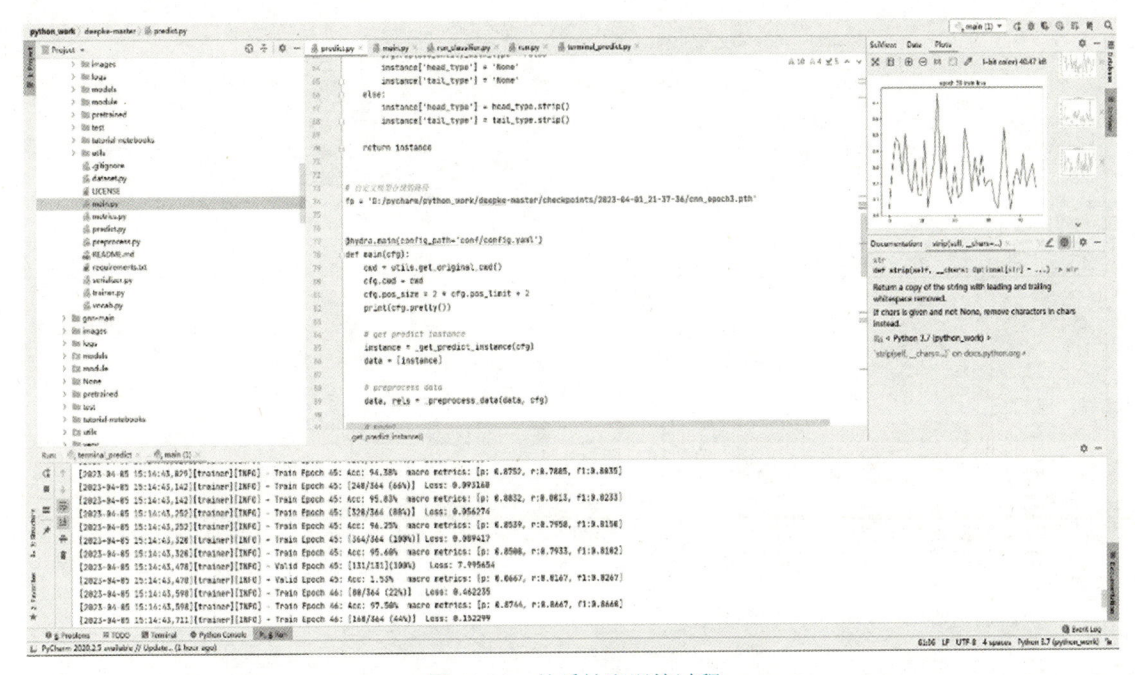

图 10-29 关系抽取训练过程

模型训练完毕，打开 deepke-master 文件夹下 predict.py 文件，调整模型存储的路径 fp，单击"运行"按钮，进行关系抽取。

输入"n"，自定义句子，再输入句子、头实体、头实体类型、尾实体、尾实体类型，即可判断实体间的关系。

以"周洁敏任云南云投生态环境科技股份有限公司独立董事。"句子为例，句中的实体分别为"云南云投生态环境科技股份有限公司"和"周洁敏"。依据定义的实体关系，实体类型分别为"企业"和"人物"，得到关系为"董监高"。

结果示例如图 10-30、图 10-31 所示。

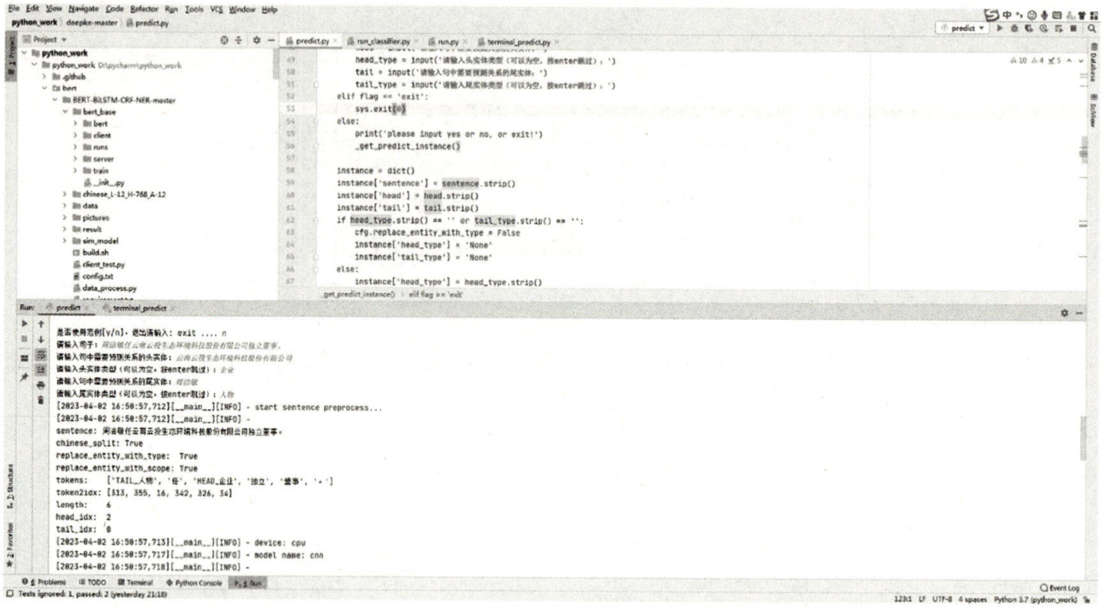

图 10-30　关系抽取结果示例（1）

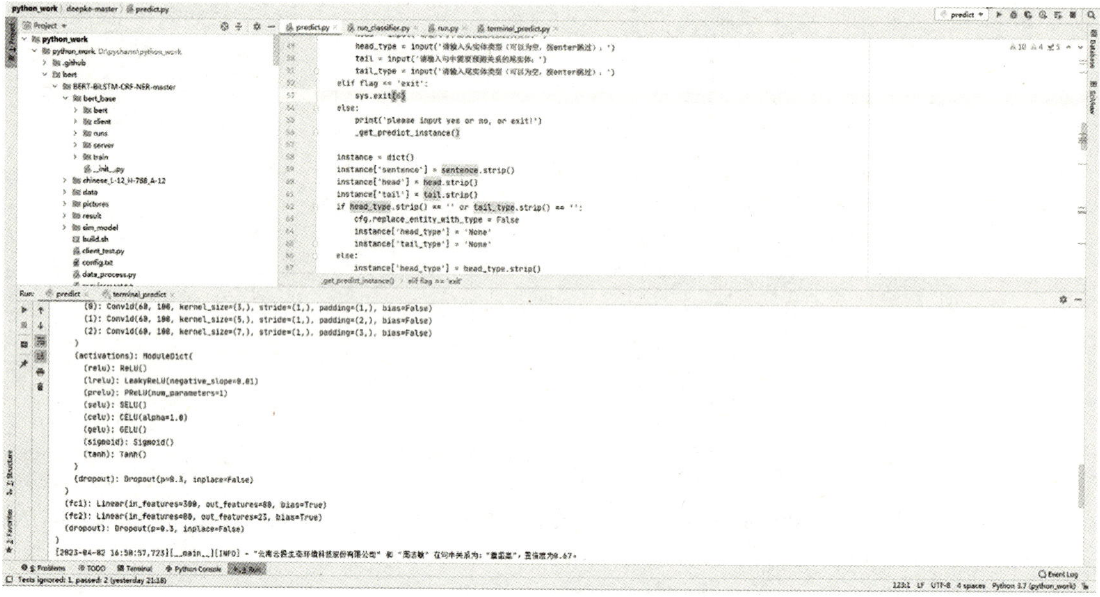

图 10-31　关系抽取结果示例（2）

10.3.4　实体消歧

在进行实体关系抽取后，还有一项重要任务亟待解决。例如，在不同公告中对同一家企业的称呼可能是全称也可能是简称，但其实是同一个实体的两种指称，因此需要将其统一；也有相同的实体指称在不同的上下文中指代不同实体的情况，需要进行辨识。对这两项任务进行处理，称为实体消歧。

目前，主流的消歧方法分为基于实体链接的消歧方法和基于聚类的消歧方法。实体链接方法的目标实体列表是给定的，将实体指称项与目标实体列表中的对应实体进行链接，实现消歧。给定一个指称项及其链接实体候选后，实体链接方法选择与指称项具有最高一致性打分的实体作为其目标实体。聚类方法在未给定目标实体的情况下，对给定的待消歧实体指称集合按以下步骤进行消歧：对每个实体指称项抽取其特征，如上下文中的词、实体、概念等，并将其表示成特征向量，计算实体指称项之间的相似度，采用某种聚类算法对实体指称项聚类，使得聚类结果中每个类别都对应一个目标实体。

消歧过程中的目标实体知识库通常是维基百科等通用数据库，也可以针对特定领域手工构建。

10.3.5 实体关系抽取结果保存

实体关系在训练过程中均保存在 CSV 文件中，要将其进行统一保存，为方便修改及后续基于图数据库 Neo4j 的知识图谱的调用，需要将其存入数据库。这里使用 Python 自带的小型数据库 SQLite 存储实体关系抽取结果。

1. SQLite3 数据库

SQLite 数据库是一个轻量级和自包含（lightweight and self-contained）的数据库管理系统，可移植性好，容易使用，体量小，高效而且可靠。SQLite 的数据库权限只依赖于文件系统，没有用户账户的概念。SQLite 有数据库级锁定，没有网络服务器。它需要占用内存，但其他开销很小，适用于嵌入式设备，用户需要做的仅仅是把它正确地编译到程序中。

SQLite3 可使用 sqlite3 模块与 Python 进行集成，一般 Python 2.5 以上版本都默认自带 sqlite3 模块，因此不需要单独下载。使用时只需要 import sqlite3 即可。数据库可以在 Pycharm 中直接查看，若新建了数据库但 Database 中未显示，可单击"+→Data Source→SQLite"，输入"Name"和"File"，新建数据库文件。SQlite 在 Pycharm 中的位置如图 10-32 所示。

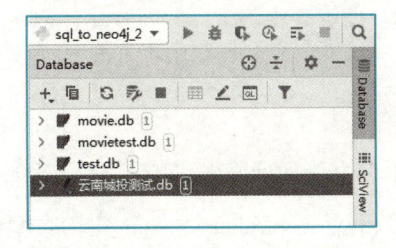

图 10-32　SQlite 在 Pycharm 中的位置

2. CSV 数据导入 SQLite3

实体关系抽取结果以三元组形式保存在 CSV 文件中，如图 10-33 所示，其中第一列为关系，第二列为头实体，第三列为尾实体。

	A	B	C
1	relation	head	tail
2	董监高	澳大利亚ACIP房地产开发有限公司	张建新
3	股权出让	北京创意港商务服务有限公司	北京房开创意港投资有限公司
4	股权出让	北京创意港商务服务有限公司	北京房开创意港投资有限公司
5	出资设立	北京创意港商务服务有限公司	北京房开创意港投资有限公司
6	任职	北京大成（昆明）律师事务所	普中华
7	任职	北京大成（昆明）律师事务所	张琦雷
8	任职	北京德恒（昆明）律师事务所	蒋路军
9	任职	北京德恒（昆明）律师事务所	李艳莉
10	股权受让	北京房开创意港投资有限公司	北京天地方中资产管理有限公司
11	合作协议	北京房开创意港投资有限公司	日立电梯（中国）有限公司
12	股权受让	北京房开创意港投资有限公司	云南城市建设投资集团有限公司
13	股权受让	北京房开创意港投资有限公司	云南城投置业股份有限公司
14	股权受让	北京房开创意港投资有限公司	云南城投置业股份有限公司
15	出资设立	北京房开鼎盛投资有限公司	北京房开创意港投资有限公司
16	出资设立	北京广联达创元投资中心	联康云养新生活科技有限公司
17	出资设立	北京国俊投资有限公司	北京银泰置业有限公司
18	起诉	北京建银信达建设工程有限公司	北京新创迪克系统集成技术有限公司
19	起诉	北京建银信达建设工程有限公司	北京新创迪克系统集成技术有限公司
20	起诉	北京建银信达建设工程有限公司	哈尔滨银旗房地产开发有限公司
21	起诉	北京建银信达建设工程有限公司	哈尔滨银旗房地产开发有限公司
22	出资设立	北京联动天翼科技股份有限公司	联康云养新生活科技有限公司

图 10-33　实体关系抽取结果在 CSV 文件中的存储格式

打开 CSV 文件并逐行读取，注意编码格式为 UTF-8，代码如下。

```
import sqlite3
import csv

my_file = open('../yunnnachengtoutupu.csv', encoding = 'utf-8')
# CSV 文件实际上是一种格式特殊的.txt 文件，一般由","  ";" "\t" "\n"等分隔符间隔开。
# 作为文本文件打开后将其传递给 reader 对象
reader = csv.reader(my_file, delimiter = ',')
con = sqlite3.connect('../云南城投测试.db', isolation_level = 'exclusive')
#连接数据库并创建游标
cur = con.cursor()
#创建表结构：关系，头实体，尾实体
cur.execute("CREATE TABLE jiegou(relation varchar(100), head varchar(100), tail varchar(100))")
for row in reader:
    relation = row[0]
    head = row[1]
    tail = row[2]
    #以关系、头实体、尾实体导入数据
    cur.execute("INSERT INTO jiegou VALUES(?, ?, ?)", (relation, head, tail))
con.commit()
con.close()
my_file.close()
```

注意，连接数据库时，若不存在该名称的数据库，将自动创建。CREATE 语句表示向数据库中新添加一张表，并提供表头信息，varchar 比 char 数据类型更加灵活，可以保存可变长度的字符串，其他常用数据类型包括 int、float、date 等，使用时如果数据涉及 float、date，需要自行修改。INSERT 语句表示根据逐行读取的数据向数据库中插入新的行，语法格式为

```
INSERT INTO 表名 VALUES(列值1, 列值2, …)
```

最终结果如图 10-34 所示。

图 10-34　实体关系抽取结果保存在 SQLite 数据库中的最终结果

参考文献

[1] 郝玉贵，徐远洒. 大数据驱动的智能审计决策及其运行模式[J]. 生产力研究，2017(7):141-146.

[2] 武晓芬，田海洋. 中外人工智能审计研究热点及演进知识图谱比较研究[J]. 科技管理研究，2019, 39(10):185-191.

[3] 郑丹丹. 人工智能背景下 CBT 教学模式在高职审计教学中的应用[J]. 宁波广播电视大学学报，2019, 17(3):58-62.

[4] LI Q，LIU J. Development of an Intelligent NLP-Based Audit Plan Knowledge Discovery System[J]. Journal of Emerging Technologies in Accounting, 2020, 17(1):89-97.

[5] 陶源，等. 基于知识图谱驱动的网络安全等级保护日志审计分析模型研究[J]. 信息网络安全，2020, 20(1):46-51.

[6] LIMA R, ESPINASSE B, FREITAS F．OntoILPER: an ontology- and inductive logic programming-based system to extract entities and relations from text[J]. Knowledge & Information Systems，2018, 56(1):223-255.

[7] 何婷婷，等. 基于种子自扩展的命名实体关系抽取方法[J]. 计算机工程，2006(21):183-184+193.

[8] ZHOU G, QIAN L, ZHU Q．Label propagation via bootstrapped support vectors for semantic relation extraction between named entities[J]. Computer Speech& Language, 2009, 23(4):464-478.

[9] 乐娟，赵玺. 基于 HMM 的京剧机构命名实体识别算法[J]. 计算机工程，2013,39(6):266-271+286.

第 11 章

审计知识图谱自动构建

BD

传统审计工作往往采取业务驱动数据的模式，全面审计的工作量巨大，难以在审计实务中进行，限制了审计工作的效率。随着现代审计业务复杂程度、数据规模的急速增长，传统审计已难以满足信息化查询、审计数据可视化的需求。而知识图谱可以清晰地抓取主语和宾语，以及连接它们的谓语关系，从而使审计过程中人为因素的干扰极大减小，整体审计的安全性也因此得到极大增强。计算机系统对数据进行存储管理，摒弃了传统人为处理数据资料的模式，避免了审计工作人员主观因素的影响，不仅提高了审计效率和准确性，也使审计工作更为稳固、安全，甚至可以快速精准地分析出企业所面临的问题。

11.1　知识图谱

企业与企业之间的关联是审计工作中重要的一部分，阿里巴巴企业关系图谱如图 11-1 所示（截取自天眼查网站）。这个知识图谱在网页中是动态的，用户可以通过查询操作，直观、清晰地了解企业关系信息等。相比其他结构的数据库，关系的数据结构更简单、清晰，用户易懂易用。

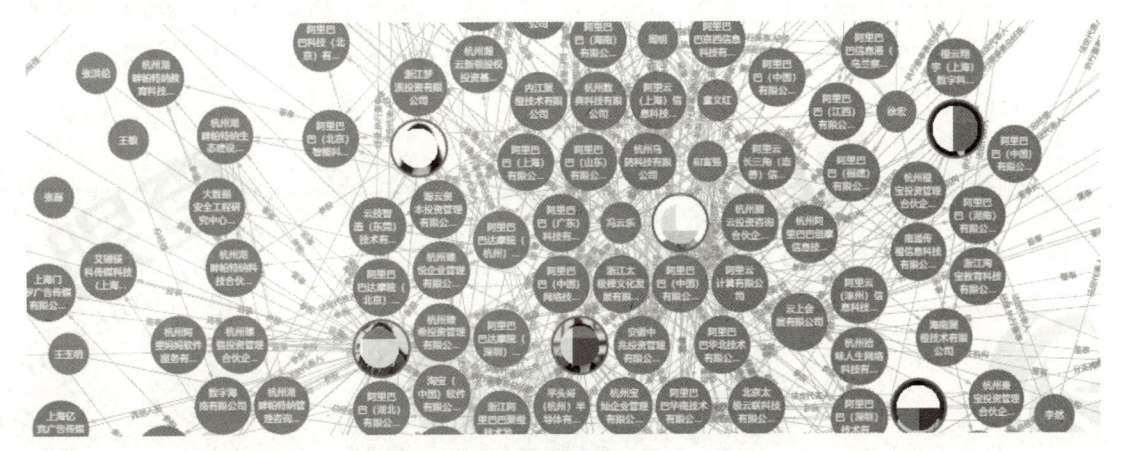

图 11-1　阿里巴巴企业关系图谱（部分）

这就是知识图谱的经典使用场景之一，知识图谱融合了大数据和人工智能的前沿技术，将分散在多个系统内的复杂、多样、孤岛化的数据结构化，构建知识间的关联。把知识图谱技术运用在审计工作中，能够将审计数据高效地组织利用，减少数据冗余。同时，知识图谱的数据可视化能力也使审计数据间的关系更加形象化。

11.1.1　Neo4j 介绍

Neo4j 是一个高性能的图数据库（图数据库除了能像普通的数据库一样存储一行一行的数

据,还可以方便地存储数据之间的关系信息)。Neo4j 也可以被看成一个高性能的图引擎,具有成熟数据库的所有特性,因嵌入式、高性能、轻量级等优势,越来越受到关注。

Neo4j 有三种版本:社区版(Community)、高级版(Advanced)和企业版(Enterprise)。社区版是基础版本,高级版和企业版建立在社区版的基础上,具有一些高级特性。高级版包括一些高级监控特性,而企业版包括在线备份、高可用集群和高级监控特性。

Neo4j 图数据库的主要构建模块如表 11-1 所示。

表 11-1 Neo4j 图数据库的主要构建模块

主要构成	说 明
节点(node)	图表的基本单位,包含键值对形式的属性
关系(relationship)	连接两个节点,具有方向:单向和双向。每个关系都包含"从节点"或"开始节点"和"到节点"或"结束节点"。关系也可以包含属性键值对
属性(property)	描述节点和关系的键值对,表示形式为 Key=值。其中,Key 是一个字符串,值可以使用任何 Neo4j 数据类型来表示
标签(label)	将节点分组为集合。将一个公共名称与一组节点或关系相关联。一个节点或关系可以包含一个或多个标签。可以为现有节点或关系创建新标签,可以从现有节点或关系中删除现有标签
数据浏览器(Neo4j browser)	执行 CQL 命令并查看输出

关系数据如图 11-2 所示,包含两个标签为"人"的数据节点,分别代表"小红"和"小王"两个用户,还包含姓名、年龄、性别等属性信息,用于表示两个用户的基本信息,如同常规数据库中的两行数据。

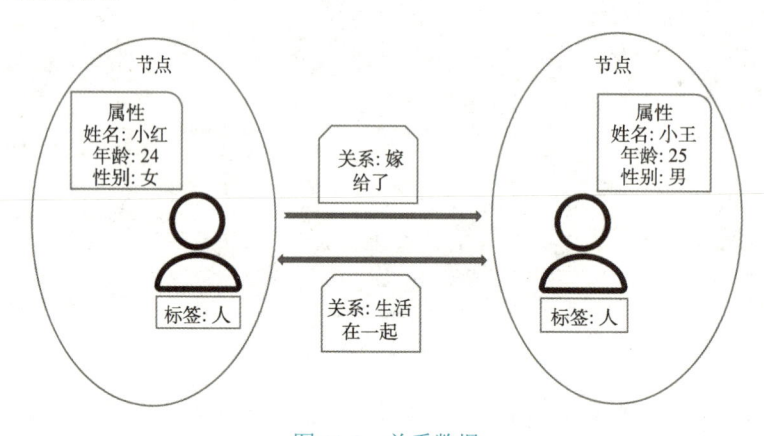

图 11-2 关系数据

除此之外,两个节点之间还包括两条关系数据,即"小红"嫁给了"小王"、两人生活在一起。可以利用这些关系数据,进行比较方便的基于关系的查询。

11.1.2 Neo4j 的安装

由于 Neo4j 是用 Java 语言编写的图数据库,运行时需要启动 JVM 进程,因此需要安装

Java SE 的 JDK，在完成 JDK 安装后，配置环境变量。

首先，找到 JDK，复制文件路径，如图 11-3 所示。

图 11-3　JDK 文件路径

在系统变量里新建一个 JAVA_HOME 变量，变量值为 JDK 文件路径，如图 11-4 所示。

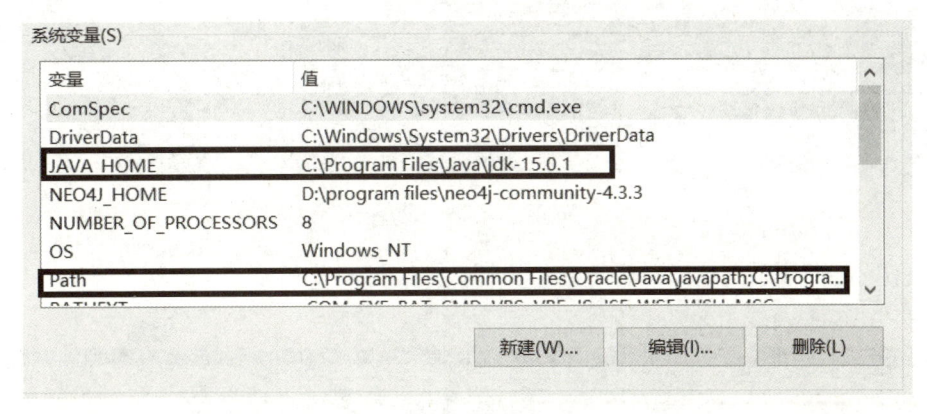

图 11-4　新建 JAVA_HOME 变量

在系统变量的 Path 变量中新建一个环境变量，如图 11-5 所示。

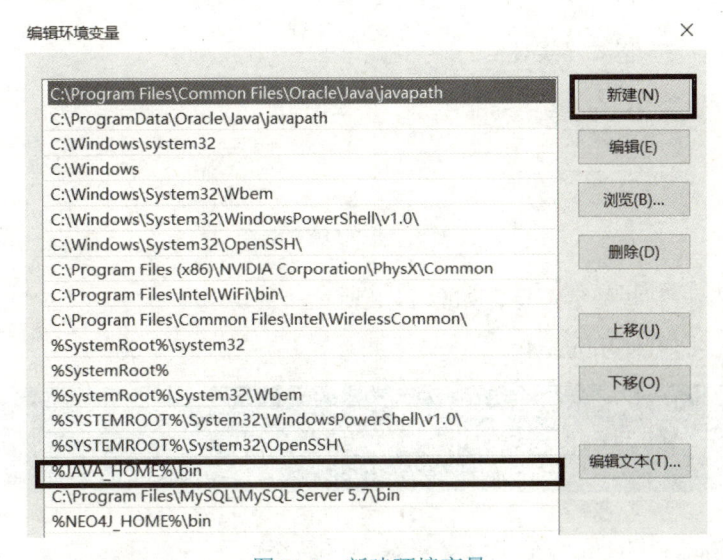

图 11-5　新建环境变量

最后，打开命令提示符，输入"java -version"，检查是否安装成功。

下面安装 Neo4j。不建议安装在系统盘上，可能出现连接不上数据的情况。

进入官网下载中心，选择社区版，填完下载信息后即可下载。单击"开始"按钮，进入下载中心，如图 11-6 所示。

图 11-6　进入下载中心

根据不同的操作系统选择对应的 Neo4j 版本，如图 11-7 所示。

图 11-7　Neo4j 版本选择

下载前需要填写一些基本信息，如图 11-8 所示。

完成安装后，即可使用 Neo4j。

11.1.3　Neo4j 的启动、与服务器连接

在命令行模式下，Neo4j 的常用指令如表 11-2 所示。

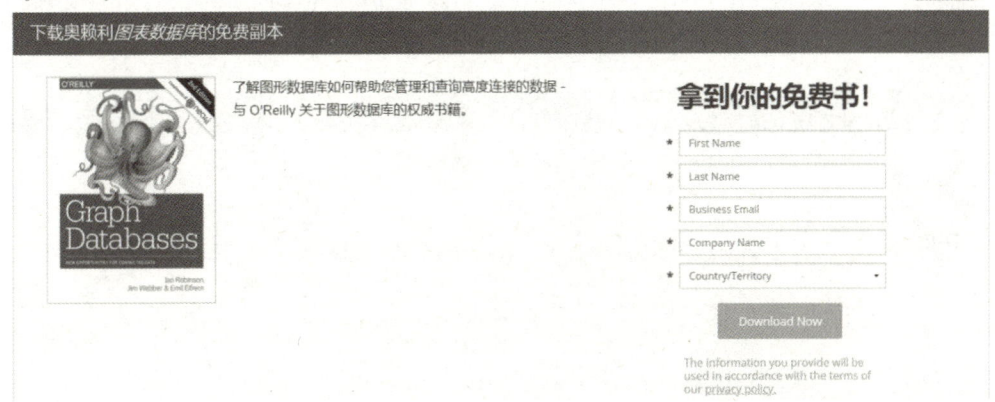

图 11-8 填写基本信息

表 11-2 命令行模式下 Neo4j 的常用指令

查询服务状态	neo4j.bat status	停止服务	neo4j.bat stop
开启服务	neo4j.bat console	卸载	neo4j.bat remove

打开命令提示符，输入"neo4j.bat console"，若出现图 11-9 所示内容，则说明 JDK 版本不合适，根据内容指示进入官网下载合适版本的 JDK（如 neo4j-community-4.3.3 需要 JDK 11）；若出现图 11-10 所示内容，则说明 Neo4j 安装成功且成功连接。

图 11-9 Neo4j 连接失败

图 11-10 Neo4j 连接成功

这样就可以登录该网页（Neo4j Browser）进行操作了，如图 11-11 所示。

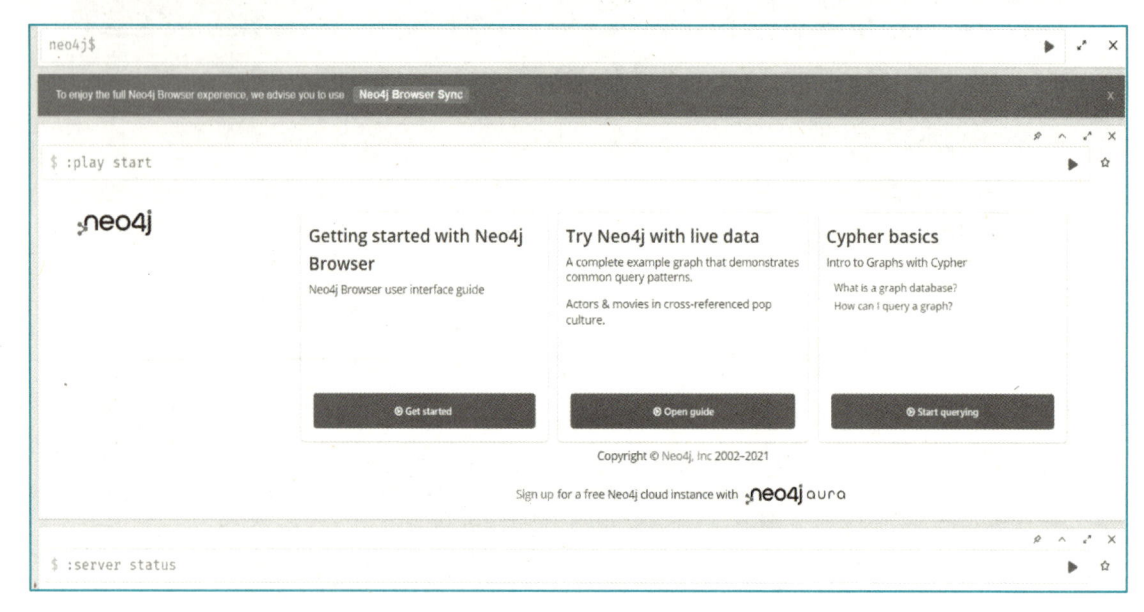

图 11-11　Neo4j Browser

输入用户名和密码，初始用户名和密码默认为"neo4j"。如图 11-12 所示，在连接上数据库后，在指令框（$符号后）输入指令":server change-password"，即可修改密码。

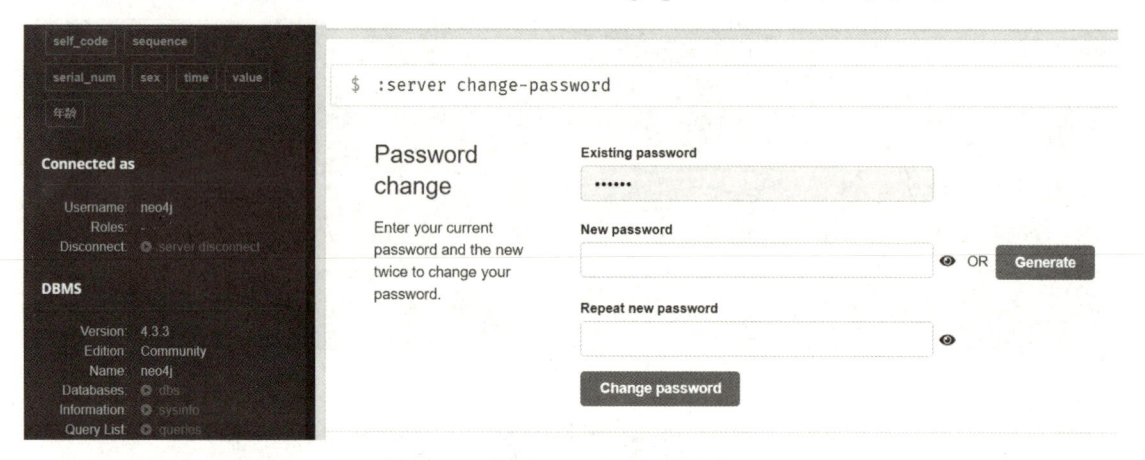

图 11-12　使用 Cypher 语句修改密码

Neo4j 有两个主要的可视化工具——Neo4j Browser 和 Neo4j Bloom，它们是专门为与 Neo4j 中的数据一起使用而设计的。

Neo4j Browser 是面向开发人员的工具，允许开发人员执行 Cypher 查询并可视化结果，是 Neo4j 的企业版和社区版的默认开发人员界面。在此，不对 Neo4j Browser 进行详细的用法介绍，只介绍 Python 操作 Neo4j 的编程方法。

11.2　Python 操作 Neo4j

11.2.1　安装 py2neo 包

作为数据库软件，访问其数据的最直接方法就是使用 Neo4j 的图查询语言 Cypher。Cypher 可以在 Neo4j Browser 中通过浏览器执行，也可以在 cypher-shell 中通过命令行执行。

客户端应用可以用类似 JDBC（Java 数据库互连）或 ODBC（开放式数据库互连）的方式从远程访问数据库，提交 Cypher 查询，并接收返回结果。Neo4j 官方提供的客户端驱动支持以下 5 种语言：Java、JavaScript、.NET、Python、Go。

下面介绍使用 Python 面向 Neo4j 的依赖包 py2neo 对 Neo4j 进行操作的内容。py2neo 包（使用 Pycharm 集成开发工具，基于 Anconda3-5.3.1 环境）的安装如图 11-13 所示。

```
(pythonProject) C:\Users\ASUS\PycharmProjects\pythonProject4>pip3 install py2neo
```

图 11-13　安装 py2neo 包

11.2.2　py2neo 的基本用法

py2neo 是一个客户端库和工具包，可通过 Python 编程来使用 Neo4j。其操作包括：① 连接 Neo4j 数据库；② 建立节点；③ 建立节点之间的关系；④ 更新节点/关系属性的赋值及属性值；⑤ 通过节点标签和属性查询；⑥ 通过关系查询；⑦ 批量可视化节点和关系。

1. 连接 Neo4j 数据库

Database 模块中包含与 Neo4j 进行数据交互的 API，最重要的当属 Graph，它代表了 Neo4j 的图数据库，同时提供了许多方法来操作 Neo4j 数据库。

Graph 类在初始化时需要传入连接的 URL，基本语法如下：

```
graph = Graph(url = ' ', username = ' ', password = ' ')
```

先在命令行模式下启动 Neo4j Brower，再引入 py2neo 包中的各类，才能使用 Graph() 方法连接上数据库。接下来所有案例实践均以账户名 neo4j、密码 123456 为例，读者在连接数据库时要注意改为自己的账户名和密码。

演示代码如下：

```
#接下来的示例中将不再展示 import 语句
from py2neo import Graph, Node, Relationship,\  #反斜杠表示换行
```

```
NodeMatcher, RelationshipMatcher, walk, Subgraph
graph = Graph('http://localhost:7474/', username = 'neo4j', password = '123456')
```

注意，代码中连接数据库的语句不一定能在 Pycharm 中成功运行。有两种解决方案，一是不加参数 username，二是使用如下语句：

```
graph = Graph('http://localhost:7474/', auth = ('neo4j', '123456'))
```

2．建立节点

建立节点时要定义它的标签和一些基本属性，基本语法如下：

```
node = Node(label = , property = ' ')
graph.create(node)
```

演示代码如下：

```
node = Node(label = , property = ' ')
graph.create(node)
a = Node('person', name = 'alice')
b = Node('person', name = 'jack')
print(a, b)
graph.create(a)
graph.create(b)
```

最后用 create()函数完成图的创建，使数据可视化。运行结果如图 11-14 所示。

```
C:\ProgramData\Anaconda3\envs\pythonProject\python.exe C:/Users/ASUS/PycharmProjects/pythonProject4
(:person {name: 'alice'}) (:person {name: 'jack'})

Process finished with exit code 0
```

图 11-14　建立节点运行结果

节点 a 和 b 的标签同为 person，且都有属性 name，节点 a 的属性值为 alice，节点 b 的属性值为 jack。

也可以在 Neo4j Browser 上查询到节点，如图 11-15 所示。

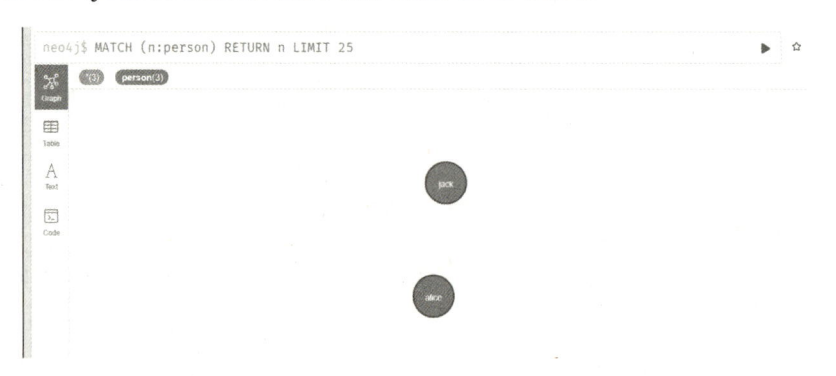

图 11-15　节点可视化

此外，可以使用 delete(node)方法对节点进行删除，使用 delete_all()方法可删除所有节点。演示代码如下：

```
graph.delete(a)
graph.delete_all()
```

3．建立节点之间的关系

节点之间的关系是有向的，所以在建立关系时，必须定义一个开始节点和一个结束节点。注意，开始节点可以与结束节点是同一个节点，这时的关系就是这个节点指向它自己。并且如果建立关系的时候，开始节点或者结束节点不存在，那么在建立关系的同时建立这个节点。基本语法如下：

```
relationship=Relationship(开始节点, '关系', 结束节点)
graph.create(relationship)
```

演示代码如下：

```
c = Relationship(a, 'friend', b)
print(c)
graph.create(c)
```

运行结果如图 11-16 所示。

图 11-16　建立关系运行结果

节点 a 指向节点 b，关系为 friend。在 Neo4j Browser 上也能查看两个节点及其之间关系的可视化数据，如图 11-17 所示。

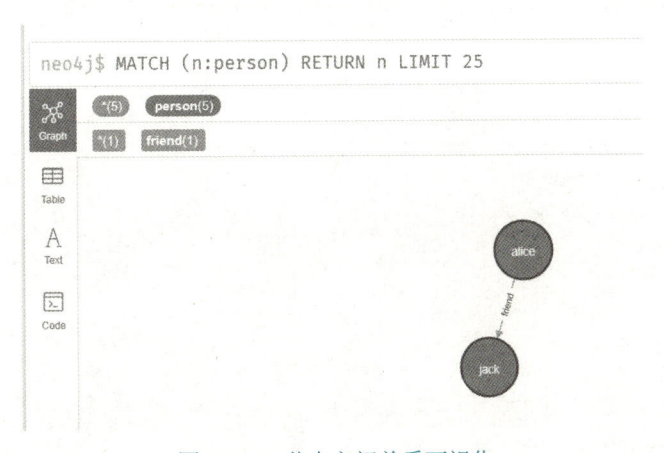

图 11-17　节点之间关系可视化

这样就成功建立了两个节点和节点之间的关系。注意，节点和关系都继承自 PropertyDict 类，可以赋值很多属性，类似于字典的形式，如可通过如下方式对节点或关系进行属性赋值。

```
a['age'] = 19
b['age'] = 19
c['time'] = 2020
```

```
print(a, b, c)
```

运行结果如图 11-18 所示。

```
(_7:person {age: 19, name: 'alice'}) (_8:person {age: 19, name: 'jack'}) (alice)-[:friend {time: 2020}]->(jack)
Process finished with exit code 0
```

图 11-18　属性赋值运行结果

4．更新节点/关系属性的赋值和属性值

节点和关系的属性初始赋值在前面已有相应的代码，这里介绍如何更新一个节点/关系的属性值。演示代码如下：

```
a['age'] += 1
c['time'] += 1
graph.push(a)
graph.push(c)
print(a)
print(c)
```

运行结果如图 11-19 所示。

```
(_13:person {age: 20, name: 'alice'})
(alice)-[:friend {time: 2021}]->(jack)
Process finished with exit code 0
```

图 11-19　属性值更新运行结果

更新属性值使用 push() 函数来进行。代码中将节点 a 的 age 属性值加 1，关系 c 的 time 属性值加 1。

节点 a 的 age 属性值从 19 更新为 20，如图 11-20 所示。

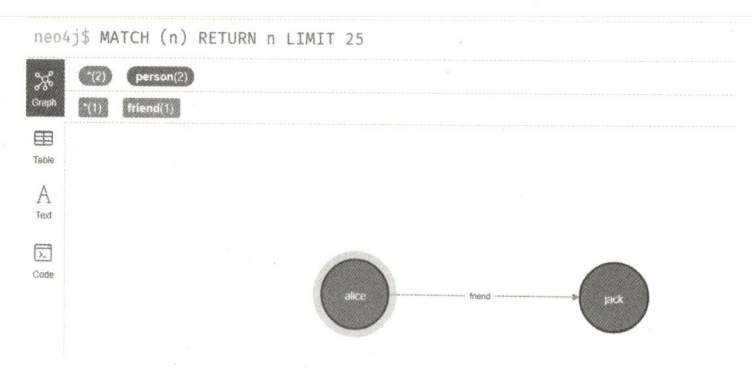

图 11-20　节点属性值更新

关系 c 的 time 属性值也更新为 2021，如图 11-21 所示。

5．通过节点标签和属性查询

当数据需要从图数据库中取出时，会用到 match() 函数，也就是图数据库的检索功能。

图 11-21　关系属性值更新

py2neo 的 v2 和 v3 版本通过 find( ) 和 find_one( ) 函数进行查询，但在 v4 版本中，这两个函数被剔除了，查询操作需要通过 NodeMatcher 类的节点检索函数来进行，返回一个列表。

基本语法如下：

```
#创建一个节点匹配器
matcher = NodeMatcher(graph)
#通过标签和属性值查询节点
Node = matcher.match('label', '其他属性')
```

演示代码如下：

```
matcher = NodeMatcher(graph)    #该方法返回的是一个NodeMatcher对象，它包含所有符合条件的节点对象
node = matcher.match('person')
print(list(node))
print(''==================================='')
node1 = matcher.match('person', age = 20)
print(list(node1))
print(''==================================='')
#返回NodeMatcher对象中的第一个节点对象
node2 = matcher.match().first()
print(list(node2))
```

第一条检索语句查询所有标签为 person 的节点；第二条检索语句增加了一个查询条件，查询标签为 person 且 age 属性值为 20 的节点；第三条检索语句增加了一个 .first( ) 检索条件，即检索第一个节点。运行结果如图 11-22 所示。

图 11-22　节点查询运行结果

除此之外，还可以在 match( ) 函数的后加上 where( ) 字句，依据属性值进行检索。但是需要注意的是，where 函数中填入的属性值需要一定的格式：

```
where(_.属性名 = 属性值)
```

演示代码如下:

```
node = matcher.match('person', name = 'alice')
node = matcher.match('person').where(''_.name = 'alice' '')
```

两条语句的效果相同。

6. 通过关系查询

通过关系查询其实是 v4 版本的一个特性，提供了 RelationshipMatcher 类的节点检索函数来进行查询，根据某节点和某关系，查询与该节点具有该关系的节点。基本语法如下:

```
matcher = RelationshipMatcher(graph)
result = matcher.match({node}, 'relationship')
```

在编写下列代码前，新增节点 d，name 为 bob，age 为 24，且节点 d 和节点 b（jack）关系为 friend。这里以节点 b 的 friend 关系来查询。

演示代码如下:

```
#创建关系匹配器
matcher = RelationshipMatcher(graph)
#查询与 jack 有 friend 关系的所有节点，返回一个 RelationshipMatch 对象，包含所有符合条件的关系对象，如关
#系对象(alice)-[:friend{}]->(jack)
result = matcher.match({b}, 'friend')
print( list(result))
print(''=====================================''")

#遍历列表，一个元素就是一个关系对象
for x in result:
    #walk()函数根据关系对象分离出头节点、关系、尾节点
    for y in walk(x):
        #找到节点，并判断节点属性值 age 是否等于 24 岁
        if type(y) is Node and y['age'] == 24:
            print(y['name'])
```

执行结果如图 11-23 所示。

图 11-23 执行结果

7. 批量可视化节点和关系

通常，节点和关系的批量可视化的思路是，将创建好的节点和关系对象存入列表，然后循环使用 create() 函数使它们可视化。不过，py2neo 提供了一个简便的操作——使用子图 Subgraph。演示代码如下:

```
A = Subgraph(nodes = [node1, node2, node3])
```

```
B = Subgraph(relationships = [relation1, relation2])
graph.create(A)
graph.create(B)
```

11.2.3 简单图数据库编程实践分析

本节将建立两个节点和两节点间的关系，并将对数据库的操作封装在函数中，旨在复习上述 7 个基本操作。演示代码如下：

```
from py2neo import Graph, Node, Relationship, NodeMatcher

#建立节点，m_graph 为数据库的连接，m_label 为节点标签，m_attrs 为属性值
def CreateNode(m_graph, m_label, m_attrs):
    #构造出 _.属性名 = 属性值的结构，才可传入 where()函数，进行条件检索
    m_n='' _.name=''+'' \' ''+m_attrs['name']+'' \' ''
    matcher = NodeMatcher(m_graph)
    #返回所有符合条件的节点对象中的第一个
    result = matcher.match(m_label).where(m_n).first()
    #判断该节点是否已存在
    if result is None:
        #注意**m_attrs,说明传入了一个字典
        m_node = Node(m_label, **m_attrs)
        #建立节点
        node = graph.create(m_node)
        return node
    return None

#匹配节点
def MatchNode(m_graph, m_label, m_attrs):
    #'' _.属性名 = '属性值' ''
    m_n = '' _.name=''+'' \' ''+m_attrs['name']+'' \' ''
    matcher = NodeMatcher(m_graph)
    result = matcher.match(m_label).where(m_n).first()
    return result

#建立节点之间的关系，需传入节点 1 和节点 2 各自的标签和属性，以及节点之间的关系
def CreateRelationship(m_graph, m_label1, m_attrs1, m_label2, m_attrs2, m_relationship):
    #匹配节点，若返回 Null，则表示没有该节点
    result1 = MatchNode(m_graph, m_label1, m_attrs1)
    result2 = MatchNode(m_graph, m_label2, m_attrs2)
    #若有至少一个节点不存在，则无法建立关系
    if result1 is None or result2 is None:
        return False
    m_r = Relationship(result1, m_relationship, result2)
    node = graph.create(m_r)
    return node

if __name__ == '__main__':
```

```
#连接数据库
graph = Graph('http://localhost:7474/', usename = 'neo4j', password = '123456')
#清空数据库
graph.delete_all()
label1 = 'Stock'
attrs1 = {'name':'招商银行', "code":'600036'}
label2 = 'securitiesexchange'
attrs2 = {'name':'上海证券交易所'}
CreateNode(graph, label1, attrs1)
CreateNode(graph, label2, attrs2)
m_relationship = '证券交易所'
result = CreateRelationship(graph, label1, attrs1, label2, attrs2, m_relationship)
```

本例将先前的操作融合在一起，且通过函数隐藏了实现细节，用户只需输入节点的标签、属性值和节点之间的关系，就可创建可视化的关系数据。代码中先引入 py2neo 包，创建一个 CreateNode() 方法。该方法中有三个参数（连接好的数据库、节点标签、节点属性），通过 NodeMatcher() 方法判断节点是否存在，若不存在，则建立节点并附上其属性值，创建图谱。同时，创建了一个 MatchNode() 方法用来查询节点。

然后，创建一个 CreateRelatioship() 方法来建立节点之间的关系，共 5 个参数（节点 1、属性 1、节点 2、属性 2、关系），通过调用 MatchNode() 方法判断查询到的节点是否为空，为空则不建立关系，否则建立关系 m_r，将节点 1 与节点 2 关联起来。

最后，创建主方法。首先使用 Graph() 方法连接 Neo4j 图数据库，删除数据库中上一次的数据，以免与本次的数据混淆；然后输入标签、属性和关系，并调用以上方法。

运行结果如图 11-24 所示。

图 11-24　编程实践运行结果

11.3　审计知识图谱的实现

知识图谱的创建流程如图 11-25 所示。

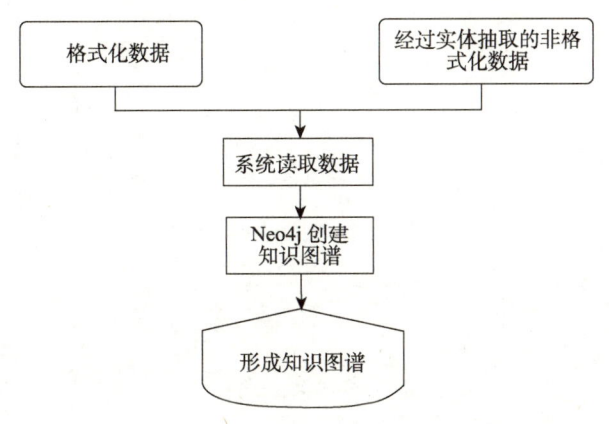

图 11-25　知识图谱的创建流程

知识图谱创建的大致步骤为数据获取、数据处理、数据导入并创建知识图谱。

知识图谱中的数据通常是以三元组的形式来表示实体、关系、属性之间的联系的，这样方便审计员快速抓住关键信息，提高审计效率。因此，在获取数据后，要抽取实体，筛选出三元组，还要进行语义消歧等工作，最后保存在 CSV、Excel 等文件中，或者写入 MySQL。

数据获取与数据处理是前几章的重点内容，本章主要介绍数据导入并创建知识图谱。

11.3.1　案例分析：读取 MySQL 内容创建知识图谱

数据库就像一个共享的硬盘，可以多人同时访问、更改数据。在数据量很大的时候，数据库的性能也会非常好，所以当我们接收到经过数据清洗和预处理后保存在文件里的数据时，可以将数据内容存放在 MySQL 中，为知识图谱创建做好准备，有时也可从网页中直接导出 Excel、CSV 等文件存储的数据，进行知识图谱创建。

首先，进入巨潮资讯网，下载关于企业工商管理的信息，并保存在名称为 data 的 CSV 文件，如图 11-26 所示。

	A	B	C	D	E
1	name	sex	bdate	eb	duty
2	罗建文	男	1948	本科	终身名誉董事长
3	江勇	男	1979	硕士研究生	董事长
4	赵君	男	1979	硕士研究生	副董事长
5	彭民	男	1985	硕士研究生	董事
6	丁福林	男	1976	硕士研究生	董事
7	李建辉	男	1968	本科	独立董事
8	陈政峰	男	1968	硕士研究生	独立董事
9	杨子晖	男	1979	博士研究生	独立董事
10	余文凤	女	1992	本科	监事会主席
11	肖月红	女	1988	大专及其他	监事
12	刘嘉欣	女	1990	大专及其他	监事
13	鲍亚南	男	1981	本科	副总经理
14	李柏超	男	1979	本科	副总经理

图 11-26　企业工商管理信息 CSV 文件

具体实现流程如图 11-27 所示。

图 11-27 案例实现流程

首先，打开文件，读取文件中的内容。演示代码如下：

```python
import pymysql
from py2neo import Graph,Node,Relationship

#连接 MySQL 数据库，读者在操作时要注意更改 user、password、database 三个参数
db = pymysql.connect(host = 'localhost', user='root', password='123456', database = 'test')
#创建游标
cursor = db.cursor()
#打开文件，读取每行内容并存放至变量 data
with open('D:\python_test\data.csv', 'r') as f:
    message = f.readlines()
    data = list(message)
print(data)
```

引入 py2neo 和 pymysql 包，连接数据库；然后创建游标，打开 data 文件，将内容读取到变量 data 中；打印 data，可以看到 data 中的数据，如图 11-28 所示。

图 11-28 data 中的数据

然后，创建一个数据表，将数据存入 MySQL。演示代码如下：

```python
#检查数据库 test 中是否已存在数据表 books，若存在则删除该表
cursor.execute('DROP TABLE IF EXISTS books')
sql = '''
#创建数据表 books
CREATE TABLE books(
    id int(15) NOT NULL AUTO_INCREMENT,             #id 不许为空，且自增
    name varchar(100) NOT NULL,                     #可变长属性姓名不许为空
    sex varchar(100) NOT NULL,
    bdate varchar(100) NOT NULL,
    eb varchar(100) NOT NULL,
    duty varchar(100) NOT NULL,
    PRIMARY KEY(id)                                 #id 为数据表 books 的主键
)ENGINE = MYISAM AUTO_INCREMENT = 1 DEFAULT CHARSET = UTF8;  #默认使用 UTF8 字符集
'''
#执行创建数据表的 SQL 语句
cursor.execute(sql)
#遍历 CSV 文件中的内容，写入数据表 books
for i in data[1:]:
```

```
#整理数据，以逗号分隔，并将换行符替换为空，即删除换行符
a = i.replace('' \n '','' '').split('','')
print(a)
#使用占位符%s，以字符串的形式写入数据表
sql = 'INSERT INTO books(name, sex, bdate, eb, duty) VALUES(%s, %s, %s, %s, %s)'
#一个变量a代表一条数据，包含人名、性别、生日、学历、职务
cursor.execute(sql, (str(a[0]), str(a[1]), str(a[2]), str(a[3]), str(a[4])))
#提交执行，将数据正式写入数据表
db.commit()

#从数据表books中读取所有数据，存放在游标中
cursor.execute('SELECT * FROM books')
#从游标中取出所有数据并转换为列表格式
result = list(cursor.fetchall())
print(result)
```

首先，使用 execute( )方法检查数据表 books 是否存在，若存在，则删除该表。

然后，在 sql="" ""中使用 SQL 语句，在 test 数据库中创建一个名为 books 的数据表，创建 id、name、sex、bdate、eb、duty 这些可变长字符串；执行此 SQL 语句后，可以通过 Navicat 或 cmd 连接 MySQL，查看数据表是否创建成功。随后使用 replace( )方法将 data 的数据中的"\n"符号去除，并用"，"隔开；使用 SQL 语句插入数据表 books，最后提交数据。

接着，用 SQL 语句读取数据表 books 中的所有内容，验证 CSV 文件中的内容是否写入 MySQL 数据库。结果如图 11-29 所示。

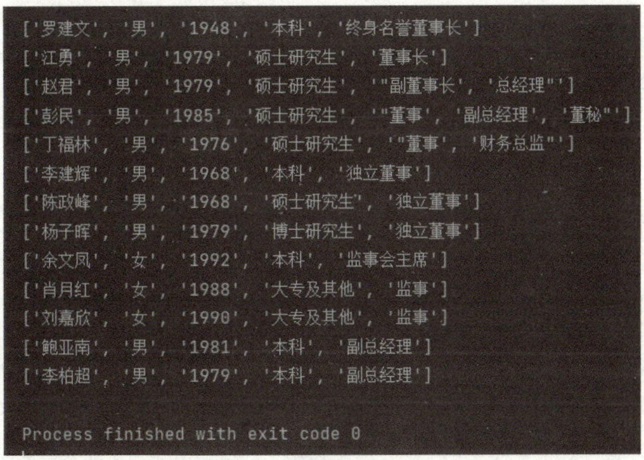

图 11-29 代码运行结果

可以看到，文件中的内容已经全部写入 MySQL，在查询时根据需要写入不同语句。例如：

```
SELECT * FROM test_data3 LIMIT 5                    #只查询5行数据
SELECT * FROM test_data3 WHERE number = 100         #用where子句对数据进行筛选
```

最后，进行知识图谱的创建。演示代码如下：

```
graph = Graph('http://localhost:7474', password = '123456')
#删除所有节点
```

```
graph.delete_all()
#遍历从数据表 books 中读出的二维列表
for i in range(0, len(result)):
    #每条数据[姓名,性别,生日,学历,职务]代表一位企业高管,为其建立节点,节点属性通过列表索引赋值
    node = Node('person', name = result[i][1], sex=\ result[i][2], bdate = result[i][3], \
            eb = result[i][4], duty = result[i][5])
    #以高管的各信息为标签,信息内容作为属性值,建立节点
    relation = Node('bdate', name = result[i][3])
    relation1 = Node('eb', name = result[i][4])
    relation2 = Node('sex', name = result[i][2])
    relation3 = Node('duty', name=result[i][5])
    #创建知识图谱,使节点可视化
    graph.create(node)
    graph.create(relation)
    graph.create(relation1)
    graph.create(relation2)
    graph.create(relation3)
    #建立每位高管和自身信息的关系
    r1 = Relationship(node, '出生日期', relation)
    r2 = Relationship(node, '学历', relation1)
    r3 = Relationship(node, '性别', relation2)
    r4 = Relationship(node, '职务', relation3)
    #创建知识图谱,使节点之间可视化
    graph.create(r1)
    graph.create(r2)
    graph.create(r3)
    graph.create(r4)
#知识图谱创建完成,同时关闭 MySQL 数据库连接
db.close()
```

创建循环遍历,可以批量建立节点,并为节点的不同属性赋值,同时批量建立关系,并全部创建知识图谱。然后打开 Neo4j Browser,可以看到如图 11-30 所示结果。

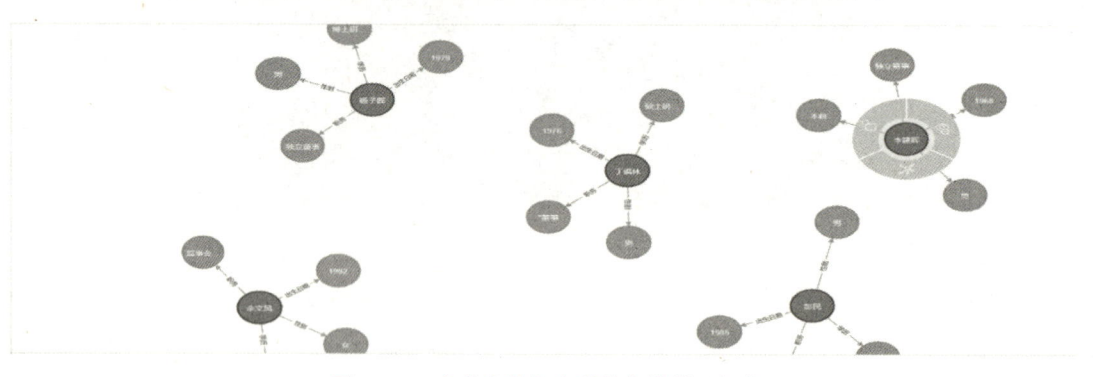

图 11-30 企业高管与自身信息数据可视化

当然,有时会直接读取网页中导出数据后的 Excel 文件来创建知识图谱,接下来用一个例子阐述。

11.3.2 案例分析：读取 Excel 文件数据创建知识图谱

11.3.1 节的案例展示了从 MySQL 数据库中读取内容并创建知识图谱，本节案例将从 Excel 文件中读取数据并创建知识图谱。知识图谱的内容依旧是企业工商管理信息，如图 11-31 所示（截取自天眼查网站）。

图 11-31　企业工商管理信息

这是阿里巴巴公司的工商管理信息，工商管理信息是审计中的重要部分。可在网站上将数据导出并整理后，形成 Excel 文件，如图 11-32 所示。

图 11-32　工商管理信息 Excel 文件

本案例的整体结构如图 11-33 所示。

演示代码如下：

```
import xlrd, datetime
from xlrd import xldate_as_tuple
from py2neo import Graph, Node, Relationship
```

```
                    ┌─────────────────────┐
                    │   ExcelData 类       │
                    │ 读取 Excel 文件中数据,│
                    │   并创建知识图谱      │
                    └─────────────────────┘
```

__init__()方法	readExcel()方法	create_nodes()方法
参数: data_path (文件路径), sheet_name (工作表名称) 初始化 Excel 文件中的基本信息	无参数 读取 Excel 文件中的数据, 存放在列表datas中并返回	参数: datas (Excel 文件中的数据) 根据数据建立节点和节点间的关系并可视化

图 11-33　整体结构

```python
class ExcelData():
    #初始化文件中的基本信息，需传递文件路径，工作表名称
    def __init__(self, data_path, sheet_name):
        #初始化文件路径
        self.data_path = data_path
        #初始化工作表名称
        self.sheet_name = sheet_name
        #打开 Excel 文件，返回一个workbook对象,可用它读取数据
        self.data = xlrd.open_workbook(self.data_path)
        #通过 sheet 名称获取工作表
        self.table = self.data.sheet_by_name(self.sheet_name)
        #获取表的第一行单元格中的内容, ['公司名称', '阿里巴巴']
        self.keys = self.table.row_values(0)
        #初始化表的行数
        self.rowNum = self.table.nrows
        #初始化表的列数
        self.colNum = self.table.ncols
    #读取表中的数据
    def readExcel(self):
        datas = []
        #按行的长度循环遍历
        for i in range(0, self.rowNum):
            #按列的长度循环遍历,访问每个单元格
            for j in range(0, self.colNum):
                #获取该单元格中数据的类型
                c_type = self.table.cell(i, j).ctype
                #获取该单元格中的数据
                c_cell = self.table.cell_value(i, j)
                #如果这个数据的类型是数值,且为整数
                if c_type == 2 and c_cell % 1 == 0:
                    c_cell = int(c_cell)
                #如果数据的类型是日期
                elif c_type == 3:
                    # xldate_as_tuple()函数将日期转为一个元组(year, month, day, hour, minute,
                        second),然后用 datetime()方法将其转换为 datetime 类型
                    date = datetime.datetime(*xldate_as_tuple(c_cell, 0))
                #将数据格式化
```

```
            c_cell = date.strftime('%Y/%m/%d %H:%M:%S')
        #将数据添加到列表中
        datas.append(c_cell)
    return datas
```

首先，导入所需要的模块，即 xlrd 模块及其中的 xldate_as_tuple()方法读取表格中的各种数据，包括日期内容。

然后，创建一个 ExcelData 类用来按格式化方式读取表格内容，其中包含构造_init_()方法，用来初始化变量（文件路径变量、工作表名称变量、文件数据变量、工作表变量、工作表元素变量、工作表行数变量、工作表列数变量）；构造 readExcel()方法来读取文件内容。先创建一个列表存放表格数据，按行数循环遍历，从中按列数循环遍历工作表元素，形成一个双循环，读取每个单元格的内容。

再读取单元格中数据的类型和数值，进行判断，ctype 类型值说明如表 11-3 所示。

表 11-3　ctype 类型值说明

0	1	2	3	4	5
empty	string	number	date	boolean	error

第一个判断，元素是否为数值类型。若是，则进行取整操作。

第二个判断，元素是否为日期类型。若是，则通过 xlrd_as_date()方法读取表格中的日期数据，按照年、月、日、小时、分钟、秒来读取。

第三个判断，元素是否为布尔类型。若是，则按照布尔值读取，返回格式化读取后的数据，为创建知识图谱做准备。

接下来创建知识图谱（在 ExcelData 类中）、构造主方法。演示代码如下：

```
#建立节点，并可视化数据，需要传入表中读出的数据
def create_nodes(self, datas):
    global r_node
    relation_node = []
    node_key = []
    #建立核心节点
    core_node = Node('上市公司', name = '阿里巴巴')
    graph.create(core_node)
    #datas 中以 A1、B1、A2、B2 的顺序交叉排列，故以步长 2 分离出同类数据
    for i in range(0, len(datas), 2):
        #A 列数据作为核心节点和以工商管理为标签的节点之间的关系，存放在 relation_node 列表中
        relation_node.append(datas[i])
    for i in range(1, len(datas), 2):
        #B 列作为节点属性值存放在 node_key 列表中
        node_key.append(datas[i])
    for i in range(len(relation_node)):
        #循环建立节点
```

```python
        r_node = Node('工商管理信息', property = node_key[i])
        graph.create(r_node)
        #建立核心节点（阿里巴巴）和其他节点（贡山管理信息）之间的关系
        relation = Relationship(core_node, relation_node[i], r_node)
        graph.create(relation)
if __name__ == '__main__':
    graph = Graph('http://localhost:7474', username = 'neo4j', password = '123456')
    graph.delete_all()
    data_path = r'C:\Users\ASUS\Desktop\11.3.2-案例二.xlsx'
    sheet_name = ' '
    #返回workbook对象
    b = xlrd.open_workbook(data_path)
    #获取该Excel表格中的工作表数量
    count = len(b.sheets())
    for sheet in b.sheets():
        #获取sheet的名称
        sheet_name = sheet.name
    #实例化一个ExcelData对象
    get_data = ExcelData(data_path, sheet_name)
    #读取表中数据
    datas = get_data.readExcel()
    #建立节点，数据可视化
    get_data.create_nodes(datas)
```

构建一个 create_nodes() 方法，完成创建节点、图谱的操作。先创建关系节点列表和节点属性值列表，同时建立一个有 name 属性、属性值为"阿里巴巴"的核心节点。因为 Excel 表格内容是按行读取的，而代码中把此 Excel 表格中的 A 列作为节点之间的关系，B 列作为属性值，那么可以想到 datas 列表中下标是偶数的数据为标签，是奇数的为属性值。按此规律，以 2 为步长，遍历 datas 列表，将标签和属性值分别添加进相应列表中，分别建立节点，再建立关系，创建图谱。最后，连接数据库，通过 open_work() 方法获取表名，实例化类对象，然后调用方法创建知识图谱。结果如图 11-34 所示。

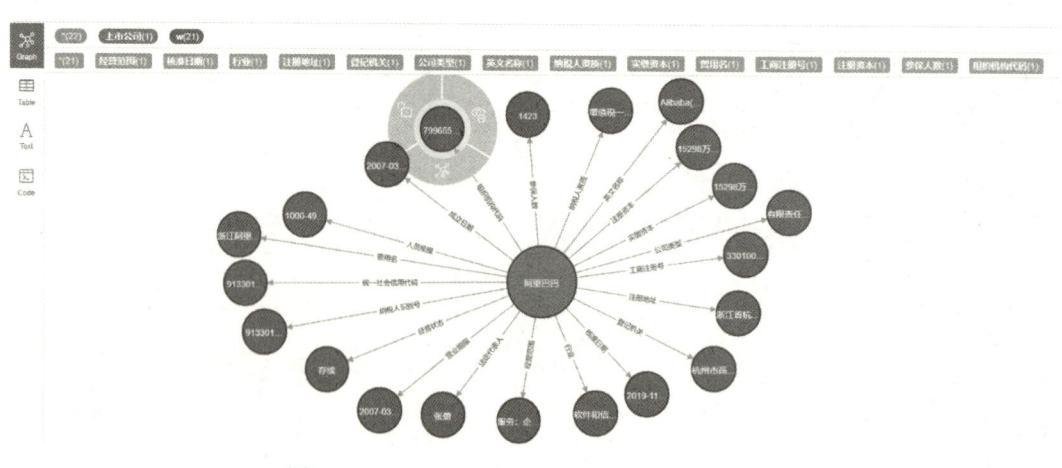

图 11-34 阿里巴巴公司工商管理信息可视化结果

这样将一张静态不可查询的表转化为了一个动态的关系图。数据量越大，查询信息的效率、直观性和准确性相对静态表的提升越显著。

11.3.3 案例分析：读取结构化财经文本创建知识图谱

前两个案例对企业工商管理信息创建了知识图谱，本案例将对财经文本进行分析实践。图 11-35 所示是对一段财经文本进行实体抽取之后形成的结构化数据。

	A	B	C
1	主语	谓语	宾语
2	1.1中小企业所遇问题	关于	1.1.1生产成本上涨
3	1.1中小企业所遇问题	关于	1.1.2营商环境困难
4	1.1中小企业所遇问题	关于	1.1.3融资困难
5	1.1.1生产成本上涨	包括	1.1.1.1原材料费用上涨
6	1.1.1生产成本上涨	包括	1.1.1.2订单不足
7	1.1.1生产成本上涨	包括	1.1.1.3用能成本上涨
8	1.1.1.1.1加大各企业违规收费整治力度	解决	1.1.1生产成本上涨
9	1.1.1.1.2开展拖欠中小企业尾款清欠行动	解决	1.1.1生产成本上涨
10	1.1.1.1.3实施阶段性优惠政策	解决	1.1.1生产成本上涨
11	1.1.2营商环境困难	包括	1.1.2.1政策性补贴少
12	1.1.2营商环境困难	包括	1.1.2.2政策性补贴广度小
13	1.1.2.1.1加大针对性支持力度	解决	1.1.2营商环境困难
14	1.1.2.1.2加大融资服务力度	解决	1.1.2营商环境困难
15	1.1.2.1.3加大创新发展支持力度	解决	1.1.2营商环境困难
16	1.1.3融资困难	包括	1.1.3.1新公司历史业绩不足
17	1.1.3融资困难	包括	1.1.3.2中小企业固定资产不足
18	1.1.3.1.1带动社会资本向中小企业投资	解决	1.1.3融资困难
19	1.1.3.1.2推广完善"信易贷"模式	解决	1.1.3融资困难

图 11-35　结构化财经文本数据

这个 Excel 文件中的数据是经过数据清洗、实体抽取后得到的数据，划分为三列，分别为主语、谓语、宾语。使用 Python 中的 xlrd 模块来读取此 Excel 文件内容并创建知识图谱，代码总体上分为三部分：读取 Excel 文件内容，生成知识图谱，主方法入口。

本案例的整体结构如图 11-36 所示。

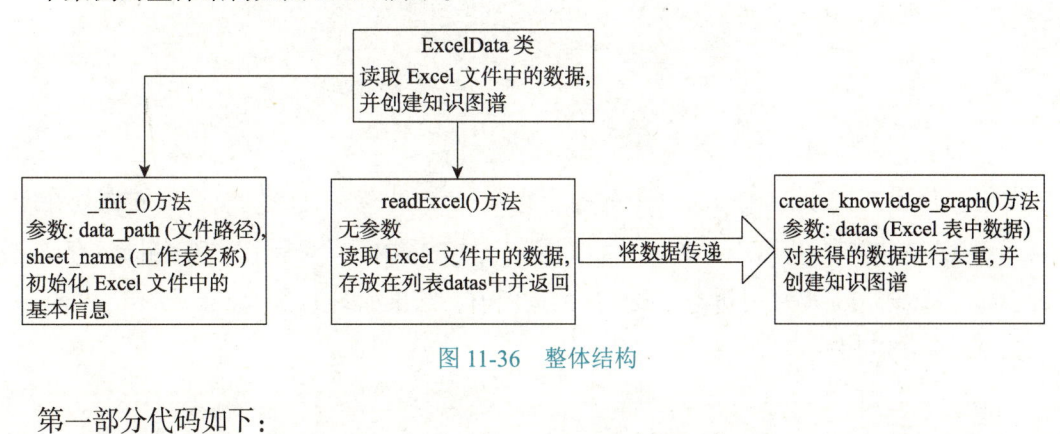

图 11-36　整体结构

第一部分代码如下：

```
import xlrd, datetime
```

```
import tkinter as tk
from xlrd import xldate_as_tuple
from tkinter import filedialog
from py2neo import Graph, Node, Relationship
```

导入的模块与 11.3.2 节案例相似，只新增了 tkinter 模块，可以打开窗口供用户选择需要用到的 Excel 文件。tkinter 的 filedialog() 方法可以获取文件名，从而得到绝对路径等必要的变量。同样，连接数据库时要同时清除数据库中原来的内容。

```
class ExcelData():
    #与案例2中_init_()方法相同
    def _init_(self, data_path, sheet_name):
        self.data_path = data_path
        self.sheet_name = sheet_name
        self.data = xlrd.open_workbook(self.data_path)
        self.table = self.data.sheet_by_name(self.sheet_name)
        #获取['主语','谓语','宾语']
        self.keys = self.table.row_values(0)
        self.rowNum = self.table.nrows
        self.colNum = self.table.ncols
    #与案例2中readExcel()方法相似
    def readExcel(self):
        #创建字典sheet_data用于存放表中的一行数据
        #如{'主语':'1.1中小企业所遇问题','谓语':'关于','宾语':'1.1.1生产成本上涨'}
        datas = []
        for i in range(1, self.rowNum):
            sheet_data = {}
            for j in range(self.colNum):
                c_type = self.table.cell(i, j).ctype
                c_cell = self.table.cell_value(i, j)
                if c_type == 2 and c_cell % 1 == 0:
                    c_cell = int(c_cell)
                elif c_type == 3:
                    date = datetime.datetime(*xldate_as_tuple(c_cell, 0))
                    c_cell = date.strftime('%Y/%m/%d %H:%M:%S')
                sheet_data[self.keys[j]] = c_cell
            datas.append(sheet_data)
        return datas
```

按格式化方式读取 Excel 文件中的内容，与 11.3.2 节案例的一样，不同之处在于，readExcel()方法中多了一个字典 sheet_data，用于存放表中的一行数据，而列表 datas 存放这些字典。读者可以用 for 循环语句遍历该方法的返回值，结果如图 11-37 所示。

第二部分代码如下：

```
#接收图11-37所示的数据，主语和宾语有重复，若不进行去重处理，则会重复建立节点，使知识图谱杂乱
def create_knowledge_graph(datas):
    #存放主语（有重复）
```

```
{'主语': '1.1中小企业所遇问题', '谓语': '关于', '宾语': '1.1.1生产成本上涨'}
{'主语': '1.1中小企业所遇问题', '谓语': '关于', '宾语': '1.1.1生产成本上涨'}
{'主语': '1.1中小企业所遇问题', '谓语': '关于', '宾语': '1.1.1生产成本上涨'}
{'主语': '1.1中小企业所遇问题', '谓语': '关于', '宾语': '1.1.2营商环境困难'}
{'主语': '1.1中小企业所遇问题', '谓语': '关于', '宾语': '1.1.2营商环境困难'}
{'主语': '1.1中小企业所遇问题', '谓语': '关于', '宾语': '1.1.2营商环境困难'}
{'主语': '1.1中小企业所遇问题', '谓语': '关于', '宾语': '1.1.3融资困难'}
{'主语': '1.1中小企业所遇问题', '谓语': '关于', '宾语': '1.1.3融资困难'}
{'主语': '1.1中小企业所遇问题', '谓语': '关于', '宾语': '1.1.3融资困难'}
{'主语': '1.1.1生产成本上涨', '谓语': '包括', '宾语': '1.1.1.1原材料费用上涨'}
{'主语': '1.1.1生产成本上涨', '谓语': '包括', '宾语': '1.1.1.1原材料费用上涨'}
{'主语': '1.1.1生产成本上涨', '谓语': '包括', '宾语': '1.1.1.1原材料费用上涨'}
{'主语': '1.1.1生产成本上涨', '谓语': '包括', '宾语': '1.1.1.2订单不足'}
{'主语': '1.1.1生产成本上涨', '谓语': '包括', '宾语': '1.1.1.2订单不足'}
{'主语': '1.1.1生产成本上涨', '谓语': '包括', '宾语': '1.1.1.2订单不足'}
{'主语': '1.1.1生产成本上涨', '谓语': '包括', '宾语': '1.1.1.3用能成本上涨'}
{'主语': '1.1.1生产成本上涨', '谓语': '包括', '宾语': '1.1.1.3用能成本上涨'}
{'主语': '1.1.1生产成本上涨', '谓语': '包括', '宾语': '1.1.1.3用能成本上涨'}
{'主语': '1.1.1.1.1加大各企业违规收费整治力度', '谓语': '解决', '宾语': '1.1.1生产成本上涨'}
{'主语': '1.1.1.1.1加大各企业违规收费整治力度', '谓语': '解决', '宾语': '1.1.1生产成本上涨'}
{'主语': '1.1.1.1.1加大各企业违规收费整治力度', '谓语': '解决', '宾语': '1.1.1生产成本上涨'}
{'主语': '1.1.1.1.2开展拖欠中小企业尾款清欠行动', '谓语': '解决', '宾语': '1.1.1生产成本上涨'}
{'主语': '1.1.1.1.2开展拖欠中小企业尾款清欠行动', '谓语': '解决', '宾语': '1.1.1生产成本上涨'}
{'主语': '1.1.1.1.2开展拖欠中小企业尾款清欠行动', '谓语': '解决', '宾语': '1.1.1生产成本上涨'}
{'主语': '1.1.1.1.3实施阶段性优惠政策', '谓语': '解决', '宾语': '1.1.1生产成本上涨'}
{'主语': '1.1.1.1.3实施阶段性优惠政策', '谓语': '解决', '宾语': '1.1.1生产成本上涨'}
{'主语': '1.1.1.1.3实施阶段性优惠政策', '谓语': '解决', '宾语': '1.1.1生产成本上涨'}
{'主语': '1.1.2营商环境困难', '谓语': '包括', '宾语': '1.1.2.1政策性补贴少'}
{'主语': '1.1.2营商环境困难', '谓语': '包括', '宾语': '1.1.2.1政策性补贴少'}
{'主语': '1.1.2营商环境困难', '谓语': '包括', '宾语': '1.1.2.1政策性补贴少'}
```

图 11-37 遍历 readExcel() 方法的返回值的结果

```python
subject_node_list = []
#存放宾语（有重复）
object_node_list = []
#存放谓语
relation_list = []
#datas 中的每个元素都是字典
for i in range(0,len(datas)):
    #判断字典中的值是否为空
    if datas[i]['主语'] is not None and datas[i]['谓语'] is not None and datas[i]['宾语'] is not None:
        #不为空，则各自添加到相应的列表中
        subject_node_list.append(datas[i]['主语'])
        object_node_list.append(datas[i]['宾语'])
        relation_list.append(datas[i]['谓语'])
#将主语和宾语放在一个列表中（有重复）
total_needed_node = subject_node_list + object_node_list
acquired_node = []
selected_node = []
```

```python
#遍历有主语和宾语的列表
for i in range(len(total_needed_node)):
    #若该元素已经在acquired_node列表中,则跳过本次循环,实现去重效果
    if total_needed_node[i] in acquired_node:
        continue
    else:
        #若不在,则将元素放入acquired_node列表(无重复)
        acquired_node.append(total_needed_node[i])
        #对无重复的主语和宾语建立节点,放入selected_node列表
        selected_node.append(Node(total_needed_node[i], Name = total_needed_node[i]))
```

首先,定义一个create_knowledge_graph()方法,创建主语、谓语(关系)、宾语列表分别存放已读取的Excel表格中的三列内容。然后,根据datas列表长度建立循环,只要主语列、谓语列、宾语列中每个单元格内容都不为空,就将内容添加到对应的列表中。

同时,观察Excel表格的内容,可以发现主语列表中有些实体是重复的。为了避免知识图谱中出现重复混乱的现象,需要创建acquired_node列表和selected_node列表来筛除重复的实体。首先,把主语和宾语列表中的实体全部放到创建的总实体列表中,以便后面从中筛选出所需的实体。然后按总实体列表长度遍历列表,实体重复则跳过,不放入acquired_node列表;不重复,就放入acquired_node列表,并且将实体作为标签、名称作为属性建立节点,添加进selected_node节点列表中,这样大致筛选工作就已完成。

```python
for i in range(len(selected_node)):
    #建立主语节点和宾语节点(无重复)
    graph.create(selected_node[i])

#遍历主语节点和宾语节点
for j in range(len(selected_node)):
    #判断节点是主语节点还是宾语节点
    if selected_node[j]['Name'] in subject_node_list:
        #若是主语节点,则去查询主语列表中与这个主语节点对应的主语的索引
        for i in range(len(subject_node_list)):
            #判断主语节点和主语是否对应
            if selected_node[j]['Name'] == subject_node_list[i]:
                #将主语节点放到主语列表的对应索引位置
                subject_node_list[i] = selected_node[j]
#本循环将主语节点和宾语节点分开,获得主语节点,并有序地放入主语列表


#思路同上,获得宾语节点,并有序地放入宾语列表
for j in range(len(selected_node)):
    if selected_node[j]['Name'] in object_node_list:
        for i in range(len(object_node_list)):
            if selected_node[j]['Name'] == object_node_list[i]:
                object_node_list[i] = selected_node[j]
```

```
#建立主语节点和宾语节点之间的关系
for j in range(len(relation_list)):
    graph.create(Relationship(subject_node_list[j], relation_list[j],
    object_node_list[j]))
```

首先，遍历 selected_node 列表，根据节点创建知识图谱，随后再次进行循环，目的是将筛选后的主语节点和宾语节点分开，为后面建立关系做准备。

然后，再次遍历 selected_node 列表，用其中每个节点的 name 属性来判断该节点是否在主语列表中，若在，则遍历主语列表，再以节点的 name 属性判断是否与主语列表中一致，若是，则将该节点放到主语列表中对应位置，这样主语列表中的元素就变为一个个无重复的主语节点了。下一个 for 循环也是同样的步骤，将宾语列表中的元素变为无重复的宾语节点。

最后，根据更新后的主语、谓语、宾语节点建立关系，并根据关系创建知识图谱。

第三部分，进入主方法，进行整体操作。演示代码如下：

```
if __name__ == '__main__':
    #使用 tkinter 模块打开窗口选择文件
    root = tk.Tk()
    #选择文件后，关闭窗口
    root.withdraw()
    #获取所选文件的路径
    filename = filedialog.askopenfilename()
    data_path = filename
    sheet_name = ''
    #打开该 Excel 文件
    b = xlrd.open_workbook(data_path)
    count = len(b.sheets())
    #遍历该表中的所有工作表
    for sheet in b.sheets():
        #获取工作表名称
        sheet_name = sheet.name
    #实例化对象
    get_data = ExcelData(data_path, sheet_name)
    datas = get_data.readExcel()
    create_knowledge_graph(datas)
```

root=tk.TK()语句可以打开一个窗口，选择需要的文件，如图 11-38 所示。

选择所需文件后，root.withdraw()语句关闭窗口。通过 filedialog.askopenfilename()和 open_workbook()方法获得 data_path（文件路径）和 sheet_name（工作表名称）两个重要变量的值，然后调用前两部分的类和方法，完成所有过程。

最后，成功创建知识图谱，如图 11-39 所示。

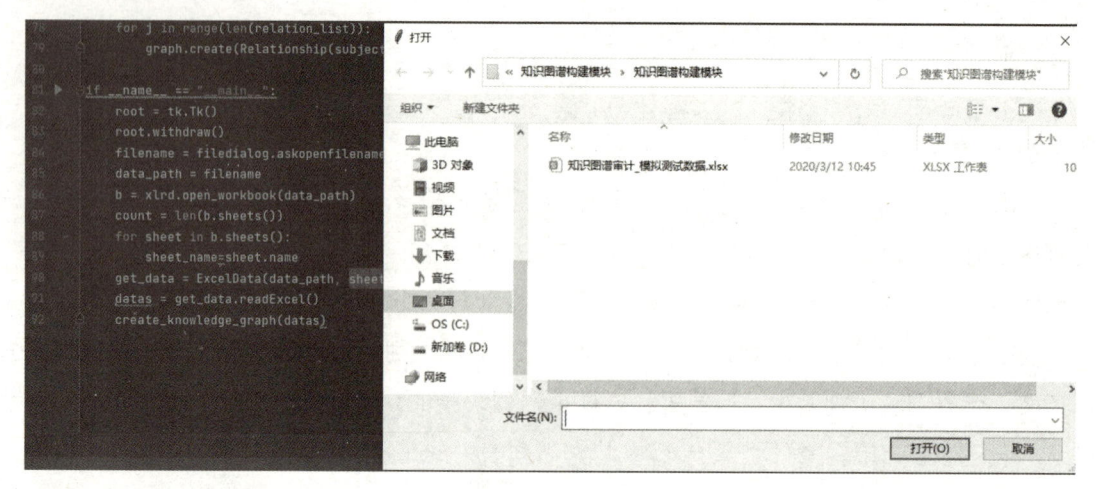

图 11-38　打开窗口选择文件

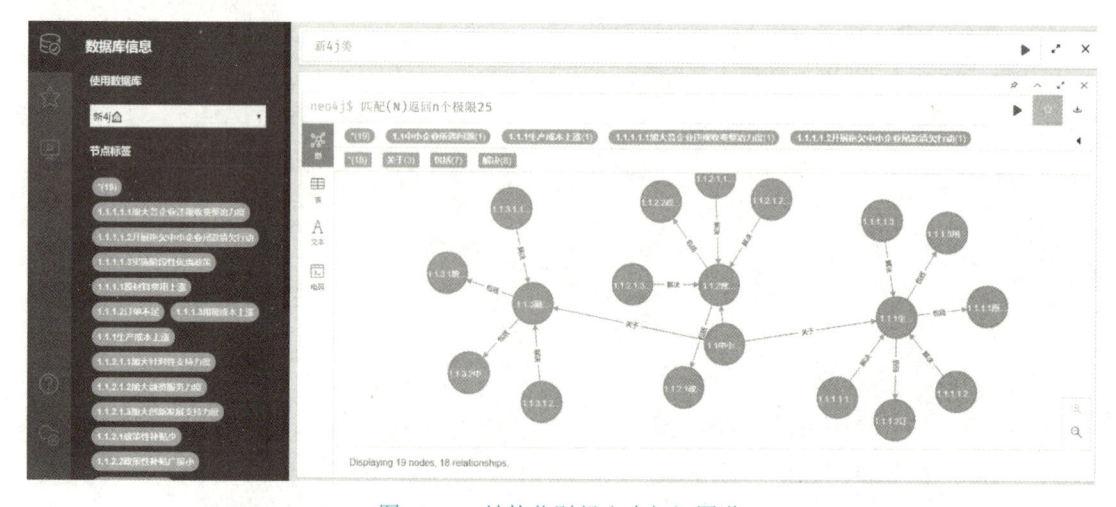

图 11-39　结构化财经文本知识图谱

11.3.4　案例分析：多表信息创建知识图谱

下面进行多表信息创建知识图谱。进入 CSMAR 数据库下载公司信息表、子公司表、公司高管表，创建知识图谱，同时提供可以查询某公司、某高管的方法。

公司信息表包含公司证券代码、公司全称、公司中文简称、注册资本、成立日期、上市日期等内容，如图 11-40 所示。

子公司表包含母公司证券代码和子公司全称，如图 11-41 所示。

公司高管表包含所属公司证券代码、姓名、性别、年龄、职称、个人简介等，如图 11-42 所示。

不难看出，证券代码是连接这三张表的桥梁，通过它建立母公司与子公司的一对多关系，建立公司与公司高管的一对多关系。

001202	广东炬申物流股份有限公司	炬申股份	128800000	2011-11-10	2021-04-29
001203	内蒙古大中矿业股份有限公司	大中矿业	1508000000	1999-10-29	2021-05-10
001205	南京盛航海运股份有限公司	盛航股份	120266667	1994-11-07	2021-05-13
001206	天津市依依卫生用品股份有限公司	依依股份	94333576	2005-06-15	2021-05-18
001207	山东联科科技股份有限公司	联科科技	182000000	2001-04-23	2021-06-23
001208	湖南华菱线缆股份有限公司	华菱线缆	534424000	2003-07-01	2021-06-24
001209	广东洪兴实业股份有限公司	洪兴股份	93944800	2004-05-20	2021-07-23
001210	北京金房暖通节能技术股份有限公司	金房暖通	90748077	1992-11-08	2021-07-29
001211	双枪科技股份有限公司	双枪科技	72000000	2002-09-20	2021-08-05
001212	广东中旗新材料股份有限公司	中旗新材	90670000	2007-03-27	2021-08-23
001213	中铁特货物流股份有限公司	中铁特货	4444444444	2003-11-04	2021-09-08
001215	郑州千味央厨食品股份有限公司	千味央厨	85104136	2012-04-25	2021-09-06
001217	安徽华尔泰化工股份有限公司	华尔泰	331870000	2000-01-05	2021-09-29
001218	湖南丽臣实业股份有限公司	丽臣实业	89995500	1997-11-24	2021-10-15
001914	招商局积余产业运营服务股份有限公司	招商积余	666961416	1994-09-08	2019-12-16
002947	苏州恒铭达电子科技股份有限公司	恒铭达	164644363	2011-07-27	2019-02-01
002949	深圳市华阳国际工程设计股份有限公司	华阳国际	196030000	1993-08-09	2019-02-26
002950	奥美医疗用品股份有限公司	奥美医疗	633265407	2002-07-24	2019-03-11
002951	四川金时科技股份有限公司	金时科技	405000000	2008-12-24	2019-03-15
002952	亚世光电(集团)股份有限公司	亚世光电	164340000	2012-07-09	2019-03-28
002953	广东日丰电缆股份有限公司	日丰股份	243360219	2009-12-17	2019-05-09
002955	鸿合科技股份有限公司	鸿合科技	234985690	2010-05-28	2019-05-23
002956	桂林西麦食品股份有限公司	西麦食品	160000000	2001-08-01	2019-06-19
002957	深圳科瑞技术股份有限公司	科瑞技术	411819100	2001-05-23	2019-07-26
002958	青岛农村商业银行股份有限公司	青岛农商银行	5555555556	2012-06-26	2019-03-26
002959	小熊电器股份有限公司	小熊电器	156444000	2006-03-16	2019-08-23
002960	青鸟消防股份有限公司	青鸟消防	246210000	2001-06-15	2019-08-09

图 11-40　公司信息表

000001	平安理财有限责任公司
000002	深圳市万科发展有限公司
000002	广州万科企业有限公司
000002	上海万科企业有限公司
000002	北京万科企业有限公司
000002	佛山市万科置业有限公司
000002	东莞市万科房地产有限公司
000002	珠海万科发展有限公司
000002	厦门市万科企业有限公司
000002	福州市万科发展有限公司
000002	海南万科企业管理有限公司
000002	南京万科企业有限公司
000002	苏州万科企业有限公司
000002	宁波万科企业有限公司
000002	合肥万科企业有限公司
000002	唐山万科房地产开发有限公司
000002	天津万科房地产有限公司
000002	沈阳万科企业有限公司
000002	大连万科置业有限公司
000002	长春万科房地产开发有限公司
000002	烟台万科企业有限公司
000002	太原万科房地产有限公司
000002	青岛万科房地产有限公司
000002	万科(成都)企业有限公司
000002	武汉市万科房地产有限公司
000002	万科(重庆)企业有限公司
000002	西安万科企业有限公司

图 11-41　子公司表

000001	谢永林	男	51		谢永林先生，非执行董事、董事长。1968年9月出生，南京大学管理学博士、理学硕士。2016年12月至今，任平安银行股份有限责任
000001	胡跃飞	男	57		胡跃飞先生，执行董事、行长。1962年出生，中南财经政法大学（原中南财经大学）经济学博士。胡跃飞先生于1990年1月至1999年口
000001	陈心颖	女	42		陈心颖女士，非执行董事。1977年出生，新加坡国籍，毕业于麻省理工学院，获得电气工程与计算机科学硕士、电气工程学士和经济学
000001	姚波	男	48	北美精算师	姚波先生，非执行董事。1971年出生，北美精算师协会会员(FSA)。获得美国组的大学工商管理硕士学位，自2009年6月起出任中国
000001	叶素兰	女	63		叶素兰女士，非执行董事。1956年出生，获得英国伦敦中央工艺学院计算机学士学位，自2011年1月起出任中国平安副总经理至今。
000001	蔡方方	女	45		蔡方方女士，非执行董事。1974年出生，获得澳大利亚新南威尔士大学会计学商业硕士学位。2014年7月至今，任平安执行董事
000001	郭建	男	55		郭建先生，非执行董事。1964年出生，成都电讯工程学院（现电子科技大学）电子物理与器件专业硕士研究生毕业。现任深圳中电投
000001	杨志群	男	49	高级经济师	杨志群先生，执行董事、副行长。1970年出生，南开大学世界经济学博士，高级经济师。杨志群先生于1991年至1996年10月，任职
000001	郭世邦	男	55	高级会计师、讲师、助教	郭世邦先生，执行董事、副行长。1965年出生，北京大学光华管理学院研究生，高级经济师。郭世邦先生于1991年7月至1998年
000001	项有志	男	55	高级会计师、讲师、助教	项有志先生，执行董事、首席财务官。1964年出生，厦门大学管理学博士学位，高级会计师。项有志先生于1987年7月至1991年9月，
000001	王春汉	男	68	高级经济师	王春汉先生，独立董事。1951年出生，大专学历，高级经济师。2014年1月至今，平安银行1975年5月至1988年3月，历任中国人民
000001	王松奇	男	67	教授	王松奇先生，独立董事。1952年出生，经济学博士，中央财经大学金融学院教授、博士生导师。2016年8月至今，任平安银行独
000001	韩小京	男	64	律师、讲师	韩小京先生，独立董事。1955年生，法学硕士，中国执业律师，北京市通商律师事务所创始合伙人之一。2014年1月至今，任平
000001	郭田勇	男	51	教授	郭田勇先生，独立董事。1968年8月出生，经济学博士。现任中央财经大学金融学院教授、博士生导师。2016年8月至今，任平安银行独
000001	杨如生	男	57	高级经济师	杨如生先生，独立董事。1968年2月出生，暨南大学经济学硕士、中国注册会计师、中国注册税务师。杨如生先生现任瑞华会计师事务所合
000001	邱伟先生	男	51		邱伟先生，职工监事。1962年生，西南财经大学金融学硕士。现任平安银行监事长、党委副书记、纪委书
000001	车国宝	男	70		车国宝先生，股东监事。1949年出生，北京建筑工程学院建筑机械专业学士。现任深圳市溢中泰投资有限公司股东、法定代表人、
000001	周建国	男	64	高级会计师、副教授、教师	周建国先生，外部监事。1955年出生，中南财经政法大学经济学硕士，正高级会计师职称。现任深圳经济特区房地产（集团）股份有
000001	骆向东	男	62	教授、教师	骆向东先生，外部监事。1953年出生，华南师范大学经济学硕士学位，教授。2014年1月至今，任平安银行外部监事。骆向东先
000001	储一昀	男	55	研究员、教授、讲师、助教	储一昀先生，外部监事。1964年出生，上海财经大学会计学博士。现任上海财经大学会计学教授、博士生导师。2017年6月至今，
000001	孙永桢	女	51	高级经济师	孙永桢女士，外部监事。现任平安银行首席审计师、纪委副书记。2018
000001	王群	女	51		王群女士，职工监事。1968年出生，南方冶金学院计算机专业毕业。现任平安银行深圳分行重点客户三部总经理。2017年6月至今，
000001	周强	男	47		周强先生，董事会秘书。1972年出生，南开大学金融学系国际金融专业毕业，经济学博士，2001年7月至2007年4月，历任平安证券
000001	姚贵平	男	58	高级经济师	
000001	吴鹏	男	54		
000001	陈心颖	女	43		陈心颖女士，非执行董事。1977年出生，新加坡国籍，毕业于麻省理工学院，获得电气工程与计算机科学硕士、电气工程学士和经
000001	王春汉	男	69	高级经济师	王春汉先生，外部监事。1951年出生，大专学历，高级经济师。2020年9月至今，任平安银行外部监事。王春汉先生于1975年5月至
000001	王松奇	男	68	教授	王松奇先生，外部监事。1952年出生，经济学博士，中国社科院研究生院博士生导师、中央财经大学兼职博士生导师，吉林
000001	韩小京	男	65	律师、讲师	韩小京先生，外部监事。1955年生，法学硕士，中国执业律师，北京市通商律师事务所创始合伙人之一。2020年9月至今，任平安

图 11-42 公司高管表

本案例共有两个类，其整体框架分别如图 11-43 和图 11-44 所示。

首先，引入所需模块。演示代码如下：

```
import xlrd
from py2neo import Node, Relationship,Graph,RelationshipMatcher, NodeMatcher, walk
```

然后，以类来将整个代码分开讲解。第一个类是 dealExcel 类，包含 __init__()方法、subcompany()方法、company_back()方法和 manager()方法，主要功能是读取三个 Excel 表格中的数据，然后分别存入不同的字典，用于创建知识图谱。

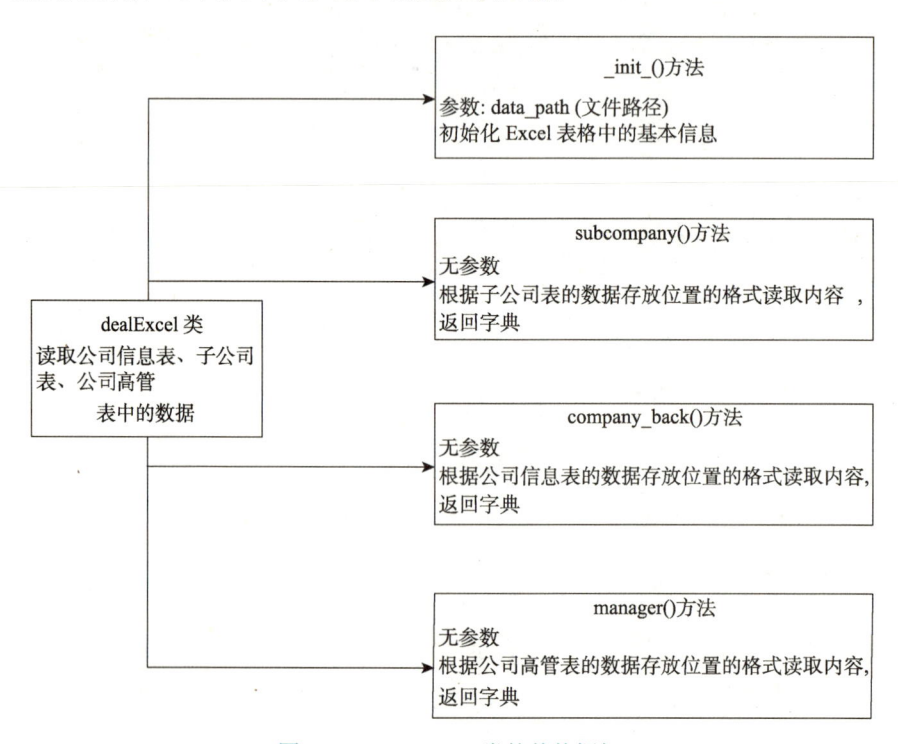

图 11-43 dealExcel 类的整体框架

```
              _init_()方法
              参数: dictionary_sub (子公司),
              dictionary_com (公司),
              dictionary_man (高管)
              初始化数据库连接和三个字典
```

```
              inquiry_com_man()方法
              参数: company_code (公司证券代码)
              根据公司的"公司高管"关系,查询
              其下属的高管的信息,并格式化
              打印出结果
```

```
              alone_mananger()方法
              无参数
              建立高管节点并存入列表,返回
              列表
```

```
              three_link()方法
              无参数
              建立公司与子公司、公司与高管节点
              之间的关系并存入列表,返回列表
```

```
              inquiry_sub()方法
              参数: company_code (公司证券代码)
              根据母公司证券代码查询其下属的
              所有子公司,返回列表
```

```
              alone_sub()方法
              无参数
              建立子公司节点并存入列表,返
              回列表
```

```
GraphKnowledge 类
用于建立节点和节点
间的关系、数据可视
化、查询信息
```

```
              inquiry_company()方法
              参数: company_code (公司证券代码)
              根据公司证券代码,查询公司信息,
              返回列表
```

```
              generate()方法
              参数: node (节点和节点间的关系
              列表)
              创建图谱,数据可视化
```

```
              inquiry_subcompany()方法
              参数: company_code(公司证券代码)
              根据公司的"子公司"关系,查询其
              下属的子公司,并格式化打印出结果
```

```
              alone_company()方法
              无参数
              建立(母)公司节点并存入列表,
              返回列表
```

```
              inquiry_man()方法
              参数: name (高管姓名)
              根据姓名查询高管信息,返回列表
```

图 11-44 GraphKnowledge 类的整体框架

```
#分别读取三个表格中的数据
class dealExcel():
    def _init_(self, data_path):
        #初始化文件路径
        self.data_path = data_path
        #打开 Excel 表格,返回 workbook 对象
        self.data = xlrd.open_workbook(data_path)
        #读取 Excel 表格中的每一个工作表 sheet
        for sheet in self.data.sheets():
            sheet_name = sheet.name
            #初始化工作表名称
            self.sheet_name = sheet_name
        #根据工作表名称打开工作表
        self.table=self.data.sheet_by_name(sheet_name=self.s\heet_name)
        #初始化工作表的行数列数信息
        self.rowNum=self.table.nrows
        self.colNum=self.table.ncols
```

上述代码为 dealExcel 类中的_init_()方法,初始化 Excel 文件路径,工作表名称及其行数、列数等数据。

```
#读取子公司表的数据
def subcompany(self):
    #存放母公司证券代码,即子公司表的第一列
    mothercompany_table = []
    for i in range(self.rowNum):
        mothercompany_table.append(self.table.cell(i, 0).value)
    #以母公司证券代码为'键',生成一个字典,'值'存放该母公司下属的子公司
```

```python
        dictionary_sub = dict.fromkeys(mothercompany_table)
        #字典的'键'拥有唯一性，可达到去重效果
        key = list(dictionary_sub.keys())
        for i in range(len(key)):
            subcompany_table = []
            for j in range(self.rowNum):
                #将属于同一个母公司的所有子公司放入一个列表
                if self.table.cell(j, 0).value == key[i]:
                    subcompany_table.append(self.table.cell(j, 1).value)
                else:
                    continue
            #将该列表对应放入字典的'值'，如{'000001':[子公司1,子公司2,子公司3]}
            dictionary_sub[key[i]] = subcompany_table
        return dictionary_sub
```

使用 subcompany( )方法将读取的子公司表数据存入 dictionary_sub 字典。

首先，按行读取子公司表的母公司证券代码列，存入列表中，再使用 dict.fromkeys( )方法创建以母公司证券代码为键、值为空的字典，如{'010100(某证券代码)', None}，这样可以消除原本子公司表中母公司证券代码的重复，因为字典的键是不可重复且不变的。

然后，读取表中所有内容，只要是母公司证券代码相同的，如第 1~10 行的子公司的母公司证券代码都是"000001"，就都加入 subcompany_table 列表，将整个列表作为 dictionary_sub 中键为"000001"的值。

```python
    #读取公司信息表中的数据
    def company_back(self):
        code_table = []
        for i in range(self.rowNum):
            #将公司证券代码添加到列表中
            code_table.append(self.table.cell(i, 0).value)
        #以公司证券代码为'键'，生成一个字典
        dictionary_com = dict.fromkeys(code_table)
        key = list(dictionary_com.keys())
        #遍历无重复的公司证券代码
        for i in range(len(key)):
            company_back = []
            for j in range(self.colNum):
                #如果单元格中数据的类型为数值
                if self.table.cell(i, j).ctype == 2:
                    #若是，则转化为字符串，并拼接'元'字
                    Value=str(int(self.table.cell(i, j).value))+ '元'
                    #添加到公司背景信息列表中
                    company_back.append(value)
                else:
                    #若不是数值，则直接添加
                    company_back.append(self.table.cell(i, j).value)
            #列表对应放入字典的'值'，如{'000001':[公司全称,简称,注册资本,成立日期,上市日期]}
```

```
            dictionary_com[key[i]] = company_back
        return dictionary_com
```

使用 company_back()方法将读取的公司信息表数据存入字典，思路与 subcompany()方法基本一致。读取证券代码作为字典的键，因为表中均为母公司，其证券代码是不重复的，每个证券代码对应的一行数据存入 conmpany_back 列表，作为字典的值。

```
    #读取公司高管表中的数据
    def manager(self):
        code_table = []
        a = 1
        for i in range(self.rowNum):
            #将公司证券代码添加到列表中
            code_table.append(self.table.cell(i, 0).value)
        dictionary_man = dict.fromkeys(code_table)
        key_man = list(dictionary_man.keys())
        #遍历无重复的公司证券代码
        for i in range(len(key_man)):
            #创建列表，用于存放属于同一公司的所有高管及每位高管的信息
            all_back = []
            for j in range(self.rowNum):
                #创建列表，用于存放一位高管的信息
                one_back = []
                #将同属于一个公司的高管放在一起
                if self.table.cell(j, 0).value == key_man[i]:
                    for e in range(1, self.colNum):
                        #判断单元格内容是否为空且为 empty 类型
                        if self.table.cell(j, e).value is not None and self.table.cell(j, e).ctype != 0:
                            #判断单元格中数据的类型是否为数值
                            if self.table.cell(j, e).ctype == 2:
                                value = int(self.table.cell(j, e).value)
                                #若是，则转化为字符串，并拼接'岁'字
                                one_back.append(str(value)+ '岁')
                            else:
                                one_back.append(self.table.cell(j, e).value)
                        else:
                            #若单元格内容为空，则添加'无'字，字数变化用于保证同名高管
                            信息也不重复
                            one_back.append('无'*a)
                            a = a+1
                else:
                    continue
                #将属于同一公司的每位高管的信息添加到该公司的所有高管信息列表中
                all_back.append(one_back)
            #将 all-back 列表作为字典的值，如{'000001':[[名称,性别],[名称,性别],[名称,性别]]}
            dictionary_man[key_man[i]] = all_back
        return dictionary_man
```

上述为构造 manager()方法的代码,将读取的公司高管表数据存入字典,前半部分与前两个方法一致,将证券代码作为键。但公司与公司高管是一对多的关系,证券代码会重复,而且每位高管都有各自的属性(性别、年龄等),所以会相对复杂,需要一个创建列表 one_back 存放一位高管的所有信息,然后需要创建列表 all_back,包含所有的 one_back 列表,也就是列表里嵌套列表。

此外,需要考虑公司高管是否会有同名的情况,否则在知识图谱创建后,进行高管查询时有可能出现问题。公司高管表里有个人简介,但仍有可能两条数据重复,所以在代码中添加了当某个单元格的内容为空时,就填入一个"无"字。"无"的个数会增多,这样就保证了每位高管的信息不会重复。

至此,第一个类完成。将三个表格的内容全部读取并转换为三个字典,供下一个类使用。

```python
#创建知识图谱
class GraphKnowledge():
    #传递 readExcel 类中读取数据并处理后的公司字典、子公司字典和高管字典
    def __init__(self, dictionary_sub, dictionary_com, dictionary_man):
        self.graph = Graph('http://localhost:7474', username = 'neo4j', password = '123456')
        #初始化节点匹配器
        self.matcher=NodeMatcher(self.graph)
        #初始化关系匹配器
        self.matcher_r=RelationshipMatcher(self.graph)
        #初始化公司字典、子公司字典和高管字典
        self.dict_com = dictionary_com
        self.dict_sub = dictionary_sub
        self.dict_man = dictionary_man
        #分离出并初始化每个字典的'键'和'值'
        self.dict_sub_key = list(dictionary_sub.keys())
        self.dict_sub_item = list(dictionary_sub.values())
        self.dict_com_key = list(dictionary_com.keys())
        self.dict_com_item = list(dictionary_com.values())
        self.dict_man_key = list(dictionary_man.keys())
        self.dict_man_item = list(dictionary_man.values())
```

GraphKnowledge 类通过 dealExcel 类返回的三个字典建立关系、创建知识图谱,并提供查询的方法。第一个_init_()方法接收三个字典,并将每个字典的键和值分别形成一个列表,并且初始化 NodeMatcher 和 RelationshipMatcher 匹配器对象供后面的查询方法使用。

```python
#单独建立公司节点
def alone_company(self):
    company_node = []
    #遍历公司字典的所有'值',[全称,简称,注册资本,成立时间,上市日期]
    for i in range(len(self.dict_com_item)):
        node = Node('总公司', name = self.dict_com_item[i][1],
        #公司字典的'键'作为节点的证券代码属性值
        self_code = self.dict_com_key[i],
```

```
                brief_name = self.dict_com_item[i][2],
                primitive_capital = self.dict_com_item[i][3],
                open_time = self.dict_com_item[i][4],
                market = self.dict_com_item[i][5])
            #将节点添加到公司节点中
            company_node.append(node)
        return company_node
#单独建立高管节点

    def alone_mananger(self):
        mananger_code = []
        #遍历高管字典的所有'值',即所有高管信息
        for i in range(len(self.dict_man_key)):
            #遍历其中一位高管的信息
            for j in range(len(self.dict_man_item[i])):
                node = Node('公司高管',                #将高管字典的'键'作为节点的证券代码属性值
                    com_code = self.dict_man_key[i],
                    #高管字典的'值'是一个二维列表
                    name = self.dict_man_item[i][j][0],
                    sex = self.dict_man_item[i][j][1],
                    age = self.dict_man_item[i][j][2],
                    duty = self.dict_man_item[i][j][3],
                    intro = self.dict_man_item[i][j][4])
                mananger_code.append(node)
        return mananger_code

#单独建立子公司节点
    def alone_sub(self):
        subcompany_node=[]
        #遍历子公司字典中的'键'
        for i in range(len(self.dict_sub_key)):
            #遍历该公司下属的所有子公司
            for j in range(len(self.dict_sub_item[i])):
                sub_node = Node('子公司', name = self.dict_sub_item[i][j], mother_code = self.dict_sub_key[i])
                subcompany_node.append(sub_node)
        return subcompany_node
```

这三个方法就是将三个字典中的键和值的所有数据,分别形成一个个节点,添加到各自的列表中。有许多公司节点,一个节点代表一个(母)公司,属性有证券代码、成立日期等;许多子公司节点,一个节点代表一个子公司,属性有所属母公司证券代码、子公司全称;同理,高管节点也是如此。接下来,通过每个不同的节点的证券代码属性进行比较,相同则建立关系。

```
#建立公司与子公司、公司与高管之间的关系
def three_link(self):
    #获取已建立的所有节点
    new_subcompant = GraphKnowledge.alone_sub(self)
    new_company = GraphKnowledge.alone_company(self)
```

```
new_manager = GraphKnowledge.alone_mananger(self)
relation_node = []
total_node = []

#遍历所有公司节点
for i in range(len(new_company)):
    #判断公司节点的证券代码属性值是否在子公司字典的'键'（子公司所属母公司的证券代码）中
    if new_company[i]['self_code'] in self.dict_sub_key:
        #若存在，则遍历所有子公司节点
        for j in range(len(new_subcompant)):
            #判断子公司节点的母公司证券代码属性值是否与公司节点的证券代码属性值相同
            if new_subcompant[j]['mother_code'] == new_company[i]['self_code']:
                #若相同，则将公司与子公司节点建立关系
                relation_node.append(Relationship(new_company[i],'子公司', new_subcompant[j]))
    #判断公司节点的证券代码属性值是否在高管字典的'键'中
    if new_company[i]['self_code'] in self.dict_man_key:
        #若存在，则遍历高管节点
        for j in range(len(new_manager)):
            #判断高管节点的所属公司证券代码属性值与公司节点的证券代码属性值是否相同
            if new_manager[j]['com_code'] == new_company[i]['self_code']:
                #若相同，则将公司与高管节点建立关系
                relation_node.append(Relationship(new_company[i], '公司高管', new_manager[j]))

#将所有公司、子公司、高管节点和关系存放在一个列表中
total_node = new_manager + new_subcompant+new_company + relation_node
return total_node
```

首先，接收公司节点、子公司节点和高管节点列表。以公司为核心建立关系。例如，先判断公司 A 的证券代码 "000001" 是否在子公司字典的键中，若在，则遍历子公司节点列表，找到那个所属母公司证券代码属性值与 "000001" 相同的子公司节点，与证券代码同为 "000001" 的公司节点建立关系，放入关系列表，公司与高管节点的关系建立思路相同。

```
#创建知识图谱，需传递节点和关系
def generate(self, node):
    self.graph.delete_all()
    lengh = len(node)
    for i in range(lengh):
        self.graph.create(node[i])
    print('知识图谱已创建成功')

#根据公司证券代码查询公司节点
def inquiry_company(self, company_code):
    #使用节点匹配器，根据证券代码属性查询节点
    result = self.matcher.match('总公司', self_code = company_code)
    result = list(result)
    return result

#根据母公司证券代码查询其下属的所有子公司
```

```python
def inquiry_sub(self, company_code):
    #使用节点匹配器，根据子公司节点的所属母公司证券代码属性查询
    result = self.matcher.match('子公司', other_code=company_code)
    return list(result)


#根据姓名查询高管节点
def inquiry_man(self, name):
    #使用节点匹配器，根据高管节点的姓名属性查询
    result = self.matcher.match('公司高管', name = name)
    #判断返回结果中的高管个数是否大于1，若大于，则表明有重名情况
    if len(list(result))>1:
        print('查询的高管姓名有重复')
    return list(result)
```

这三个方法分别用于查询公司、子公司、高管，返回的是一个列表。此外，考虑到高管姓名可能会重复，因此设计了当姓名重复时有提示。

```python
#根据公司节点的关系查询其下属的子公司节点
def inquiry_subcompany(self, company_code):
    #根据证券代码查询公司节点
    node = GraphKnowledge.inquiry_company(self, company_code)
    #使用关系匹配器，根据公司节点的关系'子公司'查询
    result = self.matcher_r.match({node[0]}, '子公司')
    #遍历结果
    for x in result:
        #将关系对象拆分成公司、关系、子公司
        for y in walk(x):
            if type(y) is Node and y['mother_code'] == company_code:
                #格式化打印
                print(node[0]['name']+'的子公司有'+'\t'+y['name'])


#使用公司节点的关系查询其下属的高管
def inquiry_com_man(self, com_node):
    #根据证券代码查询公司节点
    node=GraphKnowledge.inquiry_company(self, com_node)
    #使用关系匹配器查询高管节点
    result = self.matcher_r.match({node[0]}, '公司高管')
    for x in result:
        for y in walk(x):
            if type(y) is Node and y['com_code'] == com_node:
                print(node[0]['name']+'的公司高管有'+'\t'+y['name']+'其个人简介'+'\t'+y['intro'])
```

以上代码构造的两个方法分别为输入公司证券代码，查询并格式化打印出该公司有哪些子公司和哪些高管的方法。

```python
if __name__=='__main__':
    #用于判断是否需要退出循环
    flag = True
```

```python
#实例化dealExcel对象，读取Excel文件内容
get_data1 = dealExcel(r'C:\Users\ASUS\Desktop\11.3.4-案例四-公司.xlsx')
get_data2 = dealExcel(r'C:\Users\ASUS\Desktop\11.3.4-案例四-子公司.xlsx')
get_data3 = dealExcel(r'C:\Users\ASUS\Desktop\11.3.4-案例四-高管.xlsx')

#实例化GraphKnowledge对象，创建知识图谱，并提供查询功能
graph_know = GraphKnowledge(get_data2.subcompany(), get_data1.company_back(), get_data3.manager())
graph_know.generate(graph_know.three_link())

while flag:
    choose = input('开始搜寻信息, 1. 公司 2. 人名 3. 某公司的子公司 4. 某公司的高管 5. 退出')
    if choose == '1':
        code = input('请输入证券代码')
        print(graph_know.inquiry_company(code))
        flag = True
    elif choose == '2':
        name_man = input('请输入高管名称')
        print(graph_know.inquiry_man(name_man))
        flag = True
    elif choose == '3':
        code = input('请输入母公司证券代码')
        graph_know.inquiry_subcompany(code)
        flag = True
    elif choose == '4':
        code = input('请输入公司证券代码')
        graph_know.inquiry_com_man(code)
        flag = True
    else:
        #退出循环
        flag = False
```

原数据量过多，代码运行时间较长，为了方便起见，设计了三张测试表，其中的属性、对应的位置需要与图11-40、图11-41、图11-42的一致，分别如图11-45、图11-46、图11-47所示。可以先使用测试数据进行尝试，而不是面对三张数据量极大的Excel表格，最后不仅能读取三张表格的数据，还能建立其关系，并快速抓取所需信息。

| 000000 | 广东炬申物流股份有限公司 | 炬申股份 | 128800000 | 2011-11-10 | 2021-04-29 |

图11-45　公司信息测试表

| 000000 | 上海临港伊泰供应链有限公司 |
| 000000 | 上海立信 |

图11-46　子公司测试表

| 000000 | 卢雁影 | 女 | 61 | 讲师,教授 | 卢雁影，1982年至1988年任华中科技大学会计学讲师，1988年至2000年任武汉水利电力大学会计学教授，现任武汉大学经济与管理学院会计学教授。 |
| 000000 | 卢雁影 | 男 | 20 | 讲师,教授 | |

图11-47　公司高管测试表

最终运行结果和知识图谱分别如图11-48、图11-49所示。

图 11-48　最终运行结果

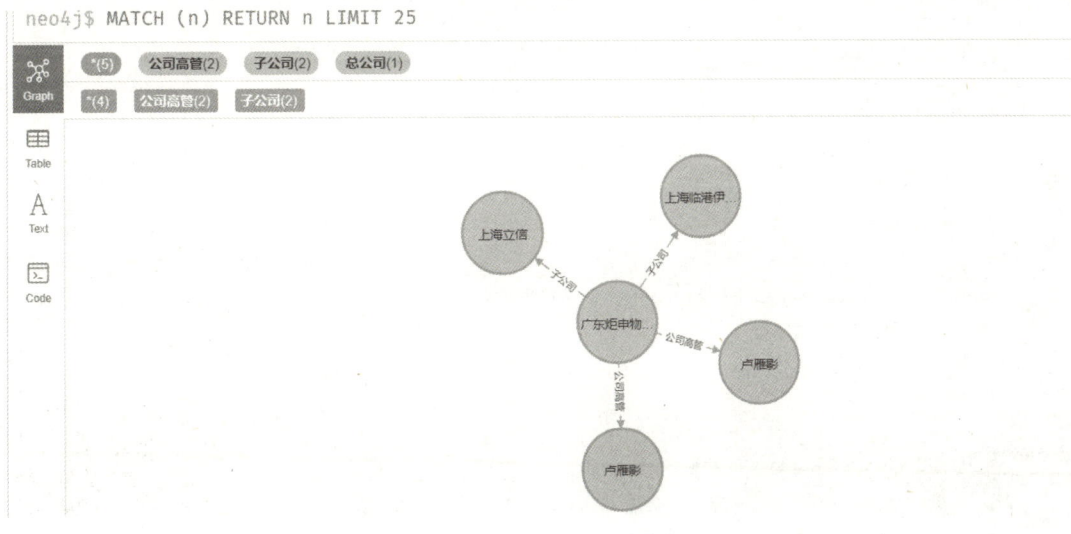

图 11-49　知识图谱

11.3.5　案例分析：根据原始文本自动生成知识图谱

前几个案例分别对 Excel、CSV 文件和 MySQL 数据库中的格式化数据进行了知识图谱的创建，而本案例将简单展示一段文本经过实体抽取，获得三元组数据后，创建知识图谱。

读者可以先自行从 ModelScope 魔搭社区中寻找合适的关系抽取模型，如图 11-50 所示。

然后，下载 modelscope 模块，通过返回的三元组数据创建知识图谱。演示代码如下：

```
#导入所需模块
from modelscope.pipelines import pipeline
from modelscope.utils.constant import Tasks
from py2neo import Node, Graph, Relationship

#连接数据库，并清空上次实验留下的数据
graph = Graph('http://localhost:7474', password = '123456')
```

图 11-50　魔搭社区中的关系抽取模型

```
graph.delete_all()
#调用魔搭社区中的关系抽取模型
semantic_cls = pipeline(Tasks.information_extraction, 'damo/nlp_bert_relation-extraction_chinese-base')
rs = semantic_cls(input = '高捷，祖籍江苏，本科毕业于东南大学')
#遍历模型返回的三元组数据
for i in rs.items():
    print(i)
    for j in range(len(i[1])):
        #对应三元组数据，创建知识图谱
        graph.create(Relationship(Node('头实体', name=i[1][j][0]), i[1][j][1], Node('尾实体', name=i[1][j][2])))
```

运行结果和知识图谱如图 11-51 和图 11-52 所示。

图 11-51　运行结果

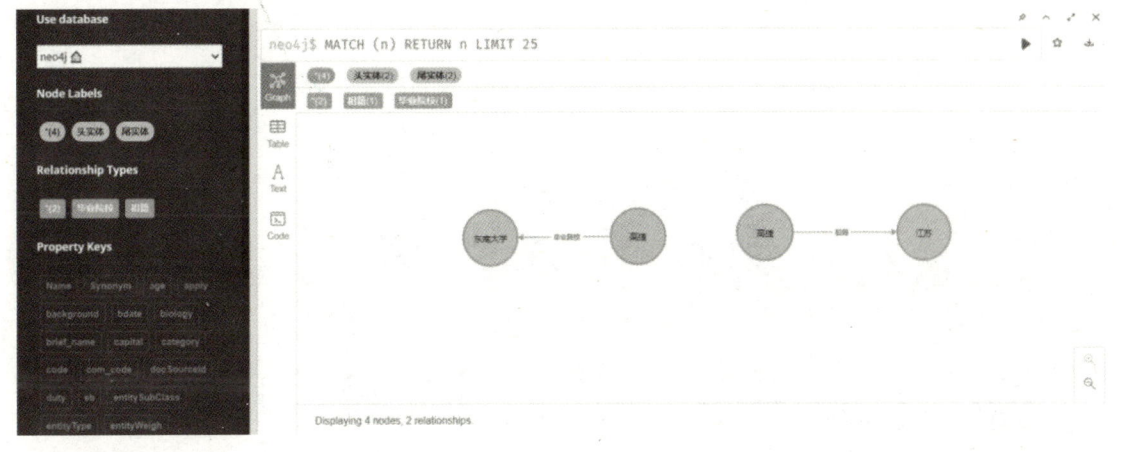

图 11-52　知识图谱

从这些案例中可以发现，审计知识图谱可以非常有效、直观地表达出实体间的关系，可以把大量的不同种类的数据连接在一起而得到一个关系网，为审计人员提供从关系角度分析问题的便利。

参考文献

[1] 黄佳佳，李鹏伟，徐超．大数据驱动的审计知识库建设与应用[J]．财会月刊，2022(3):101-107.

[2] 陆枫．基于 Neo4j 的人员关系知识图谱构建及应用[J]．软件工程，2022, 25(9):5-8.

[3] 王瑞萍，刘峰，杨媛琦，等．审计知识图谱的构建与研究——基于 Neo4j 的图谱技术[J]．中国注册会计师，2020(9):109-113.

[4] 徐玉芳．高校财务审计领域知识图谱构建及应用[J]．财会通讯，2022(15):118-122.

[5] 李飞．基于知识图谱的问答系统研究与实现[D]．南京：南京邮电大学，2022.

[6] 卢民军，叶慕戎，张高煜．审计数据知识图谱的构建与实现——基于 Neo4j 图数据库[J]．信息与电脑（理论版），2021, 33(1):154-157.

[7] 王向阳，席斌，胡璟懿，等．基于知识图谱的审计智能专家模式设计与应用——以国网湖北电力为例[J]．会计之友，2021(14):140-145.

[8] 周盛威．审计互动百科及知识问答系统研究[D]．哈尔滨：哈尔滨工程大学，2018.

第 12 章

审计应用：审计规则知识库

知识是人类在实践中认识客观世界的成果，包括事实、规则、概念。事实指人类对客观世界、客观事物的状态、属性、特征的描述，以及对事物之间关系的描述；规则指能表达前提和结论之间的因果关系的一种形式；概念主要指事实的含义、规则、语义、说明等。知识是人类从各个途径获得的经过提升总结与凝练的系统的认识。知识也可以看作构成人类智慧的最根本的因素，具有一致性、公允性，判断其真伪要以逻辑为据，而非立场。

举例审计规则知识：
- 若公司首席财务官（CFO）辞职，则该公司有财务造假嫌疑。
- 若公司审计委员会（audit committee）成员辞职，则该公司可能进行了财务舞弊。

知识库是基于知识且具有智能性的系统，基于知识的系统才拥有知识库。如本书中的智能审计系统就需要构建一个知识库来满足智能化的操作。

本章主要介绍如何从零开始构建一个基于谓词逻辑的审计规则知识库。

12.1 用一阶谓词逻辑表示法表示知识

一阶谓词逻辑表示法是一种重要的知识表示方法，以数理逻辑为基础，是目前为止能够最精准地表达人类思维活动规律的一种形式语言。一阶谓词逻辑表示法与人类的自然语言比较接近，又方便存储到计算机中去，并能被计算机进行精确处理。因此，一阶谓词逻辑表示法是一种最早应用于人工智能的知识表示方法。

12.1.1 谓词逻辑

在谓词逻辑中，原子命题被分解成个体和谓词。

个体是可以独立存在的事或物，包括现实物、精神物和精神事三种。

谓词则是用来刻画个体的性质的词，即刻画事与物之间的某种关系表现的词。

原子命题，又称简单命题，指不包含其他命题作为其组成部分的命题，即在结构上不能再分解出其他命题的命题。原子命题不能带有非、或、且、如果、那么等联结词。

如"×××公司的 CFO 辞职"是一个原子命题，"CFO"是一个个体，"辞职"是谓词，刻画"CFO"的一个性质。

谓词逻辑表示法具有以下特点。

① 自然性。谓词逻辑是一种接近自然语言的形式语言，表示问题易于被人理解和接受。

② 确定性。谓词逻辑适于确定性知识的表示，而不适于不确定性知识的表示。用谓词逻

辑表示的问题是以谓词公式的形式为结果的，谓词公式的逻辑值只有"真"和"假"两种结果，而对某知识有百分之几的可能为"真"或"假"的情况无法表示，因此适合表示那些具有确定性的知识，而不适合表示那些具有不确定性和模糊性的知识。

③ 易用性。用谓词逻辑表示的知识可以比较容易地转换为计算机的内部形式，易于模块化，便于对知识的添加、删除和修改。

④ 与谓词逻辑表示法相对应的推理方法更加便于在计算机上编程实现。在用谓词逻辑对问题进行表示后，求解问题就是要以此为基础进行相应的推理。与谓词逻辑表示法相对应的推理方法称为归结推理方法或消除法。

12.1.2 谓词、个体和量词

在一阶谓词逻辑表示法中，命题的一般形式是 $P(x_1, x_2, \cdots, x_n)$。其中，P 是谓词，通常采用大写字母或可读性较好的字符串表示。$x_1, x_2, \cdots, x_n$ 是个体，通常用小写字母表示。谓词的语义是由使用者根据需要人为定义的。如 $P(x)$ 可以定义 P 是 CFO，也可以定义 P 是 CEO。一般采用与谓词语义相近的字母或字符串表示谓词，以便读取和识别。

量词是用于刻画谓词与个体之间关系的词，在谓词逻辑中引入了两个量词：全称量词 $\forall$ 和存在量词 $\exists$。$\forall x$ 表示个体域中的所有个体 x，$\exists x$ 表示个体域中存在的某个个体 x。

例如，设 $\mathrm{CFO}(x, y)$ 表示 x 是 y 公司的 CFO，则：

- $(\forall x)(\exists y)\mathrm{CFO}(x, y)$，表示对个体域中任何个体 x，都存在个体 y，x 是 y 公司的 CFO。
- $(\exists x)(\forall y)\mathrm{CFO}(x, y)$，表示在个体域中存在个体 x，对个体域中任何个体 y 都是其 CFO。
- $(\exists x)(\exists y)\mathrm{CFO}(x, y)$，表示在个体域中存在个体 x 与个体 y，x 是 y 公司的 CFO。
- $(\forall x)(\forall y)\mathrm{CFO}(x, y)$，表示对个体域中的任何两个个体 x 和 y，x 都是 y 公司的 CFO。

12.1.3 联结词

联结词是用于连接两个谓词，组成一个复杂的复合命题的工具。

联结词按优先级从高到低的顺序排列如下。

① 否定¬（非）：当命题 P 为真时，¬P 为假，反之为真。

② 合取∧（与）：两个命题存在"与"的关系。

③ 析取∨（或）：两个命题存在"或"的关系。

④ 蕴含→（若…则）：如 $P \to Q$ 表示"若 P，则 Q"。

⑤ 等价↔（等值）：如 $P \leftrightarrow Q$ 表示 P 和 Q 在任一解释下真值相同。

12.1.4 谓词公式定义和一阶谓词逻辑表示法

谓词公式，即用连接词将一些谓词连接起来所形成的公式。谓词公式即按照下述规则得到的谓词演算的合式公式：

- 单个谓词和单个谓词的否定，称为原子谓词公式。原子谓词公式是合式公式。
- 若 P 是合式公式，则 $\neg P$ 也是合式公式。
- 若 P、Q 都是合式公式，则 $P \vee Q$、$P \wedge Q$、$P \to Q$、$P \leftrightarrow Q$ 也都是合式公式。
- 若 P 是合式公式，x 是任一个体变元，则 $(\forall x)P$ 和 $(\exists x)P$ 也是合式公式。

例如，$(\exists x)P(x) \vee (\exists y)Q(y) \to R(x,y)$ 是一个合式公式，$P(p(x,x),y)$ 是一个合式公式，$P(x,y)$ 也是一个合式公式。

12.1.5 谓词公式表示知识的步骤和方法

由上述介绍可知，可以用以合取符号（$\wedge$）和析取符号（$\vee$）连接形成的谓词公式表示事实性知识，也可以用以蕴含符号（$\to$）连接形成的谓词公式表示规则性知识。

下面是用谓词公式表示知识的步骤。

（1）定义谓词及个体，确定每个谓词及个体的确切含义。

（2）根据所要表达的事物或概念，对每个谓词中的变元赋以特定的值。

（3）根据要表达的知识的语义，用适当的连接符将各谓词连接起来，形成谓词公式。

下面举一个审计知识相关的例子：

① 小明为 y 公司首席财务官（CFO），他辞职了，则该公司有财务造假嫌疑。

② 小红为 y 公司审计委员会（audit committee）成员，她辞职了，则该公司可能进行了财务舞弊。

第一步，定义谓词如下：

  CORPORATION(x)：x 公司
  CFO(x,y)：x 是 y 公司的首席财务官
  AC(x,y)：x 是 y 公司的审计委员会成员
  resignation(x)：x 辞职
  suspected_financialFraud(x)：x 公司有财务造假嫌疑

这里涉及的个体有小明（xiaoming）、小红（xiaohong）、y 公司。

第二步，将这些个体代入谓词中，得到：

  CORPORATION(y)

CFO(xiaoming, CORPORATION(y))
AC(xiaohong, CORPORATION(y))
resignation(xiaoming)
resignation(xiaohong)
suspected_financialFraud(CORPORATION(y))

第三步，根据语义，用连接词将它们连接起来，就得到了表示下述知识的谓词公式：
resignation(CFO(xiaoming, CORPORATION(y)))∨resignation(AC(xiaohong, CORPORATION(y)))
→suspected_financialFraud(CORPORATION(y))

12.2　审计规则知识库的设计

知识库的概念来自两个不同的领域，一个是人工智能及其知识工程领域，另一个是传统的数据库领域。知识库是人工智能和数据库两项计算机相关领域的有机结合。

知识库是基于知识且具有智能性的系统（或专家系统）。并不是所有具有智能的程序都拥有知识库，只有基于知识的系统才拥有知识库。许多应用程序都利用了知识，其中有的达到了很高的水平。但是，这些应用程序可能并不是基于知识的系统，它们也不拥有知识库。本书的知识库是基于审计规则的知识系统，本书所构建的审计系统就是知识库系统，即基于审计规则的知识库系统。

为什么需要这样一个知识库呢？或者说知识库的功能是什么？第一，知识库可以使信息有序化。知识库将杂乱无章的知识进行有序化，方便信息和知识的检索，提高知识利用效率。第二，知识库是可更新和共享的。在知识更新迭代的时候，可以在知识库中存入新知识、摒弃旧知识，实现动态更新，使整个知识体系更加完善。

知识库的实用性和适用性是知识库设计的基础之一，本节将构建一个泛用性较高的基于审计规则的知识库，要解决的主要问题是如何设计数据库的结构和数据表的结构。首先需要创建三张数据表：审计规则表、审计规则新表、谓词逻辑表。具体内容如下。

12.2.1　审计规则表

概述：审计规则表用于存放完整的审计规则数据。

审计规则表分为如下字段。

① ID：序号字段，设为主键，便于读取数据和应用数据。

② 审计规则：存放完整的审计规则。

③ 谓词逻辑：存放审计规则的谓词逻辑表达式。

12.2.2 审计规则新表

概述：审计规则新表用于存放审计规则的多种条件和结论。

审计规则新表分为如下字段。

① ID：序号字段，设为主键，便于读取数据和应用数据。

② 条件 1、2、3、4：分开的 4 个字段。这些字段为一条审计规则的多个条件。如果审计规则的条件只有一个，则将其存放在条件 1 中，条件 2、3、4 为空；若有两个，则将其分别存放在条件 1、2 中，条件 3、4 为空；以此类推，直至条件被分配完。

③ 结论：存放审计规则的结论。

④ 备注：存放相关备注。备注中的审计规则可以进行注释，以便于阅读。

⑤ 谓词逻辑：存放审计规则的多个条件合并之后的谓词逻辑表达式，便于数据的清洗、合并。

12.2.3 谓词逻辑表

概述：谓词逻辑表用于存放最终的审计规则的谓词逻辑表达式。

谓词逻辑表分为如下字段。

① 结论：存放审计规则的结论，设为主键，结论互不相同。

② 谓词逻辑：存放最终的审计规则的谓词逻辑表达式。

12.3 审计规则知识库程序示例

12.3.1 程序整体流程

审计规则知识库程序设计的整体流程如下。

首先，制定谓词逻辑表达式，确定需要的表达式。

然后，设计数据库及数据表，进行一系列简易的增删改查数据库的操作。当规则符合设定的表达式时，产生规则并更新数据，循环往复直到数据读取完毕。

程序整体流程如图 12-1、图 12-2 所示。

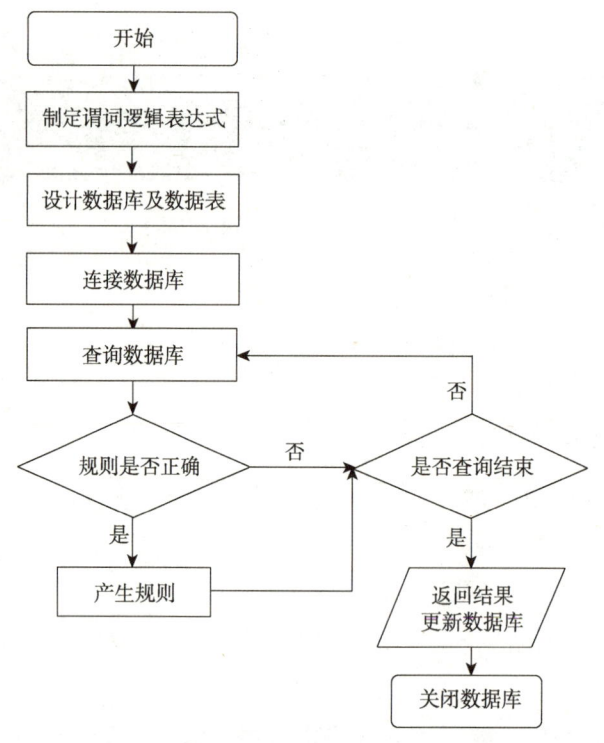

图 12-1　规则生成流程

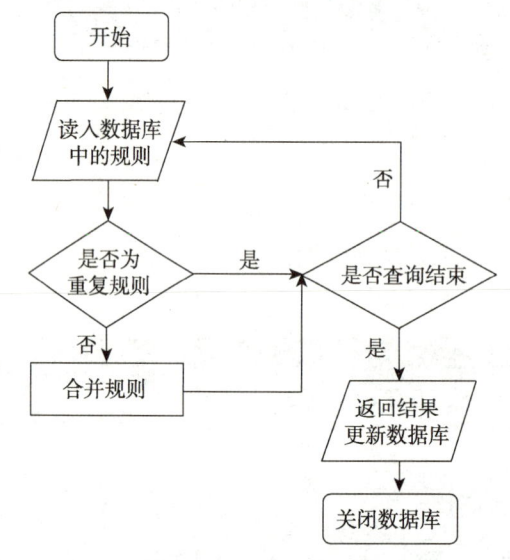

图 12-2　规则合并流程

12.3.2　制定规则的谓词逻辑表达式

这里以如下规则为例。

① 首席财务官辞职：若公司首席财务官（CFO）辞职，则该公司有财务造假嫌疑。

② 审计委员会成员辞职：若公司审计委员会（audit committee）成员辞职，则该公司可能进行了财务舞弊。

③ 首席财务官换位：若公司首席财务官（CFO）换位，则该公司有财务造假嫌疑。

制定谓词逻辑规则如下：

$CFO(x,y)$：x 是 y 公司的首席财务官。

$AC(x,y)$：x 是 y 公司的审计委员会成员。

$resignation(x)$：x 辞职。

$replace(x)$：更换 x 职位。

$suspected\_financialFraud(x)$：$x$ 公司有财务造假嫌疑。

那么，有如下谓词逻辑表达式。

① 对于任意 x、y，有

resignation(CFO(x,y))→suspected_financialFraud(y)

② 对于任意 x、y，有

resignation(AC(x,y))→suspected_financialFraud(y)

③ 对于任意 x、y，有

replace(CFO(x,y))→suspected_financialFraud(y)

合并后的谓词逻辑表达式为

resignation(CFO(x,y))∨resignation(AC(x,y))∨replace(CFO(x,y))
→suspected_financialFraud(y)

12.3.3 设计数据表

设计数据表的过程如下。

（1）设计一张名为"审计规则"的表。其中，"ID"字段为主键，"审计规则"字段中放入相应的审计规则，"谓词逻辑"字段存放审计规则的谓词逻辑表达式，如图 12-3 所示。

（2）设计一张名为"新审计规则"的表。其中，"ID"字段为主键，"条件 1"～"条件 4"字段分别存放一条审计规则的多个条件，"结论"字段存放审计规则的结论，"备注"字段存放备注，"谓词逻辑"字段存放该条审计规则的条件的谓词逻辑表达式，如图 12-4 所示。

（3）设计一张名为"谓词逻辑"的表。其中，"结论"字段存放审计规则的结论，"谓词逻辑"字段存放合并后的用谓词逻辑表示的审计规则，如图 12-5 所示。

ID	审计规则	谓词逻辑
0	若公司首席财务官（CFO）辞职，则该公司有财务造假嫌疑。	
1	若公司审计委员会成员辞职，则该公司有可能进行了财务舞弊。	
2	若公司不平常地调整财务报表数字，则该公司有财务造假嫌疑。	(Null)
3	若公司具有远高于同行业的毛利率，但不具有先进的技术、行业的领头或垄断地位，则该企业有可能进行了财务造假。	(Null)
4	若公司产品销量大增，但原材料的进货量却没有增加，则该公司存在财务造假嫌疑。	(Null)
5	若上市公司向美国证监会提交的报告和该公司向中国工商、税务等部门提交的材料差距过大，则该公司可能进行了财务造假。	(Null)
6	若公司销售量远大于其客户所需购买数量，则该公司存在造假嫌疑。	(Null)
7	若公司代理商交易量巨大，但其工商登记的注册资本少，则该公司存在财务造假嫌疑。	(Null)
8	若公司大客户为关联方，则该公司具有财务造假嫌疑。	(Null)
9	若公司高级管理人员的亲戚是公司主要股东，则该公司具有财务造假嫌疑。	(Null)
10	若公司的主要供应商、债权人和主要股东都是同一关联方，则该公司具有财务造假嫌疑。	(Null)
11	若公司代理商的法人代表或董事长是该公司的高级管理人员，则该公司可能进行了财务造假。	(Null)
12	若公司的公开情况显示公司业绩不佳，但主要股东和管理层却积极出售股票或赠送股票，则该公司存在财务造假嫌疑。	(Null)
13	若公司聘请的审计公司信誉不佳，则该公司具有财务造假嫌疑。	(Null)
14	若公司公布的审计报告存在错误，且制作粗陋，则表明审计师不称职，该公司具有造假嫌疑。	(Null)
15	若会计师事务所向公司同时收取巨额审计费用和咨询费用，则该公司可能联合会计师事务所进行了财务造假。	(Null)
16	若公司管理层具有证监会的处罚记录，则该公司具有财务报表造假嫌疑。	(Null)
17	若公司管理层与其他管理层、独立董事及审计事务所之间存在非同寻常的关系，则该公司有财务报表造假的嫌疑。	(Null)
18	若公司更换CFO，则该公司具有财务报表造假嫌疑。	

图 12-3　审计规则表

ID	条件1	条件2	条件3	条件4	结论	备注	谓词逻辑
0	若公司首席财务官（CFO）辞职				该公司有财务造假嫌疑		(Null)
1	若公司审计委员会成员辞职				该公司有可能进行了财务舞弊		(Null)
2	若公司不平常地调整财务报表数字				该公司有财务造假嫌疑		(Null)
3	若公司具有远高于同行业的毛利率	但不具有先进的技术、行业…			该企业有可能进行了财务造假		(Null)
4	若公司产品销量大增	但原材料的进货量却没有增加			该公司存在财务造假嫌疑		(Null)
5	若上市公司向美国证监会提交的报…				该公司可能进行了财务造假		(Null)
6	若公司销售量远大于其客户所需购…				该公司存在造假嫌疑		(Null)
7	若公司代理商交易量巨大	但其工商登记的注册资本少			该公司存在财务造假嫌疑		(Null)
8	若公司大客户为关联方				该公司具有财务造假嫌疑		(Null)
9	若公司高级管理人员的亲戚是公司…				该公司具有财务造假嫌疑		(Null)
10	若公司的主要供应商、债权人和主…				该公司具有财务造假嫌疑		(Null)
11	若公司代理商的法人代表或董事…				该公司可能进行了财务造假		(Null)
12	若公司的公开情况显示公司业绩…	但主要股东和管理层却积极…			该公司存在财务造假嫌疑		(Null)
13	若公司聘请的审计公司信誉不佳				该公司具有财务造假嫌疑		(Null)
14	若公司公布的审计报告存在错误	且制作粗陋	则表明审计师不称职		该公司具有造假嫌疑		(Null)
15	若会计师事务所向公司同时收取巨…				该公司可能联合会计师事…		(Null)
16	若公司管理层具有证监会的处罚记…				该公司具有财务报表造假…		(Null)
17	若公司管理层与其他管理层、独立…				该公司具有财务报表造假的…		(Null)
18	若公司更换CFO				该公司具有财务报表造假…		

图 12-4　审计规则新表

结论	谓词逻辑
财务造假	

图 12-5　谓词逻辑表

12.3.4　连接数据库

首先，引入 pymysql 包进行 Python 与 MySQL 数据库的连接。调用 pymysql.connect( )函数连接数据库。connect( )函数有 4 个重要参数，分别为 user（用户名）、passwords（密码）、host（数据库地址）和 name（数据库名称）。这里定义了一个 connectMysql( )函数，封装 Python 与数据库连接的操作，需要传入参数 host、user、passwords、name，使用 try–except 语句捕获异常，若无异常，则返回整个数据库，否则返回失败原因。演示代码如下：

```
#连接数据库
def connectMysql(host, user, passwords, name):
    global database
    try:
        database = pymysql.connect(user=user, password=passwords, host=host, database=name)
        print("数据库连接成功！")
        return database
    except pymysql.Error as e:
        print("数据库连接失败: " + str(e))
```

12.3.5 更新替换数据表

将审计规则表中的审计规则，按审计规则的特性分为一个或多个条件与一个结论。

首先，读取审计规则表中的"审计规则"字段。

然后，按照"，""。""则"，将审计规则划分为条件和结论。

最后，将分完的结果按照相应的字段名更新到审计规则新表中。这里定义了一个函数 update_new_table()，封装此过程，需传入 database 数据库数据，使用 try-except 语句捕获异常。

演示代码如下：

```
#更新数据表
def update_new_table(database):
    global result
    #读取原始数据表
    try:
        cursor = database.cursor()
        mysqlQuery = 'SELECT 审计规则 FROM 审计规则;'
        cursor.execute(mysqlQuery)
        result = cursor.fetchall()
        result = np.array(result)
    except pymysql.Error as e:
        print("数据库查询失败: " + str(e))

    #存储数据
    res, condition, conclusion = [], [], []
    #按"，"划分条件和结论
    for i in range(len(result)):
        res.append(re.split(r'[，，。则]', result[i][0]))

    #存储条件和结论
    for i in range(len(res)):
        conclusion.append(res[i][-2])
        condition.append(res[i][0:len(res[i]) - 2])

    #插入新数据
    try:
```

```
        cursor = database.cursor()
        # mysqlQuery = 'UPDATE 审计规则new  SET 结论 = %s WHERE ID = %s; '
        mysqlQuery = 'REPLACE INTO 新审计规则(ID, 条件1, 条件2, 条件3, 条件4, 结论)
                      VALUES(%s, %s, %s, %s, %s, %s); '
        for i in range(len(conclusion)):
            if len(condition[i]) == 4:
                Value = (i, condition[i][0], condition[i][1], condition[i][2], condition[i][3], conclusion[i])
                cursor.execute(mysqlQuery, Value)
            elif len(condition[i]) == 3:
                Value = (i, condition[i][0], condition[i][1], condition[i][2], "", conclusion[i])
                cursor.execute(mysqlQuery, Value)
            elif len(condition[i]) == 2:
                Value = (i, condition[i][0], condition[i][1], "", "", conclusion[i])
                cursor.execute(mysqlQuery, Value)
            elif len(condition[i]) == 1:
                Value = (i, condition[i][0], "", "", "", conclusion[i])
                cursor.execute(mysqlQuery, Value)
        print("替换成功")
    except pymysql.Error as e:
        print("数据库替换失败: " + str(e))
```

12.3.6 查询数据库中的数据表

对数据库的所有操作都是有规范的。

首先，用 cursor() 函数创建一个该数据库的游标 cursor，这是所有数据库内操作的开始。

然后，写入 SQL 查询语句（这里建立了一个名为审计规则的数据表），用 execute() 函数执行 SQL 查询语句，用 fetchall() 函数取出全部内容并返回。

将上述操作封装在 selectData() 函数中，需传入数据库形式的参数，若执行出错，则返回出错信息。

演示代码如下：

```
#查询数据
def selectData(database):
    try:
        cursor = database.cursor()
        mysqlQuery = 'SELECT 条件1, 条件2, 条件3, 条件4, 结论  FROM 新审计规则;'
        cursor.execute(mysqlQuery)
        result = cursor.fetchall()
        return np.array(result)
    except pymysql.Error as e:
        print("数据库查询失败: " + str(e))
```

12.3.7 判断数据表中的数据是否为正确规则

先定义名为 suspected_financialFraud 的类，再利用 find() 函数对数据表中的数据进行查找判断。

演示代码如下：

```python
class suspected_financialFraud:
    def _init_(self, db, str, conclusion):
        self.str = str
        self.db = db
        self.conclusion = conclusion
    #判断结论是否为财务造假
    def find_conclusion(self):
        if self.conclusion.find("财务造假") != -1 or self.conclusion.find("造假") != -1 \
            or self.conclusion.find("造假嫌疑") != -1 or self.conclusion.find("财务舞弊") != -1:
            return "->suspected_financialFraud(y)"
        else:
            return "NONE"
    #判断条件是否为辞职
    def is_resignation(self):
        if self.str.find("辞职") != -1 or self.str.find("离职") != -1:
            return True
        else:
            return False
    #判断条件是否为CFO
    def is_CFO(self):
        if self.str.find("CFO") != -1:
            return True
        else:
            return False
    #判断条件是否为审计委员会成员
    def is_AC(self):
        if self.str.find("审计委员会") != -1:
            return True
        else:
            return False
```

在 find_condition() 函数中进行条件的判断整合，返回对应的谓词逻辑表达式。

演示代码如下：

```python
#条件的判断整合
def find_condition(self):
    if self.is_resignation() and self.is_CFO():
        return "resignation(CFO(x, y))"
    elif self.is_resignation() and self.is_AC():
```

```
            return "resignation(AC(x, y))"
        elif self.str.find("更换") != -1 and self.is_CFO():
            return "replace(CFO(x, y))"
        else:
            return "NONE"
```

12.3.8 更新、清洗、合并数据表中的审计规则

首先,需要将 12.3.7 节判断后的返回值传入数据表,更新数据表中的数据。

这里用 updateData( )函数封装更新数据表的操作,需传入参数 database(数据库)、predicate(对应条件)、id(序号)。利用 SQL 更新语句更新表中相应的数据。这里是更新审计规则新表中"谓词逻辑"字段下的值。SQL 语句需要传入 predicate 和 id 两个值,分别表示判断结果和其对应的 id 值。创建一个变量 Value,将这两个值写入 SQL 语句,再用 execute( )函数执行 SQL 语句,用 commit( )函数更新数据表。利用 try-except 语句,若出错,则进行 rollback 回滚操作和返回出错原因。

演示代码如下:

```
#更新审计规则新表中的"谓词逻辑"字段
def updateData(database, predicate, id):
    try:
        curses = database.cursor()
        mysqlQuery = 'UPDATE 新审计规则 SET 谓词逻辑 = %s WHERE ID = %s;'
        Value = (predicate, id)
        curses.execute(mysqlQuery, Value)
        database.commit()
        print("数据库更新成功! ")
    except pymysql.Error as e:
        print("数据库更新失败: " + str(e))
        database.rollback()
```

其次,进行去重查询操作。可以用一条 SELECT DISTINCT 语句查询"谓词逻辑"字段中不重复的数据。

演示代码如下:

```
#去重查询
def select_distinctData(database):
    try:
        cursor = database.cursor()
        mysqlQuery = 'SELECT DISTINCT 谓词逻辑 FROM 新审计规则 WHERE 谓词逻辑 != "";'
        cursor.execute(mysqlQuery)
        result = cursor.fetchall()
        print("数据库去重查询成功! ")
        return result
```

```
        except pymysql.Error as e:
            print("数据库去重查询失败: " + str(e))
```

然后，进行数据的合并更新操作，用 for 循环语句在去重结果的末尾添加"∨"，使其成为一个完整的谓词逻辑表达式，并更新谓词逻辑表中的数据。更新时，需传入需要更新的谓词逻辑表达式的结论名称 predicate 和结论 conclusion。

演示代码如下：

```
#更新谓词逻辑表
def updatePredicatedata(database, predicate, conclusion):
    try:
        curses = database.cursor()
        mysqlQuery = 'UPDATE 谓词逻辑 SET 谓词逻辑 = %s WHERE 结论 = %s; '
        Value = (predicate, conclusion)
        curses.execute(mysqlQuery, Value)
        database.commit()
        print("数据库谓词逻辑表更新成功! ")
    except pymysql.Error as e:
        print("数据库谓词逻辑表更新失败: " + str(e))
        database.rollback()
```

最后，将上述函数整合为 suspected_financialFraud 类的 updateDatabase()函数。遍历审计规则表中的每一条记录，判断是否为正确规则，进行数据库的更新和合并操作。

演示代码如下：

```
#更新数据库
def updateDatabase(self):
    global conclusion
    print("This is suspected_financialFraud:")
    for i in range(len(self.str)):
        for j in range(len(self.str[i])-1):
            #定义 sentence 类
            sentence = suspected_financialFraud(db, self.str[i][j], \
                                                self.Str[i][len(self.str[i])-1])
            condition = sentence.find_condition()         #条件
            conclusion = sentence.find_conclusion()       #结论
            #判断是否为正确规则
            if condition != 'NONE' and conclusion != 'NONE':
                print(self.str[i][j] + ": " + condition + conclusion)
                updateData(self.db, condition, i)          #更新审计规则新表
    res = select_distinctData(self.db)                     #去重查询
    result = ''
    for i in range(len(res)):
        result += res[i][0] + "∨"                          #合并规则
    #更新谓词逻辑表
    updatePredicatedata(self.db, result.strip('∨') + conclusion, "财务造假")
```

代码运行后三张表的内容如图 12-6 所示。

ID	审计规则	谓词逻辑
0	若公司首席财务官（CFO）辞职,则该公司有财务造假嫌疑。	resignation(CFO(x,y))
1	若公司审计委员会成员辞职,则该公司可能进行了财务舞弊。	resignation(AC(x,y))
2	若公司不平常地调整财务报表数字,则该公司有财务造假嫌疑。	(Null)
3	若公司具有远高于同行业的毛利率,但不具有先进的技术、行业的领头或垄断地位,则该企业有可能进行了财务造假。	(Null)
4	若公司产品销量大增,但原材料的进货量却没有增加,则该公司存在财务造假嫌疑。	(Null)
5	若上市公司向美国证监会提交的报告和该公司向中国工商、税务等部门提交的材料差距过大,则该公司可能进行了财务造假。	(Null)
6	若公司销售量远大于其客户所需购买数量,则该公司存在造假嫌疑。	(Null)
7	若公司代理商交易量巨大,但其工商登记的注册资本少,则该公司存在财务造假嫌疑。	(Null)
8	若公司大客户为关联方,则该公司具有财务造假嫌疑。	(Null)
9	若公司高级管理人员的亲戚是公司主要股东,则该公司具有财务造假嫌疑。	(Null)
10	若公司的主要供应商、债权人和主要股东都是同一关联方,则该公司具有财务造假嫌疑。	(Null)
11	若该公司代理商的法人代表或董事长是该公司的高级管理人员,则该公司可能进行了财务造假。	(Null)
12	若公司的公开情况显示公司业绩不错,但主要股东和管理层却积极先售股票或赠送股票,则该公司存在财务造假嫌疑。	(Null)
13	若公司聘请的审计公司信誉不佳,则该公司具有财务造假嫌疑。	(Null)
14	若公司公布的审计报告存在错误,且制作粗糙,则表明审计师不称职,该公司有造假嫌疑。	(Null)
15	若会计师事务所向公司同时收取巨额审计费用和咨询费用,则该公司可能联合会计师事务所进行财务造假。	(Null)
16	若公司管理层具有证监会的处罚记录,则该公司有财务报表造假嫌疑。	(Null)
17	若公司管理层与其他管理层、独立董事及审计事务所之间存在非同寻常的关系,则该公司有财务报表造假的嫌疑。	(Null)
18	若公司更换CFO,则该公司有财务报表造假嫌疑。	replace(CFO(x,y))

ID	条件1	条件2	条件3	条件4	结论	备注	谓词逻辑
0	若公司首席财务官（CFO）辞职				该公司有财务造假嫌疑		resignation(CFO(x,y))
1	若公司审计委员会成员辞职				该公司可能进行了财务舞弊		resignation(AC(x,y))
2	若公司不平常地调整财务报表数				该公司有财务造假嫌疑		(Null)
3	若公司具有远高于同行业的毛利率	但不具有先进的技术、行业			该企业有可能进行了财务造		(Null)
4	若公司产品销量大增	但原材料的进货量却没有增			该公司存在财务造假嫌疑		(Null)
5	若上市公司向美国证监会提交的				该公司可能进行了财务造假		(Null)
6	若公司销售量远大于其客户所需				该公司存在造假嫌疑		(Null)
7	若公司代理商交易量巨大	但其工商登记的注册资本少			该公司存在财务造假嫌疑		(Null)
8	若公司大客户为关联方				该公司具有财务造假嫌疑		(Null)
9	若公司高级管理人员的亲戚是公				该公司具有财务造假嫌疑		(Null)
10	若公司的主要供应商、债权人和主				该公司具有财务造假嫌疑		(Null)
11	若公司代理商的法人代表或董事				该公司可能进行了财务造假		(Null)
12	若公司的公开情况显示公司业绩	但主要股东和管理层却积极			该公司存在财务造假嫌疑		(Null)
13	若公司聘请的审计公司信誉不佳				该公司有财务造假嫌疑		(Null)
14	若公司公布的审计报告存在错误	且制作粗糙	则表明审计师不称职		该公司有造假嫌疑		(Null)
15	若会计师事务所向公司同时收取巨				该公司可能联合会计师事		(Null)
16	若公司管理层具有证监会的处罚				该公司有财务报表造假嫌		(Null)
17	若公司管理层与其他管理层、独立				该公司有财务报表造假的		(Null)
18	若公司更换CFO				该公司有财务报表造假嫌		replace(CFO(x,y))

结论	谓词逻辑
财务造假	resignation(CFO(x,y))∨resignation(AC(x,y))∨replace(CFO(x,y))->suspected_financialFraud(y)

图 12-6　代码运行后三张表的内容

12.3.9　完整代码

审计规则知识库程序的完整代码如下。

1. MySQL.py

```python
#!/uer/bin/env python
# -*- coding:utf-8 -*-
import pymysql
import numpy as np
```

```python
import re
#数据库信息
DBHOST = 'localhost'                                    #主机地址
DBUSER = 'root'                                         #用户名
DBPASS = '123456'                                       #密码
DBNAME = 'dbtest'                                       #数据库名
#连接数据库
def connectMysql(host, user, passwords, name):
    global database
    try:
        database = pymysql.connect(user=user, password=passwords, host=host, database=name)
        print("数据库连接成功!")
        return database
    except pymysql.Error as e:
        print("数据库连接失败: " + str(e))
#更新数据表
def update_new_table(database):
    global result
    #读取原始数据表
    try:
        #游标
        cursor = database.cursor()
        #SQL 语句
        mysqlQuery = 'SELECT 审计规则  FROM 审计规则;'
        #执行 SQL 语句
        cursor.execute(mysqlQuery)
        #取出数据
        result = cursor.fetchall()
        result = np.array(result)
    except pymysql.Error as e:
        print("数据库查询失败: " + str(e))
    #存储数据
    res, condition, conclusion = [], [], []
    #按","划分条件和结论
    for i in range(len(result)):
        res.append(re.split(r'[,，。则]', result[i][0]))
    #存储条件和结论
    for i in range(len(res)):
        conclusion.append(res[i][-2])
        condition.append(res[i][0:len(res[i]) - 2])
    #插入新数据
    try:
        cursor = database.cursor()
        # mysqlQuery = 'UPDATE 审计规则 new SET 结论 = %s WHERE ID = %s; '
        mysqlQuery = 'REPLACE INTO 新审计规则(ID,条件1,条件2,条件3,条件4,结论) VALUES(%s,%s,%s,%s,%s,%s);'
        for i in range(len(conclusion)):
```

```python
            #有4个条件
            if len(condition[i]) == 4:
                Value = (i, condition[i][0], condition[i][1], condition[i][2], \
                        condition[i][3], conclusion[i])
                cursor.execute(mysqlQuery, Value)
            #有3个条件
            elif len(condition[i]) == 3:
                Value = (i, condition[i][0], condition[i][1], condition[i][2], \
                        "", conclusion[i])
                cursor.execute(mysqlQuery, Value)
            #有2个条件
            elif len(condition[i]) == 2:
                Value = (i, condition[i][0], condition[i][1], "", "", conclusion[i])
                cursor.execute(mysqlQuery, Value)
            #有1个条件
            elif len(condition[i]) == 1:
                Value = (i, condition[i][0], "", "", "", conclusion[i])
                cursor.execute(mysqlQuery, Value)
        print("替换成功")
    except pymysql.Error as e:
        print("数据库替换失败: " + str(e))

#查询数据
def selectData(database):
    try:
        cursor = database.cursor()
        mysqlQuery = 'SELECT 条件1,条件2,条件3,条件4,结论 FROM 新审计规则;'
        cursor.execute(mysqlQuery)
        result = cursor.fetchall()
        return np.array(result)
    except pymysql.Error as e:
        print("数据库查询失败: " + str(e))

#更新审计规则新表中的"谓词逻辑"字段
def updateData(database, predicate, id):
    try:
        curses = database.cursor()
        mysqlQuery = 'UPDATE 新审计规则 SET 谓词逻辑 = %s WHERE ID = %s;'
        #传入参数
        Value = (predicate, id)
        #执行SQL语句
        curses.execute(mysqlQuery, Value)
        #提交
        database.commit()
        print("数据库更新成功! ")
    except pymysql.Error as e:
        print("数据库更新失败: " + str(e))
        #回滚
```

```python
        database.rollback()

#去重查询
def select_distinctData(database):
    try:
        cursor = database.cursor()
        mysqlQuery = 'SELECT DISTINCT 谓词逻辑 FROM 新审计规则 WHERE 谓词逻辑 != "";'
        cursor.execute(mysqlQuery)
        result = cursor.fetchall()
        print("数据库去重查询成功！")
        return result
    except pymysql.Error as e:
        print("数据库去重查询失败：" + str(e))

#更新谓词逻辑表
def updatePredicatedata(database, predicate, conclusion):
    try:
        curses = database.cursor()
        mysqlQuery = 'UPDATE 谓词逻辑 SET 谓词逻辑 = %s WHERE 结论 = %s;'
        Value = (predicate, conclusion)
        curses.execute(mysqlQuery, Value)
        database.commit()
        print("数据库谓词逻辑表更新成功！")
    except pymysql.Error as e:
        print("数据库谓词逻辑表更新失败：" + str(e))
        database.rollback()
```

2. 谓词逻辑.py

```python
from MySQL import *
class suspected_financialFraud:
    #初始化类，定义传入参数
    def _init_(self, db, str, conclusion):
        self.str = str
        self.db = db
        self.conclusion = conclusion
    #判断结论是否为财务造假
    def find_conclusion(self):
        if self.conclusion.find("财务造假") != -1 or self.conclusion.find("造假") != -1 \
                                    or self.conclusion.find("造假嫌疑") != -1 \
                                    or self.conclusion.find("财务舞弊") != -1:
            return "->suspected_financialFraud(y)"
        else:
            return "NONE"
    #判断条件是否为辞职
    def is_resignation(self):
        if self.str.find("辞职") != -1 or self.str.find("离职") != -1:
            return True
```

```python
        else:
            return False
    #判断条件是否为CFO
    def is_CFO(self):
        if self.str.find("CFO") != -1:
            return True
        else:
            return False
    #判断条件是否为审计委员会成员
    def is_AC(self):
        if self.str.find("审计委员会") != -1:
            return True
        else:
            return False
    #条件的判断整合
    def find_condition(self):
        if self.is_resignation() and self.is_CFO():
            return "resignation(CFO(x, y))"
        elif self.is_resignation() and self.is_AC():
            return "resignation(AC(x, y))"
        elif self.str.find("更换") != -1 and self.is_CFO():
            return "replace(CFO(x, y))"
        else:
            return "NONE"
    #更新数据库
    def updateDatabase(self):
        global conclusion
        print("This is suspected_financialFraud:")
        for i in range(len(self.str)):
            for j in range(len(self.str[i])-1):
                #定义sentence类
                sentence = suspected_financialFraud(db,self.str[i][j],self.str[i][len(self.str[i])-1])
                condition = sentence.find_condition()                    #条件
                conclusion = sentence.find_conclusion()                  #结论
                #判断是否为正确规则
                if condition != 'NONE' and conclusion != 'NONE':
                    print(self.str[i][j] + ": " + condition + conclusion)
                    updateData(self.db, condition, i)                    #更新审计规则新表
        res = select_distinctData(self.db)                               #去重查询
        result = ''
        for i in range(len(res)):
            result += res[i][0] + "V"                                    #合并规则
        #更新谓词逻辑表
        updatePredicatedata(self.db, result.strip('V') + conclusion, "财务造假")
#主函数
if __name__ == "__main__":
    #数据库信息
```

```
DBHOST = 'localhost'                                    #主机地址
DBUSER = 'root'                                         #用户名
DBPASS = '123456'                                       #密码
DBNAME = 'dbtest'                                       #数据库名
#连接数据库
db = connectMysql(DBHOST, DBUSER, DBPASS, DBNAME)
str = selectData(db)                                    #查询数据
financial_fraud_data = suspected_financialFraud(db, str, "")
#清洗、合并数据，更新数据库
financial_fraud_data.updateDatabase()
db.close()                                              #关闭数据库连接
```

参考文献

[1] 徐宝祥，叶培华. 知识表示的方法研究[J]. 情报科学，2007(5): 690-694.

[2] 刘素姣. 一阶谓词逻辑在人工智能中的应用[D]. 郑州：河南大学，2004.

[3] 王湘云. 一阶谓词逻辑在人工智能知识表示中的应用[J]. 重庆工学院学报（社会科学版），2007(9):69-71.

[4] 卢延鑫. 逻辑学在计算机科学中的应用[D]. 上海：上海社会科学院，2008.

[5] 黄世忠. 上市公司财务造假的八因八策[J]. 财务与会计，2019(16): 4-11.

[6] 徐增林，盛泳潘，贺丽荣，等. 知识图谱技术综述[J]. 电子科技大学学报，2016,45(4): 589-606.

第 13 章

实践：综合风险审计

BD

传统审计受到审计成本高昂、专业人员胜任能力不足、审计范围片面等局限性的约束，无法遍历所有数据，也因此会遗漏重要线索，难以做到真正高效。前面章节中，第 8 章和第 10 章对审计领域数据的实体关系进行抽取、构建三元组，并在第 11 章中创建了审计知识图谱，第 12 章中构建了审计规则知识库。本章中，通过构建财务与非财务指标间的语义网络，同时以审计知识图谱和审计规则知识库为基础，通过审计经验、审计规则进行逻辑推理，构建推理规则以寻找审计风险点，融入创建的审计知识图谱中进行内容的补充和完善，探索风险形成路径，完成风险审计的目标。

本章 Python 工程文件环境配置：Python 3.7，Pycharm 2020.2.3，Neo4j-community-3.5.5。

13.1　审计语义网络

审计语义网络的构建包含知识抽取、知识融合、知识存储等技术。其中，知识抽取的数据源既包含面向公众的被审计单位外部信息，又包含审计过程中被审计单位提供的未经审计的内部信息。以三元组形式存储能够便于计算机进行运算和处理，格式包括(实体, 关系, 实体)、(实体, 属性, 属性值)两种，具体抽取方式在第 10 章已经进行了阐述。

本节要构建针对上市公司审计的具有普适性的语义网络，需要综合运用上述两种格式，同时需要对实体、关系、属性等指标进行定义。

13.1.1　审计实体定义

作为知识图谱创建的首要任务，实体抽取需要从原始数据集中抽取出独立存在的实体。对以表格形式存在的财务信息这类结构化数据，只需根据财务实体定义及提取规则就可以快速实现实体抽取，而以文本形式存在的非财务信息则是实体抽取任务的关键，原始数据集的处理、模型的使用、模型评估的准确率和召回率等指标都直接影响了实体抽取的质量。

审计过程中搜集的数据大多数为财务数据，对于财务实体的定义，由于标准化的程度较高，因此针对被审计单位的财务数据，依据财政部颁布的《企业会计准则应用指南》中的会计科目名称，直接将其作为审计抽取的实体。其中部分会计科目名称及编号如表 13-1 所示。

表 13-1　部分会计科目名称及编号

序号	编号	会计科目名称	会计科目适用范围	序号	编号	会计科目名称	会计科目适用范围
1	1001	库存现金		4	1011	存放同业	银行专用
2	1002	银行存款		5	1015	其他货币基金	
3	1003	存放中央银行款项	银行专用	6	1021	结算备付金	证券专用

(续)

序号	编号	会计科目名称	会计科目适用范围	序号	编号	会计科目名称	会计科目适用范围
7	1031	存出保证金	金融共用	14	1131	应收股利	
8	1051	拆出资金	金融共用	15	1132	应收利息	
9	1101	交易性金融资产		16	1211	应收保护储金	保险专用
10	1111	买入返售金融资产	金融共用	17	1221	应收代位追偿款	保险专用
11	1121	应收票据		18	1222	应收分保账款	保险专用
12	1122	应收账款		19	1223	应收分保未到期责任准备金	保险专用
13	1123	预付账款		20	1224	应收分保保险责任准备金	保险专用

13.1.2 审计关系定义

财务数据之间关系的主要形式为会计科目间的上下级关系，会计科目按照会计要素的不同分为六大类。其中，资产类包括库存现金、银行存款、其他货币资金、交易性金融资产等一级科目，按照类别和品种的不同，又分别设置交易性金融资产－成本、交易性金融资产－公允价值变动等二级科目，而交易性金融资产作为一级科目又同时存在于资产负债表中。

依据这类上下级关系，可以直接从被审计单位提供的内部数据中以"科目名称"项为实体进行关系抽取。例如，"资产负债表/应付职工薪酬/工资附加/养老金"之间上下级关系的抽取内容如表 13-2 所示。

表 13-2 审计关系定义示例

实体1	关系	实体2
资产负债表	包含	应付职工薪酬
应付职工薪酬	包含	工资附加
工资附加	包含	养老金

在实务中，系统里录入的会计科目是以"/"进行切分的，表 13-2 中列出的仅是直接的上下级关系而不包括间接关系，而实际上根据规则的递归，"应付职工薪酬"必定也是"养老金"的上级科目。

另一方面，出于业财一体化的目标，挖掘财务与非财务数据间的关系也是主要任务。其中，前者可以从被审计单位入账及财务软件存储的信息中直接获取，但是如何将财务数据与实际经营活动中产生的信息融合分析，目前设计了两种方法。第一种与财务数据的抽取方法类似，从被审计单位财务软件存储的科目信息、凭证信息、摘要等信息中抽取相关联的内容；第二种是根据文本信息进行关系挖掘。无论是法律法规、公告公示还是企业内部控制制度，其中都涉及许多财务与非财务信息，且这些信息通常会存在于上下文中，手工构建规则，运用依存句法分析和深度学习方法，就可以有效进行抽取。

在运用相关算法和模型之前,由于目前没有审计分词词典及财务与非财务数据关系的对应规则可供直接使用,因此需要手工构建。但是在实际生产经营活动中,经济活动的类型与财务科目种类都非常庞大,其对应关系也比较复杂,可能存在一对一、一对多和多对多的情况,目前有三种构建规则的方法。

一是从业务循环审计实务的角度出发,根据循环的业务活动匹配对应的财务科目,范围包括但不限于销售与收款循环、采购与付款循环、生产与存货循环、货币资金循环等,构建的部分对应关系示例如表13-3所示。

表13-3 业务循环审计与财务科目间的对应关系示例

业务循环审计	涉及的财务科目
销售与收款循环的审计	主营业务收入、营业外收入、应收账款、长期应收款、预收账款、应交税费、销售费用等
采购与付款循环的审计	固定资产、在建工程、无形资产、商誉、预付账款、应付账款、长期待摊费用、管理费用等
生产与存货循环的审计	存货、原材料、库存商品、委托加工物资、制造费用等
货币资金循环的审计	公允价值变动损益、投资收益、交易性金融资产、应收利息、应收股利、长期股权投资、递延所得税资产、其他非流动资产、短期借款、交易性金融负债、应付股利、递延所得税负债、长期借款、其他非流动负债、所得税费用等

二是从财务科目审计的角度出发,根据记录的事项及具体科目的组成部分,匹配对应的经济活动内容。例如,以销售费用、财务费用和固定资产三个科目为例,构建的对应关系示例如表13-4所示。

表13-4 财务科目与经济活动间的对应关系示例

财务科目	涉及的经济活动
销售费用	水电煤气费、运杂费、其他经营费、手续费、办公费、修理费、宣传推广费等
财务费用	银行贷款、企业借款、票据贴息、金融机构存款等
固定资产	办公设备、电子设备、机器设备、运输设备、物流设备等

三是从文本信息的角度出发,搜集外部数据和被审计单位提供的内部文本信息,发现文本信息中经济活动的个体,手工构建非财务词典并进行标注和抽取。结合前文构建的财务数据库和非财务数据库,作为对上述两种方法的结果的补充,具体流程详见第10章。

13.2 传统审计中的逻辑推理

审计行为由一条完整的逻辑线贯穿而成,始于审计计划,以审计方案为核心框架,以取证为手段,目的在于监督与防控。在审计工作中,逻辑推理贯穿审计活动的始终,整个审计过程一定意义上就是一个"推理—查核—再推理—再查核"的过程。被审计单位或个人在违法违纪的过程中,如果是出于有意的,总是会挖空心思来掩盖事实真相、逃避查处,那么呈现在审计人员面前的往往就会是似是而非、纷繁复杂的现象，如果要根据所掌握的资料和事实，推导出新的线索引导审计活动正常进行，拨云见日发现真相，逻辑推理必不可少。

例如，假设 A 公司上年底产成品明细账余额相比总账余额差距较大，11 月和 12 月销售产品的基本情况相同，销售收入基本相同，但是 12 月的销售成本明显提高，则可以推理出销售成本存在虚假现象。结合审计经验和常规的舞弊手段，运用类比推理，可以进而判断 A 公司多计成本少计利润可能是为了隐瞒利润，最后将这个情况用通常的技术方法进行核实，判断是否属实。

审计中运用逻辑推理时要求推理前提客观真实，同时审计人员需要遵守又不能局限于形式逻辑的推理规则，毕竟现有内容只是一种静态反应，而违法违纪事项错综复杂、持续发生，必须做到具体问题具体分析。

13.3　审计推理机

前序章节中构建了审计规则知识库及数据库，13.1 节也对审计语义网络的构建进行了阐述，推理机的目的正是根据由审计规则知识库对数据库做出决策。其中，需要重点关注决策树算法。

知识库是一种二叉树型的决策系统。在机器学习中，决策树是一个预测模型，它代表的是对象属性与对象值之间的一种映射关系。决策树模型中，开始时所有数据都聚集在根节点，也就是起始位置，然后通过各种条件判断合适的前进方向，最终到达不可再分的节点，从而完成整个生命周期。

在审计规则推理中，前序章节已经构建好了审计规则，格式为：

　　　if（若）… 　then（则）…

规则中的 if 部分包含一个或多个前置条件，作为决策树的规则划分，then 部分表示如果满足所有的前置条件，则根据前置条件可以推断出存在某一风险事项。

通过以下程序示例了解审计推理机：

```
def judge_repeat(value=list, list=[]):
    for i in range(0, len(list)):
        if list[i] == value:
            return 1
        else:
            if i != len(list) - 1:
                continue
            else:
                return 0                    #自定义函数，判断有无重复元素
```

```python
def judge_last(list):
    for i in list:
        if i == '1':
            for i in list:
                if i == '2':
                    for i in list:
                        if i == '3':
                            print("进行应收账款保理,该保理为有追索权保理,收到的款项计为收入->收入舞弊\n")
                            print("结论: \n该公司可能进行了收入舞弊")
                            return 0
        elif i == '4':
            for i in list:
                if i == '5':
                    for i in list:
                        if i == '6': for i in list:
                            print("拥有多个个人账户,以现金进行交易,上下游自设多家企业->货币资金舞弊\n")
                            print("结论: \n该公司可能进行了货币资金舞弊")
                            return 0
        else:
            if list.index(i) != len(list) - 1:
                continue

#自定义函数,对已经整理好的综合数据库 real_list 进行最终的综合判断
dict_before = {'1':'进行应收账款保理', '2':'该保理为有追索权保理', '3':'收到的款项计为收入', \
               '4':'拥有多个个人账户', '5':'以现金进行交易', '6':'上下游自设多家企业', \
               '7':'将成本记作固定资产', '8':'向事务所缴纳巨额审计费用', \
               '9':'向事务所缴纳巨额咨询费用', '10':'收入舞弊', '11':'货币资金舞弊', \
               '12':'成本舞弊', '13':'其他舞弊'}
print('''输入对应条件前面的数字:
        ****************************************************************
        1: 进行应收账款保理        2: 该保理为有追索权保理        3: 收到的款项计为收入
        4: 拥有多个个人账户        5: 以现金进行交易              6: 上下游自设多家企业
        7: 将成本记作固定资产      8: 向事务所缴纳巨额审计费用    9: 向事务所缴纳巨额咨询费用
        ****************************************************************
        ***************************当输入数字 0 时程序结束***************************
    ''')
list_real = []                                  #创建一个空列表,构建综合数据库
while 1:
    num_real = input("请输入: ")
    list_real.append(num_real)
    if num_real == '0':                         #循环输入:前提条件所对应的字典中的键
        break
print("\n")
print("前提条件为: ")

#输出前提条件
for i in range(0, len(list_real) - 1):
    print(dict_before[list_real[i]], end = " ")
```

```python
print("\n")
print("推理过程如下: ")

for i in list_real:
    if i == '7':
        if judge_repeat('12', list_real) == 0:
            list_real.append('12')
            print("将成本记作固定资产->成本舞弊")
            print("结论: \n该公司可能进行了成本舞弊")
        else:
            if list_real.index(i) != len(list_real) - 1:
                continue
            else:                                   #遍历综合数据库 list_real 中的前提条件
                break

for i in list_real:
    if i == '8':
        for i in list_real:
            if i == '9':
                if judge_repeat('13', list_real) == 0:
                    list_real.append('13')
                    print("向事务所缴纳巨额审计费用, 向事务所缴纳巨额咨询费用->其他舞弊: 联合事务所造假")
                    print("结论: \n该公司可能进行了其他舞弊: 联合事务所造假")
        else:
            if i != len(list_real) - 1:
                continue
            else:
                break

judge_last(list_real)
```

假设存在上述字典中 1、2、3、7、8 的情况，推理结果如图 13-1 所示。

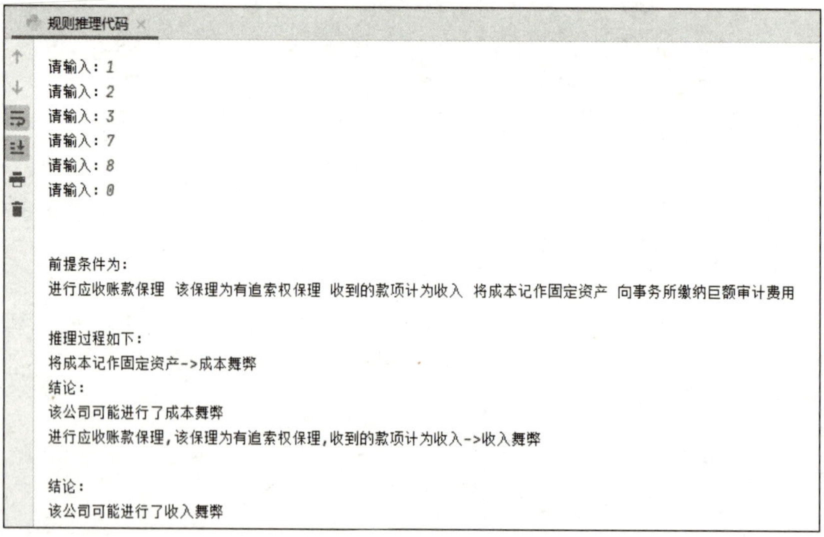

图 13-1　审计推理机推理结果

13.4　审计风险路径探索实战

审计领域中目前尚未有学者创建审计知识图谱。前面基于财经文本获取了企业基础信息、投资交易关系、任职关系、诉讼进展等非结构化数据，并根据被审计单位提供的账套获得结构化数据，将这二者结合可以进行审计风险点的识别及风险路径的探索。这也是审计知识图谱最主要的运用之一。

实务中，在审计人员进场时，首先需要进行数据采集，其中需要被审计单位提供以下材料（以万东医疗2020年年报审计为例）：

（1）公司最近修订后的章程及其批复证明的复印件。

（2）企业法人营业执照（若三证合一，则仅需营业执照）复印件及税务登记和组织代码证明。

（3）最后一期的验资报告复印件。

（4）截至2020年12月31日有业务往来的各家银行账户清单、对账单及余额调节表等证明材料的复印件。

（5）截至2020年12月31日公司各项税种的纳税申报表复印件。

（6）2020年12月31日现金询证函（根据会计师事务所提供的格式）。

（7）上一年度的企业所得税汇算清缴申请表复印件。

（8）银行及其他往来业务的询证函（根据会计师事务所提供的格式）。

（9）往来类账户——明细账龄的资料（以客户为单位注明）。

（10）存货收发存明细表。

（11）固定资产明细清单、折旧处置明细表、各类产证和权证、车辆行驶证等的复印件。

（12）销售成本结转明细表。

（13）管理层声明书（根据会计师事务所提供的格式）。

（14）审计业务约定书。

（15）重要租赁协议。

（16）年末最后10张及下一年最初10张销售发票和采购入库单。

（17）2020年未经审计的财务报表及相关明细账材料。

（18）本年度公司关联方清单及交易明细资料。

（19）其他需要公司提供的资料。

另，所有被审计单位提供的资料都需要盖章。

除被审计单位提供的资料之外，还需要获取外部数据进行核对及补充，包括但不限于：以前年度的年报、审计报告、管理层背景调查、企业公示的董监高任职与离任公告、合同公告、股东大会会议资料、董事会决议公告、重大资产重组公告、项目价值评估报告、股权交易公告、对外担保公告等。

基于前文的知识图谱创建方法，对万东医疗审计知识图谱创建进行简要说明：

① 仔细研读与审计相关的法律审计法规、规范性文件；结合专家经验，构建审计规则知识库。

② 基于采集的数据创建审计知识图谱并保存到 Neo4j 中。其中，结构化数据直接转换成三元组格式存储到数据库中，非结构化数据和半结构化数据则需要进行语句切分和序列标注，使用 BERT-BiLSTM-CRF 模型进行实体抽取，使用依存句法分析和 PCNN 模型进行关系抽取，经过实体消歧后转存到数据库中。对非财务数据的实体关系抽取模型的训练需要较长时间，要得到更好的训练效果需要增加迭代次数，可能需要提前一周时间进行。

③ 根据企业规章制度及审计过程中运用到的会计准则，列出清单，具体说明审计哪些业务需要运用到哪些审计规则，以及审计的重点项目是什么。

④ 由于构建的审计规则知识库是针对 Neo4j 图数据库提取的格式，因此需要以 Neo4j 中的字段要求将审计规则进行列示，即：实体，关系，属性，属性值。

⑤ 与财务主管等负责人进行交流，了解这些字段存在于哪些数据表中，搞清对应的名称关系。

⑥ 根据审计规则和交流结果设计校验逻辑，即审计推理的过程，确定哪些情况属于会提示存在风险点的异常情况。

⑦ 对数据量进行把控，因为整个审计系统的数据量巨大，因此测试阶段先以某审计项目中的一项财务科目为例运行，以保证不会影响审计进程。

⑧ 从知识图谱中提取数据，从审计规则知识库中提取规则，进行审计推理。

⑨ 对推理中发现的审计风险点在知识图谱中加以标注，并提取出来，得到带有风险事项标注的审计知识图谱。

⑩ 对于自动化识别评估的风险项，审计人员予以核实，并在风险应对环节有针对性地追加执行审计程序。对于可以确认的项目，修改图数据库中的数据进行再评估，无法确认的项目则判定为风险事项。

以万东医疗 2020 年年报审计为例，先将不同类型的数据分别存入数据库中，具体包括：财经文本信息、账套中的资产负债表、利润表、现金流量表等。

将公司的基本信息通过三元组格式提取并使用 Neo4j 展示，其中包括公司的前十大股东、委托理财信息、董监高等管理层人员的基本信息，具体操作流程如下。

（1）将通过实体关系抽取得到的保存在 Excel 文件中的三元组转存到 SQLite 数据库中。三元组如图 13-2 所示，转存结果如图 13-3 所示。

	（头实体）	（关系）	（尾实体）
1			
2	北京万东医疗科技股份有限公司	中文简称	万东医疗
3	北京万东医疗科技股份有限公司	外文名称	Beijing Wandong Medical Technology Co.,Ltd.
4	北京万东医疗科技股份有限公司	外文名称缩写	WDM
5	北京万东医疗科技股份有限公司	法定代表人	谢宇峰
6	北京万东医疗科技股份有限公司	董事会秘书	任志林
7	北京万东医疗科技股份有限公司	证券事务代表	何一中
8	北京万东医疗科技股份有限公司	注册地址	北京市朝阳区酒仙桥东路9号院3号楼
9	北京万东医疗科技股份有限公司	办公地址	北京市朝阳区酒仙桥东路9号院3号楼
10	北京万东医疗科技股份有限公司	公司网址	http://www.wandong.com.cn
11	北京万东医疗科技股份有限公司	电子信箱	wdmed@public.bta.net.cn
12	北京万东医疗科技股份有限公司	会计师事务所	立信会计师事务所（特殊普通合伙）
13	北京万东医疗科技股份有限公司	股票简称	万东医疗
14	北京万东医疗科技股份有限公司	股票代码	600055
15	北京万东医疗科技股份有限公司	委托理财	中信信托有限责任公司
16	北京万东医疗科技股份有限公司	委托理财	首创证券有限责任公司
17	北京万东医疗科技股份有限公司	委托理财	建信信托有限责任公司
18	北京万东医疗科技股份有限公司	委托理财	联储证券有限公司
19	北京万东医疗科技股份有限公司	委托理财	兴业银行股份有限公司北京中关村支行
20	北京万东医疗科技股份有限公司	前十大股东	江苏鱼跃科技发展有限公司
21	北京万东医疗科技股份有限公司	前十大股东	俞熔
22	北京万东医疗科技股份有限公司	前十大股东	上海诺铁资产管理有限公司－合肥中安海通股权投资基金合伙企业（有限合伙）
23	北京万东医疗科技股份有限公司	前十大股东	上海云锋新创股权投资中心（有限合伙）
24	北京万东医疗科技股份有限公司	前十大股东	束美珍
25	北京万东医疗科技股份有限公司	前十大股东	北京万东医疗科技股份有限公司回购专用证券账户
26	北京万东医疗科技股份有限公司	前十大股东	吴光明
27	北京万东医疗科技股份有限公司	前十大股东	丁腊梅
28	北京万东医疗科技股份有限公司	前十大股东	国信证券股份有限公司
29	北京万东医疗科技股份有限公司	前十大股东	葛万来
30	北京万东医疗科技股份有限公司	战略投资者	上海云锋新创股权投资中心（有限合伙）
31	北京万东医疗科技股份有限公司	控股股东	江苏鱼跃科技发展有限公司
32	江苏鱼跃科技发展有限公司	法定代表人	吴光明

图 13-2　万东医疗基本信息三元组

	relation	head	tail
1	中文简称	北京万东医疗科技股份有限公司	万东医疗
2	外文名称	北京万东医疗科技股份有限公司	Beijing Wandong Medical Technology Co.,Lt...
3	外文名称缩写	北京万东医疗科技股份有限公司	WDM
4	法定代表人	北京万东医疗科技股份有限公司	谢宇峰
5	董事会秘书	北京万东医疗科技股份有限公司	任志林
6	证券事务代表	北京万东医疗科技股份有限公司	何一中
7	注册地址	北京万东医疗科技股份有限公司	北京市朝阳区酒仙桥东路9号院3号楼
8	办公地址	北京万东医疗科技股份有限公司	北京市朝阳区酒仙桥东路9号院3号楼
9	公司网址	北京万东医疗科技股份有限公司	http://www.wandong.com.cn
10	电子信箱	北京万东医疗科技股份有限公司	wdmed@public.bta.net.cn
11	会计师事务所	北京万东医疗科技股份有限公司	立信会计师事务所（特殊普通合伙）
12	股票简称	北京万东医疗科技股份有限公司	万东医疗
13	股票代码	北京万东医疗科技股份有限公司	600055

图 13-3　转存结果

转存代码如下：

```
my_file = open('CSV 文件所在路径', encoding = 'utf-8')
reader = csv.reader(my_file, delimiter = ',')
con = sqlite3.connect('sql 存放路径', isolation_level = 'exclusive')
```

```
cur = con.cursor()
cur.execute('DROP TABLE IF EXISTS wandong1')          #清空表
#创建表，包含头实体、关系、尾实体
cur.execute("CREATE TABLE wandong1(relation varchar(100), head varchar(100), tail varchar(100))")
for row in reader:
    relation = row[1]
    head = row[0]
    tail = row[2]                                     #读取三元组数据
    cur.execute("INSERT INTO wandong1 VALUES(?,?,?)", (relation, head, tail))
#将三元组数据插入SQLite数据库
con.commit()
```

（2）将 SQLite 数据库中的数据导入 Neo4j，结果如图 13-4 所示。

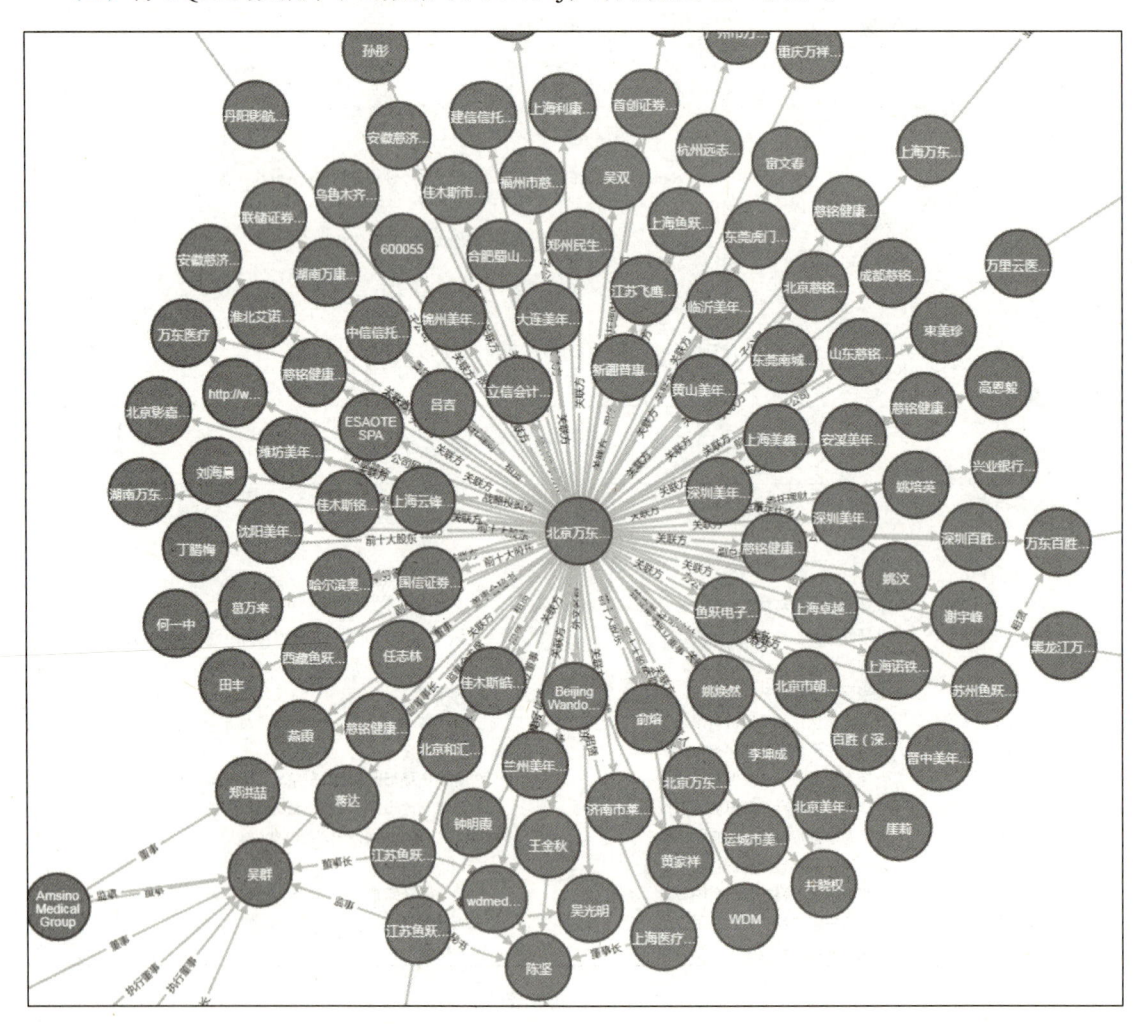

图 13-4　万东医疗基本信息

演示代码如下：

```
#启动Neo4j后，在Pycharm中调用Neo4j（注意匹配py2neo版本）
graph = Graph('http://localhost:7474/', auth = ('账户名','密码'))
```

```
conn = sqlite3.connect('SQL存放位置')
c = conn.cursor()
triples = c.execute("SELECT relation, head, tail FROM wandong1")

#从SQLite数据库中提取三元组
node_ls = []
relation_ls = []

for triple in triples:
    head_node = triple[1]                              #头实体为第一列
    a = Node('非结构A', name = head_node)              #在Neo4j中建立头节点
    graph.merge(a,"非结构","name")
    tail_node = triple[2]
    b = Node('非结构B', name = tail_node)              #在Neo4j中建立尾节点
    graph.merge(b, "非结构", "name")
    relation_type = triple[0]
    #在Neo4j中建立关系
    head_relation_tail = Relationship(a, relation_type, b)
    node_ls.append(a)
    node_ls.append(b)
    relation_ls.append(head_relation_tail)
print(node_ls)
print(relation_ls)

#将以上所有节点和关系组成subgraph
subgraph = Subgraph(node_ls, relation_ls)

#批量建立节点和关系，其中tx.create()并没有真正建立节点和关系，直到graph.commit()才一次性提交到Neo4j进行建立
tx = graph.begin()
tx.create(subgraph)
graph.commit(tx)
```

使用py2neo提供的Node、Relationship和Subgraph类在Neo4j中建立节点和关系，不会建立重复的节点和关系，原因在于，subgraph中的已经与数据库绑定的实体将保持不变，那些没有绑定的将在数据库中新建并绑定，避免产生重复。

与上例相似，要对财务数据进行分析，需要导入公司财务报表中包含的科目信息，结果如图13-5所示，导入了万东医疗财务报表内资产负债表、利润表和现金流量表中的营业收入、营业成本等200余个科目信息。

对于每个科目，其信息包括审计当年及上一年度的数据。例如，万东医疗2020年度的货币资金金额为A1元，2019年度的货币资金金额为A2元。以货币资金（其中的银行存款）作为节点，这些数据均保存为节点的属性，导入结果如图13-6所示。其中，subject、n_period、n_num、m_period、m_num分别对应科目、本年度、本年度财务数据、上一年度、上一年度财务数据。

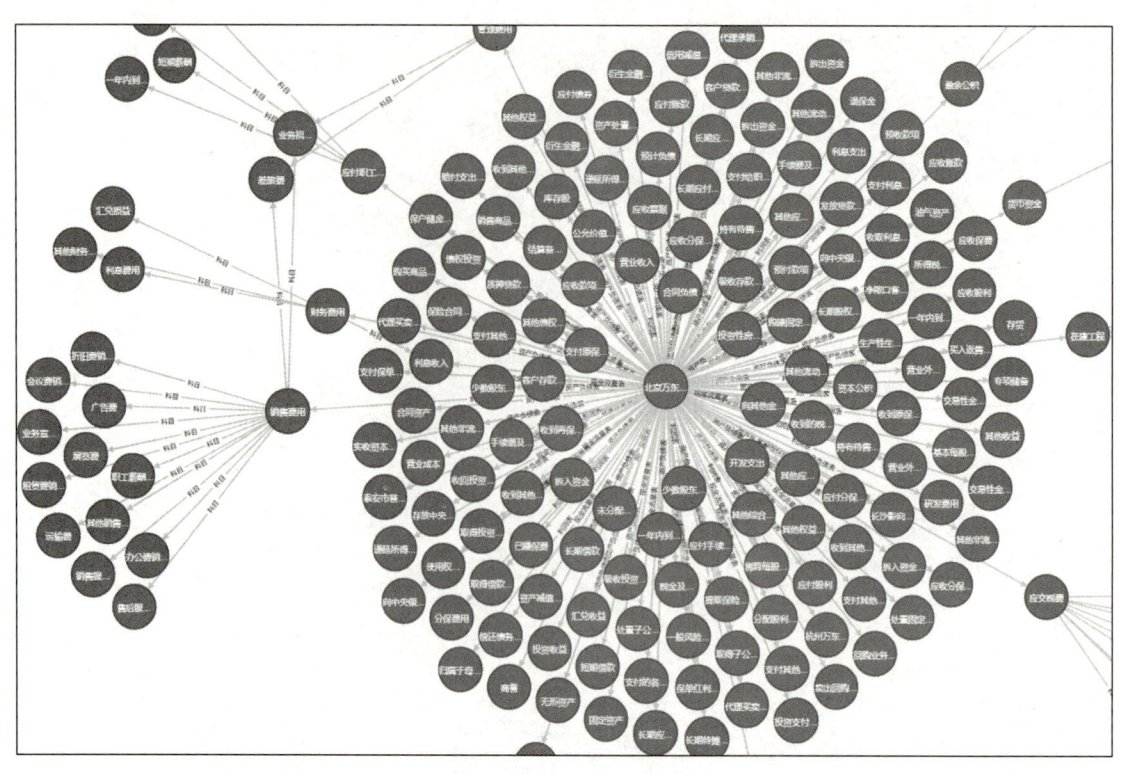

图 13-5 万东医疗财务科目

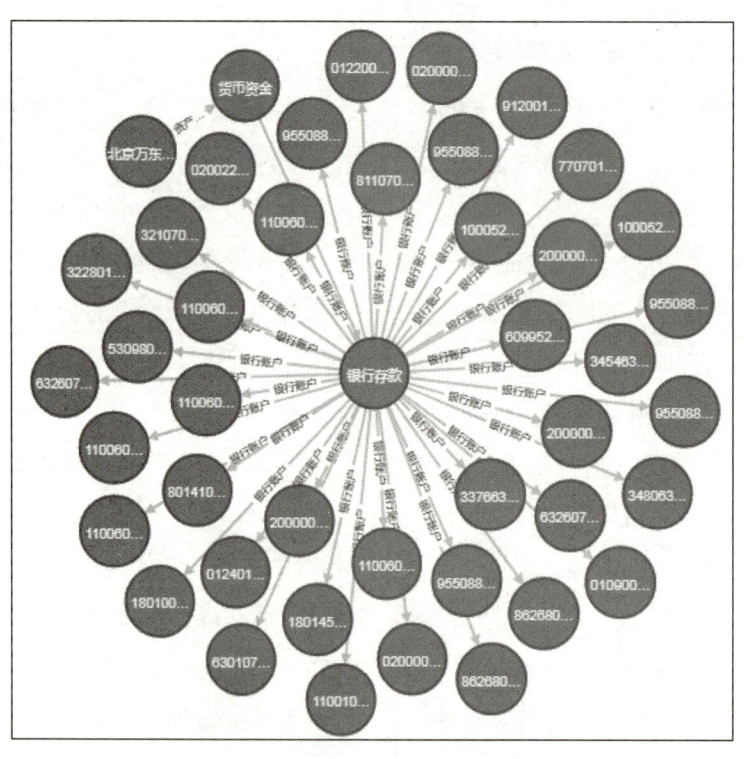

图 13-6 万东医疗财务节点数据

基于构建的知识图谱和审计规则知识库，进行审计推理的目的在于通过发现隐藏在实体间的间接关系,帮助审计人员进行数据分析和数据挖掘,快速排查潜在的审计风险点。以函证程序为例,进行推理首先需要构建函证有关的决策树模型,其流程如图 13-7 所示,其中包含银行函证、应收关联方函证、应付关联方函证等内容。

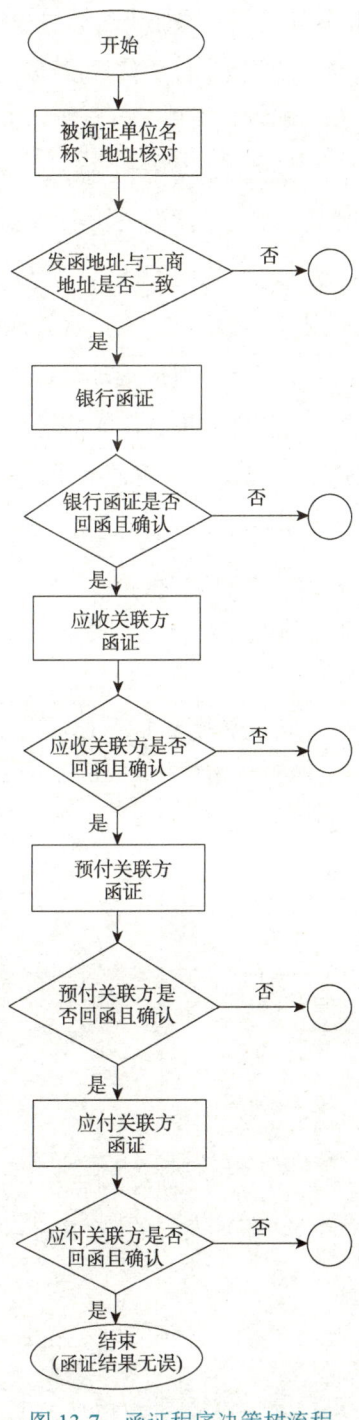

图 13-7 函证程序决策树流程

以构建的函证决策树模型为例，在发函前审计人员需要确认发函对象并进行被询证单位名称、地址核对。假设在银行函证过程中发现发函地址与工商地址不一致，根据审计规则知识库中构建的规则，如果发函地址与工商地址不一致（指标），则需要怀疑被询证单位地址的真实性（审计解释），并在该银行账号的节点上添加风险标注，提醒审计人员重点关注，至于被询证单位地址是虚假的还是错误的，需要被审计单位提供补充信息予以验证，如果复核结果是一致的，只是之前提供的信息有误，则审计人员可以修改知识图谱中的发函地址这一项数据，以便于再次推理时能够满足地址核对的这一条审计规则。

在整个审计业务的实施过程中，运用决策树模型进行推理，主体部分同样是使用条件语句来实现的。举例来说，对于被审计单位经营风险的评估，如果不存在符合审计规则知识库中与经营风险评估相关的规则的情况，则判定不存在潜在的经营风险，即经营风险评估合格，那么则经审项目全部合格，如果存在符合的情况则可以推理出存在着潜在的风险事项，即经营风险评估不合格，得到不同的判定结果。对于评估不合格的情况，系统会根据审计规则知识库中的审计解释，在知识图谱中找到对应的节点、关系或者属性，并添加审计解释这一项新的属性，以表示存在着潜在风险，提醒审计人员重点关注，但是至于这些不合格的情况是否属实，是由于疏忽还是刻意为之，需要审计人员进行再次鉴定。如果属于疏忽的情况且根据已获得的审计证据有理由修改已存储的数据，则在修改数据后，若能够使经营风险评估合格，则去除对该项目的风险标注。

以决策树模型为基础，构造的随机森林模型如图 13-8 所示。

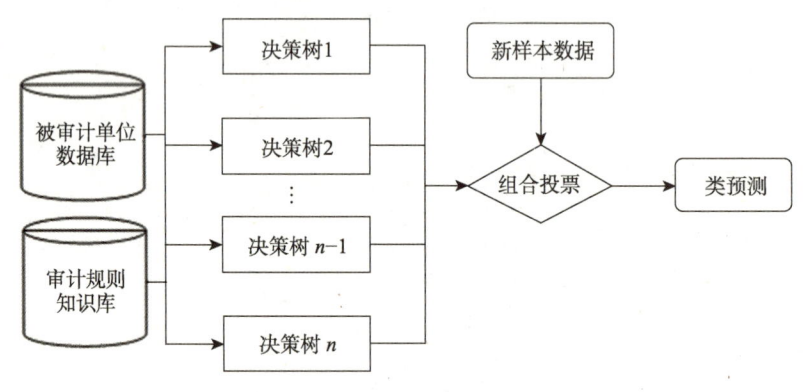

图 13-8　随机森林模型

审计风险点探索的过程以案例公司审计发现的一项银行函证地址核对不一致为例，需要先从第三方查询银行地址。

演示代码如下：

```
import requests
import re
from urllib import parse
```

```python
def test(name):
    url = 'https://api.map.baidu.com/?qt=s&c=178&wd=' + parse.quote(name)+ \
          '&rn=10&ie=utf-8&oue=1&fromproduct=jsapi&v=2.1&res=api&callback=BMap._rd._ \
          cbk93221&ak=E4805d16520de693a3fe707cdc962045&seckey=boedCl6YIiXcwpIPJmYbm \
          7RxfstZHg4M4LZqqHDEB%2BM%3D%2CbZ6Kmkne2TzAU03wQBrHrm6rWuBENcmLR8sAv2zRs0P \
          P93E0A3CmsCzsgv1Rpoc74NhViD2wrEh9Y19i6kArVMQFsCp_sDMU03PteBr0ZsjWknIIjQwFu_ \
          fskJwDqLlt7ccgfaJ50pRFebE3S3bEAxVGzdI5Wqhce79NreGGADKKQa5Br23z1b2zDYCNiD_ \
          w&timeStamp=1664183636757&sign=4539c3c2d078'
    headers = {'User-Agent': 'Mozilla/5.0 (Macintosh; Intel Mac OS X 10_13_6) \
               AppleWebKit/537.36 (KHTML, like Gecko) Chrome/71.0.3578.98 \
               Safari/537.36'}                    #使用百度地图批量查询,URL的获取参考爬虫章节
    res = requests.get(url, params = {'type': 'sign'}, headers = headers).content.decode()
                user_dict = re.findall('"addr":.*?","', res)        #发送请求
    result = ''
    if(len(user_dict) > 0):
        aa = user_dict[0]
        bb = aa[8:-3]
        result = bb.encode().decode("unicode_escape")
    saveInTXT(result)

def saveInTXT(result):
    log = open("地址查询.txt", mode = "a", encoding = "utf-8")
    log.write(result + '\n')
    log.close()                                    #保存到地址查询的文档中
if __name__ == '__main__':
    #待查验地址
    list = ["招商银行北京分行建国路支行", "民生银行东单支行", "工行东四南支行", "平安银行北京分行营业部",\
            "福建海峡银行","建行望京支行","中行双井支行","中信回龙观支行","北京银行工体北路支行",]
    for name in list:
        test(name)
```

查询结果如图 13-9 所示。

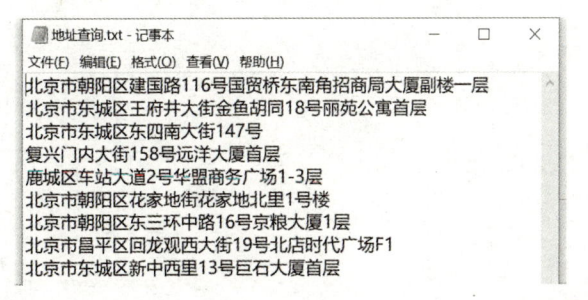

图 13-9　地址查询结果

将银行信息、地址核对信息导入数据库中，存储结果如图 13-10 所示。其中，第 2 列为被审计单位提供的地址，第 3 列为第三方网址查询到的地址。

演示代码如下：

	subject	n_add	m_add
1	招商银行北京分行建国路	北京市朝阳区建国路116号招	北京市朝阳区建国路116号招
2	民生银行东单支行	东城区王府井大街金鱼胡同1	东城区王府井大街金鱼胡同1
3	交通银行天坛支行	北京市崇文区天坛东里北区1	北京市崇文区天坛东里北区1
4	工行望京支行	北京市朝阳区酒仙桥路甲10	北京市朝阳区酒仙桥路甲10
5	工行东四南支行	北京市朝阳区驼房营西里甲	北京市朝阳区驼房营西里甲
6	平安银行北京分行营业部	北京市西城区复兴门内大街	北京市西城区复兴门内大街1
7	福建海峡银行	福建省福州市台江区江滨中	福建省福州市台江区江滨中
8	建行望京支行	北京市朝阳区花家地北里1号	北京市朝阳区花家地北里1号
9	中行双井支行	北京市朝阳区东三环中路16	北京市朝阳区东三环中路16
10	中信回龙观支行	北京市昌平区回龙观西大街	北京市昌平区回龙观西大街
11	北京银行工体北路支行	北京市东城区新中西里13号	北京市东城区新中西里13号
12	广发银行双井支行	北京市朝阳区广渠门外大街9	北京市朝阳区广渠门外大街9
13	北京银行常营支行	北京市朝阳区朝阳北路117号	北京市朝阳区朝阳北路117号
14	包商银行北京分行	北京市朝阳区北四环东路11	北京市朝阳区北四环东路11
15	工行酒仙桥支行	北京市朝阳区驼房营西里甲	北京市朝阳区驼房营西里甲
16	兴业银行中关村支行	北京市海淀区中关村南大街	北京市海淀区中关村南大街
17	厦门国际银行北京分行	北京市西城区三里河路5号	北京市西城区三里河东路5号
18	宁波银行亚运村支行	北京市朝阳区慧忠北里214	北京市朝阳区慧忠北里214
19	浦发银行电子城支行	北京市朝阳区酒仙桥路10号	北京市朝阳区酒仙桥路10号
20	中行双井支行	朝阳区建国路116号招商大厦	朝阳区建国路116号招商大厦
21	北京农商银行京粮支行	北京朝阳区东三环中路16号	北京朝阳区东三环中路16号
22	平安银行股份有限公司北	北京市西城区三里河路5号	北京市西城区三里河东路5号
23	汉口银行红旗渠路支行	武汉市江汉区金磊商厦6层C	武汉市江汉区财神广场6层C

图 13-10 被审计单位银行信息、地址核对信息

```
import sqlite3
from py2neo import Node,Graph,Subgraph

graph = Graph('http://localhost:7474/', auth = ('账户名', '密码'))
conn = sqlite3.connect('SQL存放位置')
c = conn.cursor()
triples = c.execute("SELECT subject, n_add, m_add  FROM wandong8")
#提取SQLite数据库中的银行、工商地址、被审计单位提供的地址三列信息
node_ls = []

for triple in triples:
    head_node = triple[0]
    n_add = triple[1]
    m_add = triple[2]
    a= Node('非结构A', name = head_node, nadd = n_add, madd = m_add)
    graph.merge(a, "非结构", "name")
    node_ls.append(a)

print(node_ls)
subgraph = Subgraph(node_ls)
tx = graph.begin()
tx.create(subgraph)
graph.commit(tx)
```

代入节点和关系后，通过推理机的推理，发现这两列地址不一致的数据，并在知识图谱中

标记出风险项。

演示代码如下：

```python
from py2neo import Node,Relationship,Graph,NodeMatcher,RelationshipMatcher, Subgraph
graph = Graph('http://localhost:104104/',auth=('neo4j','xxx'))   #连接Neo4j，通过账户名和密码登录
#查询节点，返回节点信息
p = graph.run("MATCH(p) WHERE p.name = '汉口银行红旗渠路支行' return p.nadd, p.madd").data()
c= p[0].get("p.nadd")
d= p[0].get("p.madd")                       #节点信息以词典形式保存，提取词典信息
q = graph.run("MATCH(q) WHERE q.name = '银行单位' return q").data()
if c != d:                                  #确认发函地址和工商地址是否一致
    print(c, d, q)
    graph.run("MATCH(p),(q) WHERE p.name = '汉口银行红旗渠路支行' AND q.name = '银行单位'
            CREATE(q)-[r:Risk]->(p)")        #不一致则添加风险标注
    graph.run("MATCH x=(q)-[r:Risk]->(p) WHERE p.name='汉口银行红旗渠路支行' AND q.name='银行单位'"
            "SET r = {name:'Risk', info:'地址核对不一致'} return x")
```

这样，在函证程序发函时发现，存在一项地址不一致的情况，发函地址为财神广场6层C14室，工商地址为金磊商厦6层C14室，是存在风险的。最终形成的带有风险标注的知识图谱如图13-11所示，对于"Risk"关系提供了"info"属性进行审计解释。

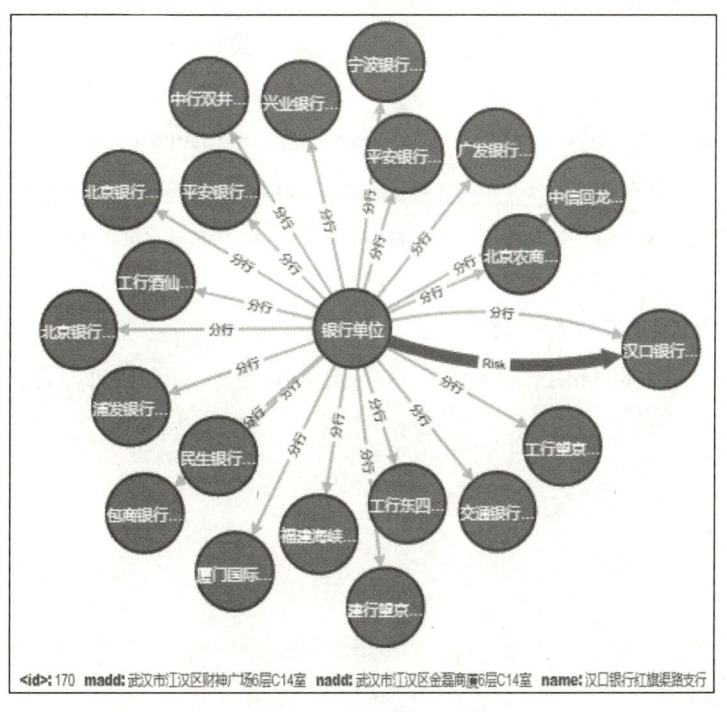

图 13-11　带有风险标注的知识图谱

综上，对于审计过程中通过审计推理进行风险评估发现的风险事项，审计人员只需要使用Neo4j的Cypher语言查询知识图谱中的节点和关系是否存在带有审计解释的风险项，即可查询到需要重点关注的风险事项，并在审计过程中执行额外的审计程序予以确认。

参考文献

[1] 杨玉基，许斌，胡家威，等．一种准确而高效的领域知识图谱构建方法[J]．软件学报，2018，29(10): 2931-2947．

[2] 林燕榕，张怡，刘迪，等．基于肾病专科电子病历构建肾病医学知识图谱[J]．西南大学学报（自然科学版），2020，42(11): 52-58．

[3] NIU L, FU C, YANG Q, et al.. Open-world knowledge graph completion with multiple interaction attention[J]. World wide web, 2021, 24(1): 419-439.

[4] 孟志华，关瑞娣．国内知识审计研究述评——基于文献计量和知识图谱的分析[J]．会计之友，2017(7): 81-85．

[5] 党荣．高校财务审计工作优化路径探析[J]．企业改革与管理，2018(9): 151-152．

[6] 樊世昊．基于知识图谱的审计方法研究[D]．南京：南京审计大学，2018．

[7] 吴金珂．政府绩效审计发展现状及影响因素调查研究[D]．南京：南京审计大学，2019．

[8] 许炜昊．关于实现高校财务审计信息化应注意的技术分析[J]．现代经济信息，2019(6): 265．

[9] 杭婷婷，冯钧，陆佳民．知识图谱构建技术，分类、调查和未来方向[J]．计算机科学，2021，48(2): 175-189．

[10] MA X, HOVY E. End-to-end Sequence Labeling via Bi-directional LSTM-CNNs-CRF[A]//54th Annual meeting of the Association for Computational Linguistics (ACL 2016). 2016: 1064-1074.

[11] STRUBELL E, VERGA P, BELANGER D, et al.. Fast and Accurate Entity Recognition with Iterated Dilated Convolutions[A]//Conference on empirical methods in natural language processing (EMNLP 2017). 2017: 2660-2670.

[12] WANG L, ZHU C, MELO G D, et al.. Relation Classification via Multi-Level Attention CNNs[A] // 54th Annual meeting of the Association for Computational Linguistics (ACL 2016). 2016: 1298-1307.

第 14 章

实践：审计报告自动生成

BD

14.1　python-docx 基础

python-docx 的下载安装推荐使用 pip 法，安装命令为：

```
pip install python-docx
```

python-docx 的 python-docx 的基础操作如下。

1．创建、打开及保存 Word 文档

通过 docx.Document( )方法可以创建一个 Word 文档。演示代码如下：

```
import docx
document = docx.Document()
```

如果要打开已经存在的 Word 文档，只需在 Document 后的括号里填写 Word 文档的路径即可。演示代码如下：

```
import docx
document = docx.Document('D:\\我的文档\\14.1.docx')
```

在对文档的内容编辑完成后，通过 save( )函数可以命名并保存 Word 文档。演示代码如下：

```
document.save('D:\\我的文档\\14.1.docx')
print('14.1生成完毕')
```

程序运行完成后，就能在设置的路径文件夹里看到生成的 Word 文档。注意，程序只能生成一个 Word 文档，而用于保存 Word 文档的文件夹不能被创建，需要提前创建好。如果该 Word 文档已存在，那么原有的 Word 文档会被新的 Word 文档替换，所以在执行程序时不要在其他软件中打开该文档，否则程序无法完成替换操作。

2．添加标题

通过 add_heading( )函数可以添加标题。演示代码如下：

```
document.add_heading('财务报告')
```

默认情况下，这会添加一个最高级标题，在 Word 中显示为"标题 1"。当需要子节的标题时，只需在参数中将标题级别指定为介于 1～9 之间的整数。

演示代码如下：

```
document.add_heading('财务报告',leve = 2)
```

这种方式添加的标题会默认添加下画线。如果不想默认添加下画线，可以用下面讲的添加段落的方式来添加标题。

3. 添加段落

通过 add_paragraph()函数可以添加段落。演示代码如下：

```
document.add_paragraph('财务报告是反映企业财务状况和经营成果的书面文件')
document.add_paragraph('包括资产负债表、利润表、现金流量表、所有者权益变动表、附表及会计报表附注和财务 \
                      情况说明书。')
```

也可以在某段的前面插入一个新段落。演示代码如下：

```
document.insert_paragraph_before('审计报告')
```

4. 添加分页符

当希望接下来的文本放在一个单独的页面上时，可以通过 add_page_break()函数添加分页符，实现分页。演示代码如下：

```
document.add_page_break()
```

5. 添加和修改图片

通过 add_picture()函数可以添加图片。演示代码如下：

```
document.add_picture('D:\\我的文档\\审计.png')
```

默认情况下，添加的图片以原始大小显示。可以通过参数设置图片的宽和高，width 代表宽，height 代表高。演示代码如下：

```
from docx.shared import Inches
document.add_picture('D:\\我的文档\\审计.png',width = Inches(3.57),height = Inches(3))
```

其中，Inches 代表英寸，1 英寸等于 2.54 厘米。

图片默认左对齐，如果想要居中，演示代码如下：

```
from docx.enum.text import WD_ALIGN_PARAGRAPH
last_paragraph = document.paragraphs[-1]
last_paragraph.alignment = WD_ALIGN_PARAGRAPH.CENTER
```

6. 添加和修改表格

通过 add_table()函数可以添加表格。演示代码如下：

```
table = document.add_table(rows = 1, cols = 3)
table.cell(0,0).text = '资产'
table.cell(0,1).text = '负债'
table.cell(0,2).text = '所有者权益'
```

其中，第 1 行代码中的 rows 参数指定表格的行数，cols 参数指定表格的列数；第 2~4 行代码中的 cell(a, b)表示表格的单元格，a 表示第几行，b 表示第几列。

注意，在 Python 中序号是从 0 开始的，所以 cell(0, 0)表示的是第 1 行第 1 列的单元格。

添加表格时可以通过设置参数 style='表格样式' 来改变表格样式。演示代码如下：

```
table = document.add_table(rows = 2,cols = 3,style = 'Light Shading Accent 1')
table.cell(0,0).text = '收入'
table.cell(0,1).text = '费用'
table.cell(0,2).text = '成本'
table.cell(1,0).text = '主营业收入'
table.cell(1,1).text = '主营业务成本'
table.cell(1,2).text = '生产成本'
```

此代码添加的表格如图 14-1 所示。

收入	费用	成本
主营业收入	主营业务成本	生产成本

图 14-1　代码添加的表格

若要设置其他表格样式，可以查看 python-docx 官方文档的 "Table styles in default template" 部分。

7．读取 Word 文档的内容

通过如下代码可以读取 Word 文档的内容：

```
document = document.Document('D:\\我的文档\\14.1.docx')
for paragraph in document.paragraph:
    print(paragraph.text)
```

8．代码汇总

所有代码汇总如下：

```
import docx

document = docx.Document()
document.add_heading('财务报告')
document.add_paragraph('财务报告是反映企业财务状况和经营成果的书面文件')
document.add_paragraph('包括资产负债表、利润表、现金流量表、所有者权益变动表、附表及会计报表附注和财务情况说明书。')
table = document.add_table(rows = 1, cols = 3)

table.cell(0,0).text = '资产'
table.cell(0,1).text = '负债'
table.cell(0,2).text = '所有者权益'
table = document.add_table(rows = 2, cols = 3, style = 'Light Shading Accent 1')
table.cell(0,0).text = '收入'
table.cell(0,1).text = '费用'
table.cell(0,2).text = '成本'
table.cell(1,0).text = '主营业收入'
table.cell(1,1).text = '主营业务成本'
table.cell(1,2).text = '生产成本'
document.add_page_break()
```

```
document.add_picture('D:\\我的文档\\审计.png')

from docx.shared import Inches

document.add_picture('D:\\我的文档\\审计.png',width = Inches(8),height = Inches(3))

from docx.enum.text import WD_ALIGN_PARAGRAPH

last_paragraph = document.paragraphs[-1]
last_paragraph.alignment = WD_ALIGN_PARAGRAPH.CENTER
document.save('D:\\我的文档\\14.1.docx')
print('14.1生成完毕')
```

输出结果如图14-2所示。

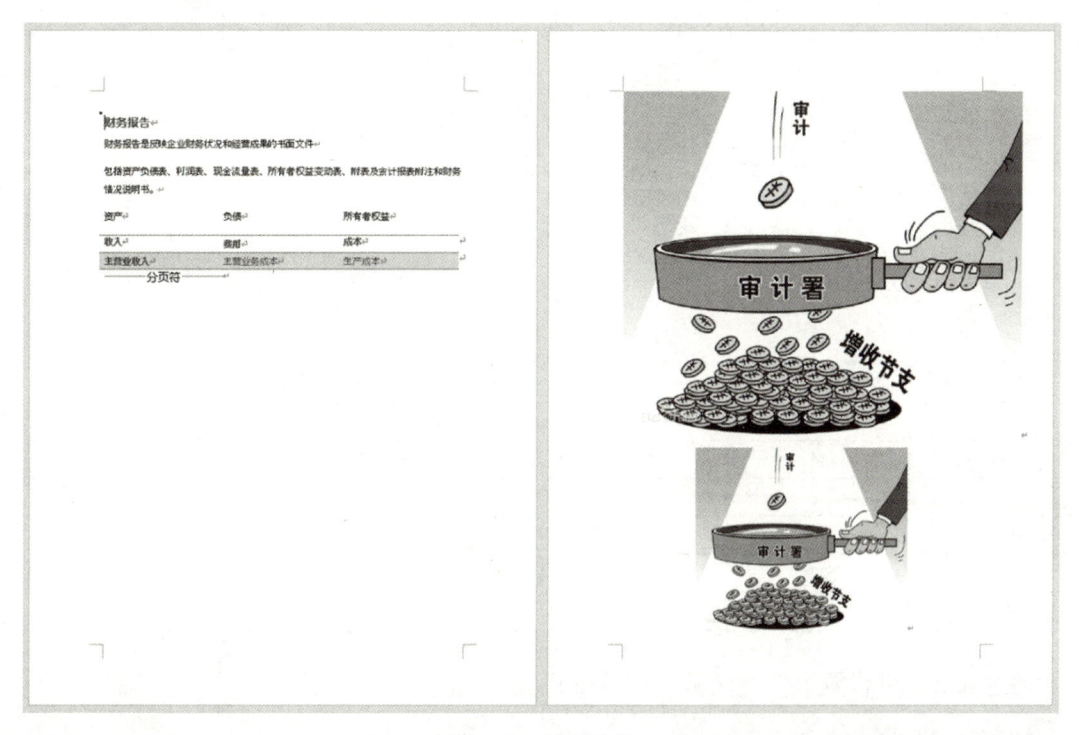

图14-2 输出结果

14.2 审计报告中字体的设置

14.2.1 中文字体设置

这里以"宋体"为例进行讲解，如果想用其他字体，只需把代码中的"宋体"换成相应的字体即可。

演示代码如下：

```
from docx.oxml.ns import qn

document.styles['Normal'].font.name = u'宋体'
document.styles['Normal']._element.rPr.rFonts.set(qn('w:eastAsia'),u'宋体')
```

14.2.2 字号和字体颜色设置

1. 设置字号和格式

通过 font 属性修改字号，演示代码如下：

```
p = document.add_paragraph()
run = p.add_run('设置字号为四号')
font = run.font

from docx.shared import Pt

font.size = Pt(14)
```

其中，Pt()里的数字即要设置的字号，单位为磅。常用字号对照表如表 14-1 所示。

表 14-1 常用字号对照表

中文字号	磅数	英寸	中文字号	磅数	英寸
初号	42	0.58	三号	16	0.22
小初	36	0.50	小三	15	0.21
一号	26	0.36	四号	14	0.19
小一	24	0.33	小四	12	0.17
二号	22	0.31	五号	10.5	0.15
小二	18	0.25	/		

通过 font 属性设置字形为加粗、倾斜和下画线的演示代码如下：

```
#设置字形为加粗
font.bold = True
#设置字形为倾斜
font.italic = True
#设置下画线
font.underline = True
```

2. 设置字体颜色

font 属性还可以改变字体颜色，演示代码如下：

```
from docx.shared import RGBColor

font.color.rgb = RGBColor(255,0,0)
```

这里的颜色设置使用了 RGB 颜色模式，通过混合 R（红）、G（绿）、B（蓝）三种原色得到其他颜色。

14.2.3 在段落中新增文字

这里需要区分添加段落与段落中新增文字。添加段落在前面已经讲过，这里要讲解的是在段落中新增文字。演示代码如下：

```
p.add_run('设立')
p.add_run('北京证券交易所')
```

输出结果为

```
设立北京证券交易所
```

14.3　审计报告中段落的修改

14.3.1 对齐方式

以左对齐为例进行讲解，演示代码如下：

```
from docx.enum.text import WD_ALIGN_PARAGRAPH
p = document.add_paragraph()
p.paragraph_format.alignment = WD_ALIGN_PARAGRAPH.LEFT
p.add_run('对齐方式为左对齐')
```

其他对齐方式只需将 p.paragraph_format.alignment 设置为对应代码即可。对齐方式与对应代码如下：

表 14-2　对齐方式与对应代码

对齐方式	对应代码	对齐方式	对应代码
居中对齐	WD_ALIGN_PARAGRAPH.CENTER	右对齐	WD_ALIGN_PARAGRAPH.RIGHT
两端对齐	WD_ALIGN_PARAGRAPH.JUSTIFY	左对齐	WD_ALIGN_PARAGRAPH.LEFT

14.3.2 缩进方式

本节讲解设置首行缩进的方法。演示代码如下：

```
from docx.shared import Inches
p = document.add_paragraph()
```

```
p.paragraph_format.first_line_indent = Inches(0.38)
p.add_run('设置首行缩进两个字符')
```

第 3 行代码中 Inches 括号里的数字是缩进量，单位为英寸。这里需要根据表 14-1 进行换算。例如，四号字宽 0.19 英寸，想要设置缩进两个字符，就需要设置缩进量为 0.38。

14.3.3　行距和段落间距

设置行距的演示代码如下：

```
from docx.shared import Pt
p = document.add_paragraph()
p.paragraph_format.line_spacing = Pt(16)
p.add_run('设置行距')
```

类似地，设置段落间距的演示代码如下：

```
from docx.shared import Pt
p = document.add_paragraph()
p.paragraph_format.space_before = Pt(14)
p.paragraph_format.space_after = Pt(14)
p.add_run('设置前后段落间距')
```

14.3.4　编号和项目符号

在添加段落时，可以通过设置段落的参数来设置编号与项目符号，语法格式为

```
style = "序号格式"
```

演示代码如下：

```
document.add_paragraph(' ', style = 'List Bullet')
document.add_paragraph(' ', style = 'List Number')
```

其中，"List Bullet"表示项目符号，"List Number"表示数字符号。

14.4　自动生成审计报告的实战演练

本节以华尔泰 2018-2020 年审计报告为例，演示如何生成一份审计报告。

（1）导入需要用到的库：

```
import docx
from docx.shared import Inches
from docx.shared import RGBColor
from docx.shared import Pt
```

```
from docx.enum.text import WD_ALIGN_PARAGRAPH
from docx.oxml.ns import qn
```

（2）创建一个 Word 文档：

```
#创建 Word 文档
document = docx.Document()
```

（3）设置报告的中文字体：

```
#设置中文字体
document.styles['Normal'].font.name = u'黑体'
document.styles['Normal']._element.rPr.rFonts.set(qn('w:eastAsia'), u'黑体')
```

（4）设置标题：

```
#设置标题
p = document.add_paragraph()
p.paragraph_format.alignment = WD_ALIGN_PARAGRAPH.CENTER    #居中对齐
run = p.add_run('审计报告')  #标题内容
run.font.color.rgb = RGBColor(0,0,0)                         #字体颜色
run.font.size = Pt(16)  #字号
run.font.bold = True  #加粗

p = document.add_paragraph()
p.paragraph_format.alignment = WD_ALIGN_PARAGRAPH.RIGHT     #右对齐
run = p.add_run('容诚审字[2021]230Z0333 号')                  #内容
run.font.color.rgb = RGBColor(0,0,0)                         #字体颜色
run.font.size = Pt(12)                                       #字号

p = document.add_paragraph()
p.paragraph_format.alignment = WD_ALIGN_PARAGRAPH.LEFT      #左对齐
run = p.add_run('安徽华尔泰化工股份有限公司全体股东：')         #内容
run.font.color.rgb = RGBColor(0,00,0)                        #字体颜色
run.font.size = Pt(14)                                       #字号
```

（5）输入审计报告的内容（以下均以标题为例）。

① 审计意见：

```
#审计意见
p = document.add_paragraph()
p.paragraph_format.alignment = WD_ALIGN_PARAGRAPH.LEFT      #左对齐
run = p.add_run('一、审计意见')                               #内容
run.font.color.rgb = RGBColor(0,0,0)                         #字体颜色
run.font.size = Pt(14)                                       #字号
run.font.bold = True                                         #加粗
p.paragraph_format.first_line_indent = Inches(0.38)          #首行缩进两个字符
```

② 形成审计意见的基础：

```
#形成审计意见的基础
p = document.add_paragraph()
```

```
p.paragraph_format.alignment = WD_ALIGN_PARAGRAPH.LEFT      #左对齐
run = p.add_run('二、形成审计意见的基础')                      #内容
run.font.color.rgb = RGBColor(0, 0, 0)                      #字体颜色
run.font.size = Pt(14)                                       #字号
run.font.bold = True                                         #加粗
p.paragraph_format.first_line_indent = Inches(0.38)          #首行缩进两个字符
```

③ 关键审计事项：

```
#关键审计事项
p = document.add_paragraph()
p.paragraph_format.alignment = WD_ALIGN_PARAGRAPH.LEFT      #左对齐
run = p.add_run('三、关键审计事项')                            #内容
run.font.color.rgb = RGBColor(0,0,0)                        #字体颜色
run.font.size = Pt(14)                                       #字号
run.font.bold = True                                         #加粗
p.paragraph_format.first_line_indent = Inches(0.38)          #首行缩进两个字符
```

④ 管理层和治理层对财务报表的责任：

```
#管理层和治理层对财务报表的责任
p = document.add_paragraph()
p.paragraph_format.alignment = WD_ALIGN_PARAGRAPH.LEFT      #左对齐
run = p.add_run('四、管理层和治理层对财务报表的责任')           #内容
run.font.color.rgb = RGBColor(0,0,0)                        #字体颜色
run.font.size = Pt(14)                                       #字号
run.font.bold = True                                         #加粗
p.paragraph_format.first_line_indent = Inches(0.38)          #首行缩进两个字符
```

⑤ 注册会计师对财务报表审计的责任：

```
#注册会计师对财务报表审计的责任
p = document.add_paragraph()
p.paragraph_format.alignment = WD_ALIGN_PARAGRAPH.LEFT      #左对齐
run = p.add_run('五、注册会计师对财务报表审计的责任')           #内容
run.font.color.rgb = RGBColor(0,0,0)                        #字体颜色
run.font.size = Pt(14)                                       #字号
run.font.bold = True                                         #加粗
p.paragraph_format.first_line_indent = Inches(0.38)          #首行缩进两个字符
```

⑥ 落款：

```
#落款
p = document.add_paragraph()
p.paragraph_format.alignment = WD_ALIGN_PARAGRAPH.LEFT      #左对齐
run = p.add_run(' （以下无正文内容，为容诚审字[2021]230Z0333号报告之签字盖章页。）')     #内容
run.font.color.rgb = RGBColor(0,0,0)                        #字体颜色
run.font.size = Pt(14)                                       #字号

p.paragraph_format.first_line_indent = Inches(0.38)          #首行缩进两个字符
p = document.add_paragraph()
```

```
p.paragraph_format.alignment = WD_ALIGN_PARAGRAPH.RIGHT        #左对齐
run = p.add_run('中国注册会计师\n（项目合伙人）：\n中国注册会计师：')  #内容
run.font.color.rgb = RGBColor(0,0,0)                           #字体颜色
run.font.size = Pt(14)                                         #字号

p = document.add_paragraph()
p.paragraph_format.alignment = WD_ALIGN_PARAGRAPH.CENTER       #居中对齐
run = p.add_run('2021年3月19日')                                #内容
run.font.color.rgb = RGBColor(0,0,0)                           #字体颜色
run.font.size = Pt(14)                                         #字号
```

（6）保存文档：

```
#保存文档
document.save('D://我的文档//审计报告.docx')
print('审计报告生成完毕')
```

输出结果如图14-3所示。

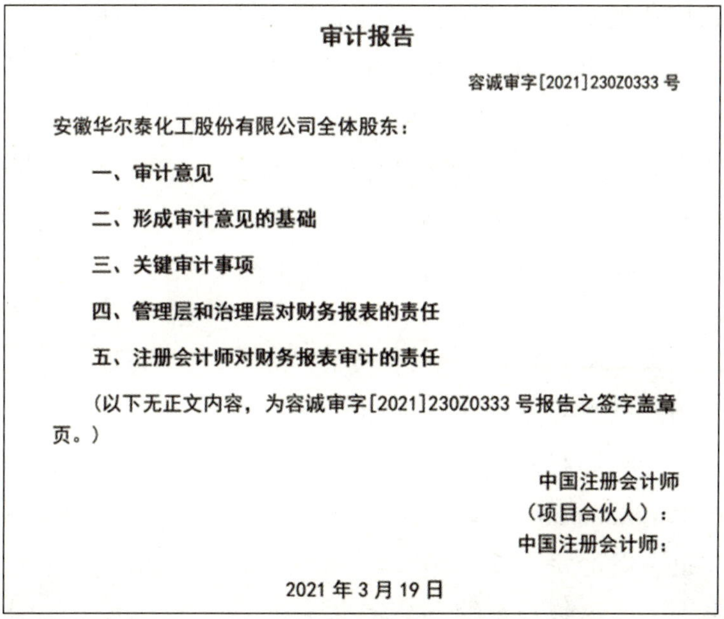

图14-3　输出结果

参考文献

[1] 王宇韬，房宇亮，肖金鑫，等. Python金融大数据挖掘与分析全流程详解[M]. 北京：机械工业出版社，2019.

反侵权盗版声明

电子工业出版社依法对本作品享有专有出版权。任何未经权利人书面许可，复制、销售或通过信息网络传播本作品的行为；歪曲、篡改、剽窃本作品的行为，均违反《中华人民共和国著作权法》，其行为人应承担相应的民事责任和行政责任，构成犯罪的，将被依法追究刑事责任。

为了维护市场秩序，保护权利人的合法权益，我社将依法查处和打击侵权盗版的单位和个人。欢迎社会各界人士积极举报侵权盗版行为，本社将奖励举报有功人员，并保证举报人的信息不被泄露。

举报电话：（010）88254396；（010）88258888
传　　真：（010）88254397
E-mail：　dbqq@phei.com.cn
通信地址：北京市万寿路 173 信箱
　　　　　电子工业出版社总编办公室
邮　　编：100036